ドン

伊藤博敏

講談社

はじめに

日本の人権運動団体には、部落差別を起点とする二つの大きな流れがある。

ひとつは、全国水平社の創立以降、２０２２年で１００年の歴史を刻む部落解放同盟である。その名のとおり、被差別部落の解放を第一義としながら、共産主義の階級闘争などと、時に連帯、激しい糾弾闘争で差別と闘ってきた。

もうひとつは、保守的な国家秩序維持の観点から始められた運動体で、戦前には「同和」の語源ともいわれる同胞融和の観点から、天皇のもとでの平等を目指した中央融和事業協会があった。戦後は60年安保闘争の盛り上がりを恐れた自民党の働きかけで全日本同和会が立ち上がり、１９８６年、その利権化を牽制する思惑から全国自由同和会（現自由同和会）が分派した。

日本においては、居住地（部落）で差別する同和問題が長らく存在してきた。勢い、その解消を目指す部落解放同盟は、動員力、組織力、戦闘力、資金力などで他を圧倒、被差別部落だけではない日本の差別構造に取り組んだ。松本治一郎、朝田善之助、上杉佐一郎、組坂繁之といった歴代委員長は全国区の存在として運動をリードしていった。

それに対して、筆者がこの「評伝」で描く上田藤兵衞氏は、自由同和会の創立メンバーである。１９９０年5月から副会長職にあり、京都府本部ではその前月から会長を務めている。自由同和会には、差別闘争は勝ち取るものだという解放同盟的な猛々《たけだけ》しさはないが、その分自民党や行政と手を結び、啓発活動や法整備に力を尽くしてきた。

ことに政府が'80年代に入って「同和」に限定しない「地域」という意味合いを持たせる地対協(地域改善対策協議会)路線を歩むようになると、上田氏の行政への影響力は増した。同対法(同和対策事業特別措置法)体制が2002年に16兆円の予算を投じた33年間の歴史に終止符を打ち同和運動が退潮するなか、逆に上田氏の存在感は増しており、「同和のドン」といって差し支えない。

1945年6月、終戦の年に京都で生まれた。物心ついたときは共産党の影響力の強い蜷川虎三府知事('50~'78年)の時代。中学時代には憲法をそらんじるような早熟な子で、親族を含め、周囲の環境は共産党だったが、マルクス主義には馴染めなかった。京都・山科で天智天皇陵を警護する「夙《しゅく》」と呼ばれる賤民の家系に、非嫡出子として生まれる。江戸創業の材木商「若藤《わかとう》」を営む実家は豊かで、「若藤のボン」と呼ばれた。

しかし、'56年の若藤倒産で環境は激変する。高校に入る頃にはいっぱしの不良となり、すぐに中退すると大人の世界で稼ぎ出し、知力と胆力で、山科では「触るとうるさい」と、知られた存在となった。

「無頼の道」を歩み始めたものの、暴力団構成員にはならなかった。それは、山科の「夙」が持つ「草場権《くさばけん》」という名の縄張りに守られていたからでもある。だが、それが仇《あだ》となって、率いる不良グループと暴力団を含む反社会的勢力との間に抗争が発生。少年院を一度、刑務所を二度、経験している。'81年10月、最後の服役を終えて出所したときには36歳となっていた。

元受刑者に対する世間の風は冷たいが、男勝りの商人だった母・摩耶子さんは、若藤再興を上田氏に託し、初代・若狭屋藤兵衛（若藤）の名を継がせ、「高雄」改め「藤兵衛」とした。

それを最後の仕事として母は亡くなったが、上田氏は遺志を継ぐように、同和運動と実業の道を歩む。その際、保守系の全日本同和会を選んだのは、天智天皇と天皇家への敬愛、太陽神としての天照大神を信仰する上田氏としては当然の選択だった。

同時にこのとき、上田氏は「刑務所仲間」である山口組最大組織山健組の渡辺芳則組長のもとを訪ねている。後に山口組五代目となる渡辺氏は、弁も腕も立ち、山科の〝仲間〟を糾合できる上田氏を傘下に抱えたかっただろう。だが、上田氏が「藤兵衛襲名の理由と母の思い」を渡辺氏に伝えると、「そうか、その道で男になれよ」と、励ました。二人の仲は2005年、渡辺氏の五代目引退後も続き、それが上田氏の強みにも弱みにもなった。

本書の特色は、保守系同和運動を上田氏の視点と経歴を中心に描いたことである。従って、部落解放同盟の運動家を描き、運動史を綴った書物とは異なる。

解放運動の基点は全国水平社大会ではなく、1871（明治4）年、政府が打ち出した「身分職業共平民同様たるべき事」という太政官令である。天皇の名のもと身分制は廃止され「解放令」と呼ばれる。

解放同盟としては、戦前の全国水平社時代も含め、天皇に「解放」されるなどあり得ず、まして太政官令は、「その中途半端な『令』を出した」というだけの解放で、結果、「封建時代の身分制度」は残ったままで、「なんら差別は解消しなかった」と否定的だ。

戦前は天皇制、戦後は保守政治家に守られてきた保守系融和運動のことを、解放同盟は「眼中にない」と、相手にしなかった。また、差別・糾弾闘争への報道を通じて、解放同盟を側面支援してきたマスコミも、解放同盟とほぼ一体化してきた。

しかし、そうした一面の「解放運動史」に欠けているものがあった。

昭和20年代から30年代にかけて、まさに被差別部落の多くが困窮のなかにいて、若い部落民が就学を阻まれ、就職差別を受け、行き場を失ったとき、その受け皿となったのが暴力団だったという厳然たる事実である。

戦後の混乱期、警察権力では間に合わない「街の秩序維持」と「不良少年たちの矯正機能」が、一時期、暴力団に委ねられていた。そこに飛び込んだ「同和」と「在日」というマイノリティ出身の若者は少なくなかった。1969年に施行された同対法は、環境改善を通じた差別解消を目指すもので、「国家の責務」と高らかに謳った。

だが一方で、溢れる予算は同和利権を生じさせ、「同和控除」という名の税金優遇とともに解放同盟の各支部や、解放同盟傘下の企業を急増させ、エセ同和問題や同和行政の歪みにつながった。解放同盟と暴力団とのつながりは深くなり、マスコミは自らに向けられる「差別報道」の糾弾を恐れ、同和利権を報じない。

そうしたなか、同対法に先立つ’65年の同和対策審議会答申をまとめた磯村英一・地対協会長や当時の総務庁長官官房地域改善対策室の官僚などが、自民党で同和利権の動きを封じようとした堀内俊夫・地域改善対策特別委員会委員長の後押しを受け、’85年以降、体を張って過激な糾弾闘争を批判し、利権化を阻止しようとした。

このとき、全日本同和会青年部の幹部だった上田氏に目を付けたのが、堀内氏だった。解放同盟だけではなく全日本同和会にも利権に絡む事件は絶えず、自民党は「反エセ同和」の新団体を設立させようとしていた。堀内氏は、知力、腕力、胆力に期待して上田氏を口説く。「私には前科がありまして……」と、躊躇《ちゅうちょ》した上田氏に、堀内氏は「そんなもん、借金（懲役）払ったら終《しま》いや」と言い放ち、上田氏は決断する。そして「借金払い」の過程で得た渡辺五代目との人間関係は、暴力団と同和運動との「相互不可侵」に役立った。

同和利権は、関西においては、山口組や会津小鉄会の盛衰にも密接に絡んだ。「政官」は、そうした世界と直で関係を持つわけにはいかないが、同和行政にも、堀内氏や京都の被差別部落出身の大物である野中広務・元自民党幹事長にも太いパイプを有する上田氏は、両者を結ぶ「通訳」に成り得た。暴力団の記述が多くなったのは、それが「書かれざる運動の裏面史」だったからだ。

同和問題という日本の宿痾《しゅくあ》に対し、「表」と「裏」の両方から立ち向かった上田氏は、近年、人権の観点から差別構造全体の解消に乗り出し、さらに社会から見放されて苦しむ人を孤立と排除から救済する包摂（インクルージョン）の概念を運動の柱のひとつにしている。

本書を手に取っていただいた方に、上田藤兵衞という人物を通じて、「同和」と「人権」と「歴史」に、新たな視点を持っていただければ幸いである。なお、肩書は当時のまま、敬称は略させていただいた。

同和のドン 上田藤兵衛「人権」と「暴力」の戦後史　目次

表紙写真　野口博

ブックデザイン　鈴木成一デザイン室

同和のドン

上田藤兵衛　「人権」と「暴力」の戦後史

第1章

起点

京都の同和団体の支部幹部に過ぎなかった上田は、なぜ「同和のドン」とまで呼ばれるに至ったか。その起点となったのが、1983年に起こった「プリンスホテル事件」だった。エセ同和・尾崎清光、そして住吉会最高顧問の浜本政吉、さらに地上げの帝王・早坂太吉を相手に飛び込んだその現場には、イトマン事件から東京佐川急便事件、そして山一抗争に至るバブル前史の複雑な人間模様が蠢いていた。

参院選(2022年7月)で京都遊説に訪れた岸田文雄首相と

地上げ王・早坂太吉の眠る墓で

古都・鎌倉には、約150もの神社仏閣がひしめき、通年、観光客を集め、賑わっている。鎌倉幕府を開いた源頼朝が、国づくりの中心に据えた鶴岡八幡宮、「鎌倉の大仏さま」で知られる高徳院、日本最大級の木造十一面観音のある長谷寺、「紫陽花寺」の名で親しまれる明月院……。

それほど高名ではなくとも、歴史があって風情を残し、多くの檀家を抱えて賑わう寺も少なくない。鎌倉駅から逗子方面に歩いて約20分の長勝寺もそんな寺のひとつ。毎年2月11日、「水垢離《みずごり》の荒行」が行われる。修行僧が100日修行を終えた後、満願を祈念して真冬に冷水を浴びる。日蓮の教えに基づくものだ。

日蓮は、1260（文応元）年、『立正安国論』を著し、鎌倉幕府の権力者・北条時頼に奏進（権力者への意見具申）するものの受け入れられず、逆に、伊豆に流された。3年後、日蓮が鎌倉に戻ってきたとき、日蓮に帰依していたこの地の領主、石井長勝が、邸内に庵を建てて寄進してから760年近い歴史を持つ長勝寺。本堂前には巨大な日蓮上人像（高村光雲作）と四天王像が立ち並び、信者や観光客を出迎える。

歴史はあるが、ひっそりした佇《たたず》まいだった長勝寺が檀家数を大幅に増やすのは、戦後のことだ。先代住職の久村諦道《たいどう》が、長勝寺の裏山を「鎌倉材木座霊園」として開発。宗教不問の墓地ではあるが、檀家数、信者数とも飛躍的に増えた。長勝寺の山門を出て、寺を巻くように登っていくと、大きく視界が開け、巨大な霊園が拡がっている。鎌倉の街並みと相模湾、遠くには富士山を望むことができる。

2021年盛夏、その霊園で手桶を提げて生花を抱えたひとりの男が、ある人物の墓を探しつつ歩いていた。容赦なく照りつける太陽に汗が吹き出してくる。案内所でもらった地図は正確でも、同じような区画が並び、行き着くのが容易ではない。ようやく探し当てられたのは、霊園のシンボルともいえる「赤木圭一郎の墓の近く」という言葉を頼りに周辺を歩き回ったからだった。

石原裕次郎の主演映画でデビュー。日活ニューフェイス4期生で「和製ジェームズ・ディーン」と呼ばれた赤木圭一郎の名前を知っている人も少なくなった。1961年2月、『激流に生きる男』の撮影中、ロケの合間にゴーカートで遊び、アクセルとブレーキを踏み間違えて鉄塀に激突。意識が戻らぬまま帰らぬ人となった。21歳の若さだった。

60年前の映画スターの死は衝撃的だったが、その近くにあり、場所は相模湾と富士山を望む一等地にありながら、「早坂家之墓」と記された場所に眠る人物——早坂太吉の死は、それほど注目されなかった。

「地上げの帝王」として、1980年代後半のバブル経済を象徴する存在だった。社名の最上恒産にちなむ「モガミ」を冠した競走馬を数十頭も持ち、ホテル、ゴルフ場、病院を経営。小林旭、千葉真一ら芸能人のタニマチとなり、2機のジェットヘリコプターで全国を飛び回り、銀座のクラブのママと同居、愛人多数で「資産1000億円のバブル紳士」だった。

だが、転落も早かった。西新宿で展開、早坂に巨万の富をもたらした不動産取引に関し、国土利用計画法違反で書類送検されて、'88年12月、懲役6月、執行猶予3年の有罪判決を受ける。

事件を機に、「早坂を育てた金融機関」として知られる第一相互銀行が回収に入ったため、早坂は一挙に資金繰りに窮するようになり、'93年、最上恒産の後継会社は倒産する。他の多くのバブル紳士同様、信用収縮の逆回転が始まると脱出はかなわず、2001年、脳梗塞に倒れて意識不明となる。生命維持装置に生かされた後、'06年1月、永眠した。享年70——。「最上・早坂」の名がしきりに伝えられたのは3〜4年程度。バブル史に名は刻んだものの、いまも記憶している人は少ない。

その「忘れられた人」の墓の前で、男は黙々と草をむしり、墓を掃除し、水をかけ、花を生け、線香に火を付けて手を合わせた。しばし瞑目の後に立ち上がると、波頭がきらめく相模湾に目をやって呟《つぶや》いた。

「ここが、起点やったな……」

男は、自由同和会京都府本部会長の上田藤兵衞である。自由同和会は、政府が意見聴取団体としている同和3団体のうちのひとつで自民党系だが、上田は「京都のドン」と呼ばれ、自民党京都府同和会支部支部長、京都経済商工連合会最高顧問などの肩書を持つ。京都だけでなく、長年にわたって自由同和会中央本部副会長を務め、中央政界にも太いパイプを持っていた。

なかでも政界実力者の野中広務・元自民党幹事長（2018年1月に92歳で死去）とは、現役時代から手を携える関係だった。被差別部落出身の野中は、２００３年の現役引退後も、亡くなるまで自由同和会京都府本部の最高顧問を務めた。

上田は事業面でも成功を収めており、同和運動のかたわら不動産、建設、警備、人材派遣などの事業を幅広く手掛け、上田グループを形成、総売上高約50億円で約５００人の従業員を抱える。事業は若手に譲って一線を退いているものの、上田の求心力でまとまっている状態に変化はなく、自由同和会京都府本部の歳入（２０２０年度２２６７万円）の多くは上田グループの協力会費や分担金で賄われており、上田が手弁当で運動を継続してきた。

与野党を問わず、「永田町」に太いパイプを持ち、同和と人権を担当する総務省や法務省のみならず、国土交通省や厚生労働省など「霞が関」にも人脈を築いてきた上田の運動家としての出発点は、冒頭に記した鎌倉にある。上田はそれを「プリンスホテル事件」と呼ぶ。

「白足袋」とのトラブルがきっかけ

事件発生は、１９８３年10月だった。当時、上田は全日本同和会京都府連合会の青年部長で洛南支部事務局長を務めていた。

鎌倉行きのきっかけは、先輩の高谷泰三洛南支部長が漏らした次の言葉だった。

「うちの兄貴が、（長勝寺が開発する）鎌倉の霊園事業から追い出されたんや。兄貴が購入したガンダーラの石仏が贋物で、使途不明金もあるとかで……」

人生の「起点」というだけに、上田の記憶は鮮明だ。1945年6月生まれの団塊の前期世代。身長は170センチと当時としては大柄で、首が太く胸板は厚く、声は大きくよく通る。上田が振り返る。

「一生懸命、やってはんのに、『坊主がなにやっとんのや』という意識でした。イチャモンつけて追い出したんやろな、と思うて、それなら行って話をつけようと（思った）」

いうまでもないが、古都・京都は鎌倉をはるかに上回る規模で神社仏閣があり、観光客を集めて賑わっている。僧侶は、公家出身者や華道・茶道の家元などと並ぶ「白足袋」と称せられ、平安京の時代から今日に至るまで、豊富な資金力と各界への人脈で隠然たる力を持つ。なかには「生臭坊主」もいて、上田は京都のそんな〝俗〟な僧侶の世界を知っているだけに、高谷支部長の兄についても、長勝寺に行って住職に話せばわかってもらえる、霊園開発の仕事に復帰できると、軽く考えたのである。

「私と高谷、それに支部で宗教活動経験がある奴と、銀行経験のある奴と4人、それに運転手役も含めて5人で出かけたんですわ。鎌倉に着いて、長勝寺ではなく久村（諦道）住職の自宅にうかがいました。寺の近くの住宅街の突き当たり。車を降りて案内を乞うと秘書役の坊さんが出てきて応接室に通された。すぐに住職が出てこられ、高谷が『私はこういうもんですが』と、名刺交換して挨拶した。『兄がお世話になっています』ということで話は始まった。住職は還暦過ぎとのことですが、大柄ないい体格でした」

予想に反して交渉は難航した。「話せばわかる」というタイプではなかった。久村は「解任の理由は、（高谷の兄が）相談もなしに勝手に購入したガンダーラの石仏が贋物であったことに加え、その問題に象徴されるような不明朗な経理が発覚した」などと説明する。それに対して上田は、贋物かどうかの証明はされたのか、また使途不明金というならその証拠はあるのか、証拠を出してもらえるのか、と質問した。だが、久村は「それについては、申し上げられません」と、突っぱねた。

ここから上田は感情的になる。

「『申し上げられない』では話にならない。そんなふざけた答えで帰るわけにはいかない。『事務局が汗かいて、一生懸命やっとるのにクビを切るとはどういうことだ！』と、バーンとカマシをかけた」

久村は動揺するが、結論はその場では出さない。というより出せない。霊園は長勝寺の開発案件だが、35億円と事業規模が大きいだけに運営は外部に委託されていた。「私も委細はわかりません」「後で、相談してご連絡します」と、ケリをつけるように久村が言い、高谷、上田らも引き下がるしかなかった。高谷はその日泊まることになっていた家の電話番号を久村に渡した。高谷の兄が用意した鎌倉市内の一軒家。夕方、くつろいでいると電話が入る。久村ではなくズーズー弁だった。山形県出身の早坂である。

「東北弁は、正直よく理解できないんですよ。ただ怒ってわめき散らしている。『てめぇら、ただで済むと思うなよ！』とか、『無事に帰れると思うなよ！』とか。こっちもケンカの掛け合いは手馴れてますから『こら！　ハッキリものをいわんかい！　わからへんぞ！』とか、『それだけかい、おっさん。この問題処理せんかったら、許さへんど、われ、こら、ボケ！』とか。そんなやりとりをガーッと続けて、電話じゃ話にならないから会おうという話になった。指定されたのが品川プリンスホテル。『12時にプリンスに来い！』と。『よし、わかった』と返事した。

正直、そんなケンカ腰の対応になるとは思っていなかった。京都では、坊さんは世間のことを知らんから綺麗事をいい、面子が立つようにうまく処理してくれるんです。ガンダーラの証明書、使途不明金の証拠や帳簿、そんなものがあれば持ってくるやろうし、なければ（高谷の兄は）元に戻れるやろうと。それがいきなりの罵声。ズーズー弁もあって、『どこの田舎モンや』と、こちらもなめてかかった」

「エセ同和」尾崎清光の出迎え

翌日、正午を目指して、鎌倉駅から国鉄（現ＪＲ）横須賀線で品川駅に向かう。品川プリンスホテルは、品川駅高輪口から徒歩３分に立地する。客室数は３６７９室で日本最大級だが、Ｎタワー、メインタワー、アネックスタワーと次々に建て増ししており、１９８３年当時は、旧毛利元道侯爵邸跡地の旧本館だけだった。

朝から晴天、秋晴れである。だが品川駅は緊張感に包まれていた。中央改札を出て左に曲がり、階段を下りると国道15号線にぶつかる。そこを渡った先がホテルだ。改札口を出た瞬間、素人ではない異様な集団に監視されていた。

「すぐに目についたのがモヒカン刈りの男。私らに、ねめつけるような視線を送ってくる。関西ではそんな風体の人間はいてへん。他にも明らかに半グレ風なのが、あちこちにいて監視してる。改札を出た瞬間、それがわかりました。信号を渡ると、もっと壮絶な風景が拡がっていて、ホテルの入り口まで100メートルぐらいでしょうか、左右に分かれて数百人の恐いのが、ズラーッと並んで立っとる。ヤクザの襲名披露や放免祝いのときのような光景です。

それを見た瞬間、私以外の人間は、『これはアカン。やめとこ！』と、震え上がっとる。私も震えとるんやけど、高谷に『こっちが被害者なんやから。話するだけはしような』といい、『俺についてきてくれ』と、後ろは振り返らずに進んでいった。そら、ヤバいとは思いましたよ。でも、白昼ですよ。まして一流ホテル。だけど、ロビーに入ったら早坂ともうひとりがいて、机を前に置いて座っている。周りをガタイのいいのが取り囲み、ロビーを占拠している格好です」

一応、名刺交換をした。早坂は前日のズーズー弁男だった。もうひとりの男は、鼈甲《べっこう》メガネで葉巻を手にし、顔写真入りの普通のよりひと回り大きな名刺を差し出した。そこには「尾崎清光」とあった。

「そら、エセ同和として有名な男ですから名前は知ってた。なんで尾崎がここに、という思いのまま、『返事もらいにきたんやけど、これなんですか……』と、派手な〝出迎え〟に文句をつけた。返ってきた尾崎の答えは、『なに〜、このどチンピラが！』でした」

修羅場を予見した上田は、先制攻撃すべく、テーブルを越えて尾崎に飛びかかった。勝算があるわけではない。死中に活を求めるしかないと思ったのだが、上田の記憶はここで途切れる——。

尾崎は、1935年生まれで早坂と同年。高知県の被差別部落に生まれ、高校は進学せずに大阪に移り、西成を縄張りとする暴力団組員となる。30歳を前に暴力団から足を洗い、土木、不動産、建設などの事業を始めるが、実態は恐喝屋だった。'77年、大手ゼネコンを脅して恐喝容疑で逮捕され、恐喝・強要・業務妨害・弁護士法違反など12件で起訴された。'78年、上京して全日本同和会に所属するも内紛で離脱。同年、日本同和清光会を立ち上げた。

'82年6月、都内のホテルで開かれた誕生祝賀会は、尾崎の〝権勢〟を広く伝えるものとなった。中川一郎、稲村佐近四郎といった自民党大物政治家はもとより、中央官庁の次官、局長クラスの高級官僚が150人も出席、1000人以上を集めた。

尾崎の手口は、中央官庁の高級官僚や自治体の役人に食い込み、彼らを恫喝《どうかつ》することで農地の転用許可、国公有地の払い下げ、市街化調整区域の指定解除などを早めるというもの。指定解除で不動産価格は5倍、10倍となるから成功報酬は破格だった。そのカネで政治家を手なずけ、暴力団をガード役にし、永田町に事務所を構え、銀座に遊び、1億2000万円のダイヤモンド入り腕時計、8000万円のブレスレットを身につけ、3000万円のキャデラックリムジンを乗り回した。

「エセ同和」の代表のような男で、同和運動のイメージを傷付けたが、成功報酬を前借りするようになってトラブルが多発した。

上田らとのプリンスホテル事件から3ヵ月後の'84年1月30日、糖尿病治療のために入院していた東京女子医科大学病院5階の特別室で、側近が運んできた500万円を数えている最中、カーキ色の作業着を着てハンチングを被った3人の男が乱入した。尾崎と側近をカベに向かって立たせると、サイレンサー付きの拳銃で尾崎を撃ち、倒れた尾崎の背中に、ひとりが馬乗りとなってトドメのナイフを突き刺した。男たちは散らばったカネには目もくれず退散。その間約20秒のプロの手口だったという。

その尾崎の周りの連中に取り押さえられ、さんざんに殴られて失神した上田が目覚めるのは、大きなリムジンのなかだった。ロープで体を簀巻《すま》きにされている。

「早坂の声で目が覚めました。自動車電話でいろいろな話をしとる。反撃の機会はないかと考えている間に、誰かの電話で車中の雰囲気が変わった。早坂が、『ハイ! ハイ!』とかしこまって返事をしとる。それが浜本政吉さんでした」

広域暴力団住吉会の最高顧問として、'95年1月、78歳で亡くなった浜本は、関東の他組織にも、関西の山口組を始めとする組織にも豊富な人脈を持つ「伝説のヤクザ」だった。

子供の頃から悪童で、16歳のとき、父親が「筋金入りの親分に性根を叩き直してもらおう」と、東京・芝浦の海運業荒井組を率いる荒井直に預ける。暴力団が「街の不良」の矯正機能を持っていた時代の話だ。4年の部屋住みの後、'38年、20歳で徴兵、中国へ出征する。除隊後、上海で特務機関の下働きをした後、終戦で帰国。荒井の引退もあって、兄貴分の向後平《こうごたいら》とともに、後に住吉一家三代目総長となる阿部重作の若い衆となる。

20代後半の浜本が、戦後闇市のなか、どれだけ派手に暴れたかは、「バカ政」の異名が表している。'56年3月、阿部、向後とともに出席した浅草妙清寺の法事で、同門の高橋輝男・大日本興行会会長の一行と壮絶な撃ち合いとなり、向後と高橋は死亡。住吉会で語り継がれるこの浅草妙清寺事件で、浜本は指名手配の後に逮捕され8年の懲役刑を受ける。

出所後、事業に取り組むべく、浜本企業を起ち上げ、銀座・赤坂・六本木のキャバレーやクラブにおしぼり、ストロー、ナプキンなどを卸す仕事を始める。'69年には赤坂にナイトクラブを開業。さらに'75年、金融・不動産などのハマ・エンタープライズを設立、事業基盤を確かなものにした。

事業を取り仕切るのは企業舎弟。本人は住吉一家を中心に港会が結成され、それが住吉会として発展するのに合わせ、暴力団社会での地歩を固める。ハマ・エンタープライズで開かれる浜本兄弟会の出席メンバーは、後に住吉会会長となる西口茂男、松葉会会長となる牧野国泰、双愛会会長となる石井義雄などそうそうたるメンバーで、それが暴力団社会における浜本の実力の証となった。

ハマ・エンタープライズの設立記念パーティーは帝国ホテルで開かれ、政財界を含めて500人が出席。折しも浜本がモデルの東映映画『バカ政ホラ政トッパ政』が封切られたこともあり、主演の菅原文太や鶴田浩二など東映スターが出席し華を添えた。

戦前に稼業入りし、戦後復興で地盤を固め、高度経済成長の波に乗って稼業面でも事業面でも存在感を高めた。暴力団が社会に認知されていた時代を生きた浜本は、語り継がれる幸せなヤクザだったということができる。

パレロワイヤル永田町での「手打ち」

1983年当時、ヤクザ社会の重鎮といった存在の浜本が、なぜ鎌倉霊園事業のトラブルに登場したのか。その人脈を解き明かすのは、元弁護士の小林霊光である。東京弁護士会から退会命令を受け、現在は弁護士活動を休止しているものの、意に介することなく、企業や宗教法人の顧問、相談役として活躍している。早坂、尾崎のひとつ上の1934年生まれだが、背筋は伸び、かくしゃくとしており記憶は鮮明。べらんめぇ口調でたたみかけるように語る。

「俺が早坂と出会ったのは、まだアイツが新宿の雑居ビルで中堅商社の不動産事業を手伝っていた'73年頃。資金的余裕もなく、高利の暴力団金融にも手を出していた。ちょうど早坂の事務所で打ち合わせをしていたとき、『浜本さんという人から電話です』と、事務員が取り次ぐと、早坂が、『なんだこのやろう。後で電話するわ!』と、ガチャンと切った。借金の取り立てだったんだろう。電話の後、若い衆がどっと押し寄せてきて、浜本さんが凄いヤクザだとわかって早坂は平身低頭し、『後見、頼みます』となった。それがきっかけで俺も浜本さんの顧問弁護士になった」

一方、早坂と尾崎は、不動産事業を通じてつながっていた。建売住宅、別荘開発、都心の地上げなどさまざまな事業に手を出し、資金繰りに窮することも多かった最上恒産が軌道に乗るのは、'70年代末、第一相互銀行がバックについてからのことだ。'80年代に入ると、'85年のプラザ合意（後述）から始まったバブル経済を先取りするように、株も土地も上昇を始める。その波に乗った早坂は、'81年、地方都市の駅前マンションの地上げを尾崎に手伝わせたのをきっかけに親しくなったという。

「早坂には仕事とカネがある。尾崎にはカネはないが、役所を脅して規制を外し、認可を取る腕がある。それで二人は結びつき、年も同じで尾崎が早坂を『兄弟』と呼ぶ関係になった。尾崎の野郎は役者でね、カネを借りるときには、ギンギラギンの時計やブレスレットを全部外して会社にやってきて『会長、3000万円足りない。頼む!』と、早坂に頭を下げるんだ。涙だって流すからね」(小林)

早坂のケツ持ちとなった浜本は、仕事が重なることもあって、尾崎の面倒を見ることもあった。

その浜本が、プリンスホテル事件では早坂と尾崎の所業に注文をつけた。尾崎のリムジンに上田を簀巻きにして放り投げ、車を走らせていた早坂にかかってきた浜本の電話は、「至急、赤坂のハマ・エンタープライズに連れてこい!」というものだった。上田が続ける。

「電話でガラッと雰囲気が変わり、いきなりUターンしました。で、ロープも解かれて、浜本さんのところに連れていかれた。浜本さんがネクタイを締めながらやってきて、『てめぇら、東京へ来て何やってんだよ!』と、怒鳴られた。『これから(永田町のキャピトル)東急ホテルに行って、話つけんだよ』と言う。急かされて、何が何やらわからないまま、若い衆に送られてホテルに行った」

ホテルで待っていたのは、上田が面識のある関西の複数の知り合いだった。前日の段階で早坂、尾崎が上田らを返り討ちにすることは、関西にも伝わっていたのだという。そのあたりの事情はよくわからないまま、京都からかかってきた電話で指示を受ける。相手は、京都・山科の同郷のヤクザで、親の代から親交があり、遠戚でもある会津小鉄会幹部の高坂貞夫だった。

会津小鉄会は京都全体を仕切るといった存在の広域暴力団。上田は京都市の東側に位置する山科区の出身だが、高坂はそこを縄張りにする幹部組員だった。

「高坂さんは家が近所で、子供の頃から知っていて、『高坂のおっさん』と呼んでいました。その人が『なんもいわんとワシに任せてくれ』『手打ちだけでもしてくれ』と言う。そう言われてもね。『ワシの問題違うんやから、高谷の問題なんやから、ちゃんとハッキリさせなあかん』と、そこは言うた。でも、結局、尾崎の事務所で手打ちをすることになった」

キャピトル東急ホテル（現ザ・キャピトルホテル東急）は、首相官邸の裏手といっていい場所にある。東急グループの総帥、五島昇が政界工作の拠点としたホテルだ。菅義偉が首相在任中、ここで朝食をとり、ミーティングを重ね、夜の会合に利用したように、古くから「政界応接室」として使われてきた。周辺には、パレロワイヤル永田町、TBRビル（取り壊されてザ・キャピトルホテル東急に組み込まれた）、十全ビルなどがあり、政治家の後援会、政治団体、弁護士事務所、コンサルタントなど「永田町周辺」の住人が棲息している。

尾崎の事務所はそのうちのひとつ、パレロワイヤル永田町にあった。上田が案内されて事務所に入ると、事務員というよりホステスのような秘書が何人もいて、ふかふかの絨毯の部屋は色彩が派手で、上田には「趣味の悪いラブホテル」のように見えた。

待ち構えていた尾崎は、「警察対策もあって、早く手打ちをしなければいろんな人に迷惑がかかる」と言う。上田には、ボコボコに殴られ、簀巻きにされた痛みも不満もあったが、浜本や高坂などの説得もあり、言葉少なに「わかった……」と言うしかなかった。

これが1983年10月に起きたプリンスホテル事件の顚末《てんまつ》である。一流ホテルを舞台にした暴行事件だが、蓋《ふた》をされ、表面化することはなかった。

だが、これを機に京都同和団体の支部幹部に過ぎなかった上田は、東西の暴力団に「触るとうるさい」と認知された存在となった。やがてその存在感を評価した政界が「同和団体の再編」を仕掛けるとき、上田に白羽の矢を立てる。この部分は後述するが、上田はこの1983年の事件で自分のステージが上がったと自覚している。そこで出会った人間たちが抱えていた時代性を、結果的に引き継いだからだろう。

早坂は、徒花《あだばな》として消える宿命にあったバブル紳士の象徴だった。そして尾崎は、消えなければならない同和の利権屋である。また高坂は、当時、平和相互銀行の裏ガネづくりに加担していた。工作虚しく平和相銀は旧住友銀行（現三井住友銀行）に吸収されるが、この「関西金融界の雄」の東京進出が、後に「3000億円が闇に消えた」といわれるイトマン事件につながる——。

「怪僧」への寄進

結果的に上田は、プリンスホテル事件での鎌倉行きを通じて「時代の渦」のなかに飛び込んだことになる。そこには、事件のきっかけとなった鎌倉の長勝寺の住職・久村諦道という「怪僧」の存在が深く関与している。

前出の弁護士・小林霊光は、久村の弟子である。長勝寺が霊園開発を始めた頃、運営を委託していた会社の顧問弁護士として寺に出入りしているうちに、久村に「あなたは無限の宗教界で生きていくよう生まれ落ちている。仏門に入りなさい」と言われたという。1973年、得度式の後、僧籍を得て俗名の俊明から霊光と名を変えた。同じ年、小林は久村の仲人で結婚。しかも相手は久村が後見する女性だった。

久村は、後に京都の大本山本圀寺《ほんこくじ》の貫首に就き、日蓮宗最高位の大僧正にのぼり詰めて亡くなっているが、小林にとっては今も絶対的存在だ。「大僧正」「猊下《げいか》」「御前さま」と、時々で呼び名を変える。

「御前さまは、先の大戦から復員してきたとき、片目がほとんど見えず、残る目もかすむ状態で失明寸前だった。それを自分で自分に願をかけ、一心不乱にお経をあげて治した。そこから仏門に入った人で霊感が強く、高い使命感を持つ。その一方で、清濁併せ呑む幅の広さがある。長勝寺の前住職が師匠で、後を継いだが、檀家がほとんどいない貧乏寺だった。それを御前さまが一生懸命やって、100から150に増やした。そこに霊園開発が被さってきて今じゃ、檀家は凄い数になっている」(小林)

久村が知られているのは、清濁併せ呑む幅の広さによってである。早坂太吉もその虜《とりこ》になった。眼病を患った前夫人が最初に信者となり、早坂も訪れるようになった。早坂の事業が軌道に乗ると、寄進を繰り返すようになり、久村自身、『財界さっぽろ』('86年7月号)という北海道の経済誌で〈いままでに二十億円以上の御芳志をいただいており、檀信徒の信望を一身に集めておられます〉と、早坂の途方もない寄進への感謝を語っている。

その高額寄進に応えるように、久村は早坂に「檀家総代」という一般的な役職とは別の「檀頭」という呼称を与えている。檀家筆頭という名誉職だ。長勝寺の八角堂には、今も二人の蜜月を示す看板が立っている。タイのワサケ寺・スリウイスメスイ大僧正から贈られた金色の釈迦尊像である。

〈当八角円堂に安置する釈迦牟尼世尊(八尺御座像)は私の敬愛する早坂太吉様並に御当山住職、久村日鑑《にっかん》猊下を通じて仏都鎌倉の名刹長勝寺に末永く奉祀せられこの御仏の御魂と神通力により日本中から、世界各国から詣らる々人々の上に、平安と幸運がもたらされるよう入魂開眼して奉献さしていただいたのであります。

昭和六十年六月二十四日訪日開眼式の砌《みぎり》〉

早坂は信者として寄進を続け、久村は檀頭として遇し、最上グループ最高顧問を名乗るなど早坂に信用を供与した。その豊富な資金を梃子《てこ》に日蓮宗宗門トップの宗務総長になろうとしたことがある。しかし早坂が「バブル紳士」として取り上げられるようになると、その親密すぎる関係が問題となり、野望は果たせなかった。

ただ、早坂が国土利用計画法違反で有罪判決を受けた後、バブル崩壊で浮上することなく消えていったのに比べると、久村は大本山本圀寺貫首に就いた後、大僧正となり、2004年7月、東京・池上の日蓮宗宗務院で叙任式が営まれた。日蓮宗最高位の大僧正は、その時点で5人目。こう讃えられたという。

〈戦後の日蓮宗の修法界の中心として、加行所の伝師を9回務めるなど修法界をリードし、綜合財団賞も受賞しました。また本圀寺に入山して以来、本山発展のために尽力されました〉（叙任式での宗務総長の言葉）

本圀寺は、政治の中心が鎌倉から京都に移ったI345（貞和元）年、鎌倉から京都六条に移転する。天明の大火（I788年）で経蔵などわずかを残して焼失。その後、順次、再建されるものの、本堂、五重塔などは再建されず、寺勢は衰え、戦後、乱脈経理などもあって、荒廃した。その立て直しを行ったのが、宗命を受けた63世伊藤日瑞貫首で、市内六条から現在の山科区御陵に移転させ、伽藍を再建した。久村はその5代後の68世貫首である。奇《く》しくも山科は上田の拠点で、自由同和会京都府本部が置かれる地だ。しかも上田が起こした宗教法人天智教（第8章で詳述）は、本圀寺の後背地を取得している。上田はそこに本殿を建設予定で、鎌倉・久村との〝縁〟は、どこまでも続いている。

魑魅魍魎「バブル経済」の前夜

では、上田の「起点」となったI983年、日本の政治経済はどんな状況にあったのか。

政治的には中曽根康弘政権の時代である。'70年代初頭に高度経済成長は終わり、その終焉間際に登場したのが、日本列島改造論の田中角栄だった。が、金権批判を受けて退陣し、その後は三木武夫、福田赳夫、大平正芳、鈴木善幸と続いた後、’82年11月、第一次中曽根政権が誕生する。「三（三木）・角（田中）・大（大平）・福（福田）・中（中曽根）」といわれた実力者の最後に、満を持しての登場。ただ、ロッキード事件で刑事被告人となった田中角栄が「闇将軍」として控えていたために、「田中曽根内閣」と揶揄《やゆ》された。

しかし「戦後政治の総決算」を掲げて登場した中曽根は国内外で高い評価を得て、政権は’87年11月までの5年の長きに及んだ。

国内的には行財政改革を推進、国鉄、電電公社、専売公社の3公社を分割民営化させた。規制緩和と民営化は、グローバリゼーションが加速するなか欠かせないもので、国鉄がJRとなることで「親方日の丸」の赤字体質から脱却し、電電公社はNTTとなって世界をネットワークで結ぶ通信革命に備えることになった。

国際的には、’79年に誕生したサッチャー政権の英国、’81年発足のレーガン政権の米国と歩調を合わせ、新保守主義の道を歩む。サッチャリズムは、労働運動が活発で「英国病」に喘いでいた経済を再生させた。規制改革と民営化を推進し、’84年には、BT（ブリティッシュテレコム）の株式を公開した。レーガノミクスは、市場原理と民間活力を重視する包括的な経済改革で、なかでも航空業界、通信業界の自由化政策を徹底し、通信帝国を築いていたAT&Tは分割される。

中曽根は、政治的には新保守主義で、経済的には新自由主義の流れに沿う政策を採った。それは先見性よりむしろ「風見鶏」と指摘された、時代と国際政治の流れを読み取る嗅覚の鋭さゆえだったのだろう。サッチャー、レーガンの次に登場し、規制改革と民営化の流れを受け継ぐことができたし、日米安保体制のなか「ロン・ヤス」と呼び合う関係をレーガンとの間に築けたことは、長期安定政権につながった。

バブル経済の発端が、'85年9月、米国ニューヨークのプラザ・ホテルで開かれた5ヵ国蔵相・中央銀行総裁会議で、「先進5ヵ国が協調してドル高を修正する」とした「プラザ合意」であることは定説だ。

ただ、土地に関しては前段があった。中曽根政権が'83年1月に掲げた「アーバン・ルネッサンス」である。中曽根政権は、この宣言で都市再開発を積極的に進めるようになり、宅地規制の緩和、市街化調整区域の見直し、建築基準法の緩和と、次々に具体策を打ち出す。同時に中曽根は、'83年6月、大蔵省に国有地の有効活用の検討を指示。'84年には具体的に国有地の払い下げも始まり、こうした流れのなかで土地は動き出し、東京の地価は上昇を始める。特に都心3区（千代田、中央、港）は急上昇、'83年の1年間で21％も上昇した。

この流れを不動産屋として摑んだのが早坂太吉だった。規制は緩和されても借地権、借家権は残り、都心の利用度の高い土地ほど権利関係は複雑で、それをうまく解きほぐすにはノウハウが必要だ。'70年代から浮沈を繰り返してきた早坂にはそれがあった。また、資金源も摑んでいた。千代田区神田神保町に本店を置く第一相互銀行（のち第二地銀に転換、太平洋銀行に商号変更し、'96年に債務超過となり営業譲渡して清算）である。

この金融機関との関係は、'84年、社長に就く小林千弘が常務だった時代から始まった。小林との関係は早坂の内妻・安達洋子が、早坂と別れてから'91年3月に上梓《じょうし》した『冬の花火——地上げの帝王・早坂太吉との二千日』（日新報道）に詳しい。

安達は銀座の高級クラブ「トワ・エ・モア」のママだった。'83年2月、初めて出会い、前年に妻を亡くしていた早坂とほどなくして同棲に入ったものの、女出入りの激しかった早坂と、'88年9月、内縁関係を解消する。早坂好みの細身の和服が似合う美女だが、妖艶に男に取り入って〝食べる〟ということで『週刊新潮』の名物コラム「クラブ欄」に「カマキリママ」という恐い異名で書かれたこともある。

当時のバブル紳士の内実を知るには欠かせない本で、その派手な私生活に加え、事業のことも書き加えられていた。

〈どうして小林社長と早坂が強く結びついていたのかは、そのスタートにあったと思う。早坂と国粋会の亡くなった八木沢由雄さんとのつき合いからで、小林社長が現場にいた頃、彼の担当した融資が焦げついたのを、早坂が肩代わりして処理した。これで助かった小林社長と、早坂の関係が生じたのだ〉

かつて体面を気にする金融機関には、スキャンダルを嗅ぎつけては脅し、揺さぶり、関係を築いて融資を引き出そうとする勢力が絶えなかった。商法改正があったとはいえ、'80年代はまだ総会屋が元気な頃で、暴力団の企業舎弟なども虎視眈々と狙い、それを妨げる暴力団対策法（暴対法）など法的整備もされていなかった。

その対応は総務部に任されており、第一相銀で長く総務担当を務めたのが小林である。その小林が「反社の窓口」として交通整理を頼んでいたのは、日本国粋会という広域暴力団で会長を務めた八木沢由雄だった。だが、小林が出世して、社長の目が見えてきたとき、現役のヤクザが金融機関に出入りしていたのではマズい。そこで双方と親しい早坂が仲介して、八木沢の出入りを差し止め、代役を務めたという。

安達のいうように、早坂が焦げつきを肩代わりして処理することもあっただろうが、第一相銀にも実利はあった。高い金利の確保である。

'80年代に入ると第一相銀との関係を確保した早坂は、各所で不動産事業を活発化する。'83年7月、東京都庁近くの西新宿6丁目の地上げに着手し、「地上げの帝王」の異名を取ることになる。'85年3月までにメドはついたものの資金繰りに窮し、それまでに買い入れた約4900平方メートルを、第一相銀系不動産会社に売却。そのうえで、他の金融機関から資金を借り入れて買い戻す複雑なスキームの末、最終的に'86年3月、新たに地上げした分と合わせ、約470億円でゼネコンのフジタ工業に売却した。

その結果、約186億円が最上恒産にもたらされ、'86年5月期の法人申告所得は松下電器など名だたる大企業を押しのけて全国第3位となった。最上恒産の伸びは第一相銀の伸びでもある。'81年に2700億円だった資金量残高は、'86年に5500億円と倍近い伸びとなる。銀行の儲けの厚さを示す総資金利ざやは2%以上で、相互銀行平均を大きく上回った。

西新宿の金利は、スキームの複雑さもあったが約9%ということで、第一相銀の利益率の高さのかなりの部分を最上恒産が担った。だが、当然、痛手も負う。'88年春の大蔵省検査で、最上恒産向け融資は約800億円だったが、その後、利息などが加わって約1000億円に膨らんだ。第一相銀はそれを不良債権として処理したのである。

エセ同和恐喝の実態

1983年に時計を戻そう。早坂とともに上田を恫喝し、簀巻きにした尾崎清光という人物は、同和運動にとってどんな存在だったのか。

同和団体には、同和対策事業を利権化しているという批判が絶えない。1969年、同和地区の環境改善を目的に予算が投じられる同和対策事業特別措置法(同対法)が施行されると、戦前の部落解放運動・全国水平社の流れを引く部落解放同盟系企業が「部落解放運動とともに成長する」という名目で仕事を受注、急成長した。

ただ、全日本同和会を経て日本同和清光会を立ち上げた尾崎には、運動への思いも被差別部落民への思いも、同和行政への不満もない。尾崎がやっていたのは、同和の名を利用した恐喝行為、それ以上でも以下でもなかった。夜は一晩で何百万円ものカネを高級クラブに投じ、シティホテルの部屋を借り切り、好みの若いホステスを「お持ち返り」。宝飾類や高級時計を身につけ、「歩く3億円」と揶揄される私生活は、俗なバブル紳士と同じで、特に論じる必要はない。

指摘すべきは、尾崎がカネを手にする手口である。ここには、同和利権を生む「怯《ひる》む行政」の原型がある。

尾崎に付き合わされ、〝恐喝〟の現場に立ち会った弁護士の小林霊光は、「ワンパターンではあるが、人間の最も弱いところをつくのが尾崎の手口だった」と振り返る。

「『先生、ちょっと付き合ってくれよ』と頼まれて、何回か一緒に役所に行ったことがあるよ。あの野郎は、建設省（現国土交通省）や厚生省（現厚生労働省）など許認可関係の局長の所に、案内なしでズカズカと入っていっちゃうんだ。それで、局長に命じて、『オイ！　どこそこの誰に電話しろ』という。相手が出ると、怒鳴りまくる。『このポンコツ野郎！　いつ出来んだ。早く出せ！』といった調子だよ。局長室からの電話じゃ逃げられないからな。それで市街化調整区域なんかを外させる。一挙に地価が5倍、10倍になるという寸法さ」

小林はこう証言する。白昼堂々の恐喝行為がどうして許されるのか。なによりキャリアの局長クラスが、なぜ尾崎の訪問を許すのか。

「許すも許さないも、奥さんを完全に落とすのさ。旦那が出掛けている日中の午前中なんかに、奥さんに電話する。『尾崎といいます。いつも旦那さんにはお世話になってます』と、丁寧に話し始める。すると、仕事関係だと思って相手も聞くわな。その後、『ところで、オタクのお嬢さんはかわいいですね。○○小学校に通って、今、何年生。ただ、通学路のあのあたりは車の往来がひどいから気をつけた方がいいですよ』とかね。そりゃ、相手はびびるよ。個人情報をすべて摑まれている、しかも子供。旦那が帰ると、『アナタ、なんとかしてよ！』となる。そんな単純で、汚く、でも効果的な手口だった」

尾崎がプロの手口で殺されたのは前述の通り。成功報酬を先取りして返さないのだからトラブル続出だった。しかも〝危ない筋〟ばかり。'84年1月、尾崎が射殺された日のことを、安達洋子は鮮明に覚えている。

〈その夜、早坂は鎌倉の住職・久村諦道らと「トワ・エ・モア」で飲んでいた。私もいつもの通り、早坂に合わせて銀座に出て来て、席にはべっていた。

「ママ、社長にお電話です」

突然入った電話に私がまず出ると、相手は私も知っている住吉連合系の最高幹部で、せきこんだ声で、早坂を求めた。

（中略）早坂は席に戻るなり、久村住職に、「尾崎が入院先の東京女子医大で撃たれたんです」と告げた〉（『冬の花火』）

その席には、件《くだん》の住職・久村だけでなく弁護士の小林霊光も同席していた。

「忘れもしない、雪が15センチも積もった夜だった。俺と早坂で、二人、タクシーに飛び乗って、運ちゃんに3万円渡して、『俺は弁護士だ！　東京女子医大まで、すっ飛ばしてくれ』と。急いで行ったんだが、もう鑑識が来てて、なかには入れなかった」

警視庁は捜査本部を設置。暴力団担当の刑事を投入したが、その刑事はあまりに多くの暴力団と付き合い、途方もない額の借金があるため、対象を絞りきれないまま迷宮入りした。

人相風体から50代から60代に見えたという尾崎だが、実は48歳の若さだった。恐喝に生き、豪快な散財を繰り返した太く短い人生である。

では、上田よりひと回り以上年配の郷里の先輩である高坂貞夫は、'83年の時点で、どんな役回りを京都で担っていたのか。どうしてプリンスホテル事件に絡んだのか。
「地元の縁で、高坂のおっさんとは親しくさせてもらってました。お墓も（上田家と）同じ場所にあるし、（明治）維新のときには、（官軍の）山科竹鼻《たけはな》隊として、上田家も高坂家もともに闘っています。ウチの母親が競売物件を扱う仕事をしていて、おっさんの会社とも付き合っていました。とにかく顔が広くて使い勝手がいい人で、どこかに必ず人脈がある。ただ、鎌倉での騒動をどうして知っていたのか。おっさんも亡くなったし、今もわからない」（上田）

平和相銀「屏風の土地」の密談

プリンスホテル事件は、鎌倉の霊園開発という〝カネの成る木〟を巡って起きた。上田が横から口を出せるほど簡単なものではなく、利権が複雑に絡み合っていた。顔が広く、東の暴力団にも人脈のある高坂は、後に「屏風の土地」として話題になる案件に、プリンスホテル事件の１年以上前から関わっていた。

１９８２年10月、東京・虎ノ門にある建て替え前のホテルオークラ５階の和風レストラン「山里」に６人の男たちが集まった。ある物件の売却話が大筋でまとまり、固い話は抜きのなごやかな昼食会だった。

メンバーは、右翼団体主宰者の豊田一夫、平和相互銀行監査役の伊坂重昭、伊坂の社外秘書役的役割の対馬邦雄、会津小鉄会幹部の高坂貞夫、大阪市に本社を置く不動産業・広洋社長の岸広文、および岸の関係者。ある物件とは、神戸市北区八《は》多《た》町《ちょう》屏風にある土地のこと。後に事件化し、「屏風の土地」と呼ばれた。平和相銀の子会社・太平洋クラブがゴルフ場用地として取得していたものの、開発のメドがつかないため、売却先を探していた。

伊坂の意を受けた対馬は、こうした難しい物件（土地は市街化調整区域内）の処理に長けた豊田に相談し、豊田は面識のある京都の高坂に依頼した。その高坂が連れてきた買い手が岸である。話はトントン拍子に進み、昼食会を経て、11月に契約が交わされる。太平洋クラブから広洋と、その関係のサン・グリーン（尼崎市）への売却価格は約60億円だった。この売買に際し、平和相銀が売却代金をはるかに上回る約116億円を融資していたとして、東京地検特捜部は’86年7月、平和相銀の伊坂ら「4人組」と呼ばれていた経営陣を逮捕した。

この平和相銀事件は、後にイトマン事件、東京佐川急便事件へと続く「バブル経済事件の前史」といえるものだ。

平和相銀は、戦前の軍国主義時代、鉄クズ屋でひと儲けした小宮山英蔵《えいぞう》が起こした無尽会社（頼《たの》母《も》子《し》講《こう》と呼ばれる江戸時代から続く庶民金融）を母体に、相互銀行法成立後の’51年10月、スタートした。駅前の一等地に立地、午後7時までの営業と顧客重視の路線で人気を集め、相互銀行トップクラスの実力を誇ったが、英蔵のワンマン経営と、来る者を拒まない脇の甘さを突かれ、政治家、株の仕手筋、事件屋などが群がる銀行となった。それを捌《さば》いたのが元検事の伊坂で、監査役という職責ながら、事実上のトップとして君臨した。’79年6月、創業者の英蔵が死去すると、小宮山家を追い出し、4人組で銀行を支配しようと目論んだ。

それを阻止しようとした小宮山家は、33％の持ち株を、旧川崎財閥の資産管理会社・川崎定徳《ていとく》の佐藤茂社長に譲渡する。その資金を提供したのが住友銀行系商事会社のイトマンだった。同社の河村良彦社長は、住友銀行の「天皇」といわれた磯田一郎会長に引き立てられ、旧制商業学校卒ながら常務に出世、業績不振のイトマンに送り込まれて社長になっていた。「向こう傷を恐れるな」という強気の経営で知られる磯田は、１０３店舗を持つ平和相銀を傘下に収めることで、東京への本格進出を果たしたかった。

竹下5億円、佐藤3億円、伊坂1億円

33％もの株を佐藤に握られて、伊坂は焦る。佐藤に会談を申し込み、何度も話し合いを重ねるが、佐藤は「小宮山家の意向を尊重したい」と、にべもない。そこに救世主として現れたのが八重洲画廊の真部俊生《まなべとしなり》で、伊坂にこう申し入れた。

「私が所有している金屏風（蒔絵《まきえ》時代絵巻）を40億円で買ってくれれば、佐藤さんからの株の買い戻しに協力しましょう」

そして、背広のポケットから手帳を取り出し、〈竹下5億円、佐藤3億円、伊坂1億円〉と書かれたメモ書きを見せ、こう付け加えたという。

「株はキレイ事では戻ってきません。こういうカネの処理は私がうまくやります」

当時、絵画を利用した政治献金が、〝裏献金〟として流行っていた。絵画には定価がなく、売り

手と買い手の合意で決まる。そこに政界に通じた画商が介在する。例えば、売り手が10億円で仕入れた絵画を買い手が20億円で買う。〝浮いた〟10億円を、政治家を含む関係者で分けるのである。

平和相銀事件には「二つの屏風」があるといわれた。ひとつは前出の神戸の「屏風の土地」。もうひとつが八重洲画廊の「金屏風」。特捜検事の狙いは政治家につながる「金屏風」だったが、検察幹部の狙いは「屏風の土地」を利用して、国策捜査として「平和相銀に巣くう4人組」を一掃し、銀行を正常化することだった。

当時、特捜検事として捜査した田中森一《もりかず》は、退官後、弁護士となるが、石橋産業事件という特捜案件で逮捕され、服役の後、『反転』（幻冬舎）という半ば〝贖罪《しょくざい》〟の自伝を著した。田中は、30万部のベストセラーとなった『反転』のなかで、内幕を赤裸々に語っている。

〈［1986年7月の伊坂ら逮捕の後］いつ、政界に切り込んでいくのか、現場の検事たちは期待で胸が膨らんだ。東京拘置所で取り調べを担当する検事同士で、捜査の方向がどこに向かうのか、話していた。やはり注目されていたのは「青木メモ」である。（中略）

そんなとき、ある同僚検事からこう耳打ちされたのである。

「実はこのあいだ、部長に呼ばれてね。あのメモのことは忘れろ、と言うんだ」〉

言葉通り、「竹下5億円」を捜査することはなかった。竹下とは、当時、蔵相を務めていた竹下登のこと。そして「青木メモ」とは、真部が伊坂に見せた分配メモのことで、竹下の秘書である青木伊平が作成したとされていた。4人組逮捕の1ヵ月後、検察は捜査終了を宣言。その2ヵ月後の'86年10月、平和相銀は住友銀行に吸収合併された。

田中は、〈俺たちは、まるで住銀のために捜査をしてきたみたいだな〉という同僚検事の言葉を紹介、〈かくいう私もそのひとりだ〉と打ち明けている。

上田と親しい高坂が絡んだ「屛風の土地」は国策捜査の道具にされたようなものだが、売買までの経緯と関わった人脈は、特捜部が目をつけるにふさわしいものだった。

豊田一夫は、終戦後、左傾化する国内情勢に抗するように右翼活動を始め、武闘派集団・殉国青年隊の総隊長として名を馳せていた。1950年代、右翼と自民党政治家が密接だった頃、右翼実力者に認められ、のちに首相となる佐藤栄作のボディガードを任されるなどしており、政界にパイプを拡げ、竹下登とは、'58年、竹下が佐藤派の新人議員として当選以来の付き合いだった。一方で、魑魅魍魎《ちみもうりょう》が群がる平和相銀とは、伊坂が実権を握った'70年代後半から付き合うようになり、鹿児島の無人島・馬毛島《まげしま》のレーダー基地構想など、さまざまな難しい物件の処理に絡んできた。

「屛風の土地」を対馬から持ちかけられた豊田は、後に、竹下が首相になる際、「褒め殺し」をしたことで話題になった右翼・日本皇民党の後見人・大元良一にこう声をかけた。

「大元、普通なら売れない土地なんだが、お前の親しい京都の高坂なら顔も広いし、なんとかなるだろう。一度、高坂を連れてきてくれないか」

大元は殉国青年隊の支部長で豊田の弟子。右翼活動のために各地を転々としており、関西にも強かった。大元はさっそく京都に出向き、高坂の事務所を訪れ、「豊田のおやじから頼まれたんだが……」と、切り出している。実際、豊田の見立て通りでなんなく買い手は見つかった。

ただ、高坂は「屏風の土地」に関与したことで目を付けられ、所得税法違反に問われ、実刑判決を受けている。「とばっちり」という思いだろうが、カネの流れを見ると仕方ない面がある。仲介手数料のうち2億円は裏ガネとして受領。「平和相銀の意向によるもの」と高坂は主張したものの、裁判所は高坂からの「要求」として、他の脱税分も合わせ、約4億8000万円の所得税法違反を確定、最高裁は'87年10月、上告を棄却。懲役2年4月、罰金1億2000万円が確定した。

豊田は、戦後、東京・銀座を中心に愚連隊集団「銀座警察」を率いた高橋輝男の舎弟となる。高橋はその後、大日本興行を起こし、前述の浅草妙清寺事件で死亡するが、その子分に小林楠扶《くすお》がいた。住吉連合会小林会を結成していた小林は、銀座警察を受け継ぎ、その後、日本最大級の右翼集団・日本青年社を立ち上げる一方、住吉連合会本部長を務めるなど右翼と稼業の両方で知られた存在となる。高坂は「屏風の土地」を通じて、住吉会とのパイプをますます太くしていった。

上田が何も知らずに飛び込んだ鎌倉の霊園開発事業には、バブル前史のそんな複雑な人脈が絡んでいた。豊田一夫、伊坂重昭、対馬邦雄、岸広文、大元良一、小林楠扶、浜本政吉……。「東」と「西」のパイプ役として平和相銀合併にひと役買った高坂とすれば、上田らが仕掛けた〝騒動〟は、ひとまず収めるしかなかった。

東京佐川と稲川会二代目

平和相銀事件は、住友銀行「東上」の尖兵を果たしたイトマンが、バブル投資に失敗、河村社長が保身のために挽回を図ろうと、伊藤寿永光《すえみつ》、許永中《きょえいちゅう》といった「仕事師」を使おうとし、逆に食い込まれ、住友銀行まで巻き込む大型経済事件のイトマン事件となる。

また平和相銀事件の後処理に関与したのが、稲川会二代目会長・石井進である。稲川会は、住吉会と並ぶ関東の広域暴力団で、初代・稲川聖城《せいじょう》が熱海に創立、東京はもちろん神奈川、静岡方面に強い。その二代目会長の石井が平和相銀に関与したのは、川崎定徳の佐藤茂との関係によるもので、その結果、石井の事業は膨らみ、東京佐川急便事件に連動する。

人脈は幾重にも絡み合っている。石井は、信心深いことで知られており、早坂太吉同様、長勝寺・久村諦道の信者であった。毎月、決まった日に参詣、久村との法話を楽しんだ。長勝寺四天王像のひとつを寄進。台座には石井の改名後の「石井隆匡《たかまさ》」が刻まれている。

東京佐川急便事件はイトマン事件同様、肥大化した反社会的勢力が、表社会を侵食した典型例であり、それが秩序側の暴力団排除の機運となって1992年3月の暴力団対策法の施行につながった。「滅び行く暴力団」という流れを生んだという意味で、特筆すべきだろう。

4900億円もの莫大なカネを東京佐川急便から流出させた大型経済事件の幕開けは、'84年暮れ、東京・築地の料亭での二人の男の会談だった。長身、白髪で、おだやかな表情のなかにも目に鋭さのある男は石井進。もうひとりの丸顔で髪をオールバックにした物腰の柔らかい男は、東京佐川急便の渡辺広康社長である。賭博行為等で6年間服役、出所したばかりの石井を、旧知の渡辺がねぎらう宴席だった。

この席で石井は、今後は「実業」の分野に本格的に進出したいという胸の内を渡辺に明かす。もともと株式投資を好み、配下の目端の利く「若い者」たちには『日本経済新聞』の購読を勧めていたというだけに、「実業家」として腕をふるいたいという夢を持ち続けていた。すでに、石井周辺からその話を聞き及び、この席で石井から支援を要請されることを予期していた渡辺は、こう問い質《ただ》す。

「本当にカタギの仕事をやりたいんですね」

暴力団の看板、つまり〝力〟を使わずに事業をするつもりなのかと聞いたのである。

「もちろんです」

石井は短くこう答えたという。

渡辺の決断は早かった。年が明けて間もない’85年2月、東京佐川の全面的な支援のもと、マスコミから後に、「稲川会経済部」と呼ばれる北祥産業が、東京都千代田区に設立された。スタートは順調だった。おりからの不動産ブームに乗って、新宿副都心の地上げ、株式投資を活発に行った。株価は’84年年初の日経平均株価1万円が、’87年8月には2万６０００円に達している。誰もが面白いように儲かり、土地と株の「含み」を担保に金融機関がカネを貸し込んだ。北祥産業に資金を提供していたのは、旧富士銀行系の芙蓉総合リースなどで、融資保証を行っていたのは、もちろん東京佐川である。

勢いに乗って、事業分野を広げ、北祥産業の他、不動産業の天祥、佳仙産業、金融貸付業の東広ファイナンスなどを設立する。特にゴルフ場開発には力を入れ、岩間カントリークラブ（茨城県）、ゴールドバレーカントリークラブ（千葉県）、ユートピア修善寺（静岡県）、谷田部カントリークラブ（茨城県）などを取得すべく、根回しを行い、土地の買収を進めていた。

なかでも平和相銀系の太平洋クラブが持つ岩間カントリークラブは、川崎定徳の佐藤から石井への平和相銀後処理の〝報酬〟だといわれている。'86年12月、岩間カントリークラブは、信用面で問題のある北祥産業の名を唐突に登場させないために、東京佐川を間に挟んで天祥に所有権を移転。立会人は佐藤だった。

こうして東京佐川が、北祥産業を始めとする稲川会系企業に保証した資金総額は、渡辺元社長が特別背任容疑で逮捕される'92年2月までに約1000億円に達していた。稲川会系企業だけでなく、早乙女潤元常務が実権を握っていた早乙女系企業、渡辺の社外側近といわれた松沢泰生の平和堂グループ系、その他企業群も合わせて、東京佐川の融資保証額は4900億円に達していた。

野放図な融資保証は、東京佐川の「実利」でもあった。融資保証の際、最大10％のキックバックがもたらされるわけで、それが佐川急便の政界工作の原資になった。融資保証が打ち出の小槌となって、東京佐川から正常な経理感覚を奪った。

佐川急便は、新潟県出身の佐川清が、'57年、大阪―京都間を主体とした「飛脚屋」として創業した。運転手を高給で遇し、その代わりに酷使、速さを競わせて顧客を摑んでいった。渡辺も同じ新潟県出身で、中卒後、上京して運送業に入り、29歳で渡辺運輸を起こし、印刷下請け業務をやっていたとき、東京進出を狙っていた佐川が提携を持ちかける。同郷ということもあって話が進み、'74年、渡辺運輸は東京佐川急便となる。当時は、年商100億円規模。以降、渡辺はナンバー2として実力を発揮するようになるが、'83年頃、それを疎んじた佐川が、渡辺を排除しようとしたことがある。

渡辺は、うまく立ち回って事なきを得たが、自ら資金力と人脈を持たねばならないと痛感したという。奇しくも'85年2月、「闇将軍」の田中角栄に頭を押さえつけられていた竹下登が、派中派の創政会を立ち上げ、その〝裏切り〟に酒量が増えた田中は、脳梗塞に倒れ、田中派は竹下に継承される。田中と絶対的な関係を結んでいたのは新潟同郷の佐川だったが、竹下とそれを支える金丸信、その後継の小沢一郎のいわゆる「金《こん》・竹《ちく》・小《しょう》」を支えていたのは渡辺だった。北祥産業の立ち上げと被らせれば、渡辺の佐川からの〝独立〟の時期だったといえよう。

渡辺の「政」と「暴」をつなぐ役割は、間もなく発揮される。'87年夏、5年の長きにわたった中曽根政権が交代の時期を迎え、安倍晋太郎、竹下登、宮沢喜一の「安・竹・宮」の三人が争っていた最中、竹下にとっては、まことにありがたくない〝援軍〟が四国から上京した。日本皇民党という右翼団体で、「竹下新総裁を実現しよう!」と、街宣車でがなり立てた。褒めて評判を落とす「褒め殺し」である。皇民党を率いるのは稲本虎翁《とらおう》。憂慮した竹下は、収拾にあたろうとしたが誰を立ててもうまくいかない。そこに登場したのが石井だった。

金丸が渡辺に相談すると、渡辺が事業パートナーとなっていた石井を頼った。この種のモメごとでは〝顔〟がものをいう。その直前、山口組と一和会の「山一抗争」の終結に力を発揮した稲川会二代目会長・石井の名は、暴力団社会に鳴り響いていた。石井の登場に、皇民党はピタリと矛を収めた。

同和系企業の急成長

1985年9月のプラザ合意で、株と土地が急騰するバブル時代は、「表」と「裏」が混在している時代だった。仕手や地上げ屋が蠢《うごめ》き始め、経済力の豊かな東京への一極集中が加速、中曽根政権の規制改革、民営化路線もあって、変化を先読みしたあらゆる勢力が、カネ余りの金融機関を利用、「勝者」になろうと競い合った。

そうした時代環境のなか、同和系企業も急成長する。いや、1969年の施行以降、続いてきた同対法（後に地域改善対策特別措置法＝地対法）によって、被差別部落の環境改善事業を優先的に受注してきた同和系の土木、建築、不動産、水道などインフラ系企業が、バブル景気の波にも乗り、ダブルで潤った。だが、一方で不安を抱えていた。恩恵をもたらした同和対策の地対法が、'87年3月に期限切れを迎えるためだ。政府が意見を聴取する部落解放同盟、全国部落解放運動連合会（全解連）、全日本同和会の3団体は、期限切れを前にした'85年3月頃から大会を開き、新しい対策をどう政府に求めるかについて、方針を打ち出し始めた。

解放同盟は、宣言法、事業法、啓発法、規正法の四つからなる部落解放基本法の制定を目指した。共産党系の全解連は、期限内での同和対策事業完了のうえ、残事業実施措置のための3〜5年の特別措置法の制定を要望した。自民党系の全日本同和会は、地対法の5年程度の単純延長を求めていた。

このうち厳しい立場に立たされていたのは、自民党系の全日本同和会である。第4章で詳述するが、'81年以降、全日本同和会に絡むスキャンダルが続発していた。松尾正信会長が自ら引き起こしたものもあったし、上田が所属する京都府本部でも松尾の親戚の鈴木元動丸会長ら幹部が、脱税指南で逮捕された。

自民党内では、無法集団、利権集団化しているとして、「全日本同和会は同和問題で相手にするに値しない」という意見が出始めていた。地対法の延長を求める動きについても、「延長不要論」が少なくなかった。そうした動きをリードしていたのは、自民党内で同和問題を担当する地域改善対策特別委員会の委員長を務める堀内俊夫参議院議員だった。元天理市長で同和行政に詳しい堀内は、'84年5月、同委員会の調査機関として地域改善対策研究所を設立、理事長に就く。

22人の国会議員を理事に揃え、古くからの同和関係議員である秋田大助を顧問に担ぎ出した研究所は、同和対策全般の調査、研究を行い、利権集団化した全日本同和会とは一線を画す存在となった。研究所の所長に就いたのは、全日本同和会本部と最も対峙していた同和会岐阜県連幹部の森朴《しんぼく》繁樹《しげき》で、堀内はその流れを扇動した。

上田は、'85年10月、同和会岐阜県本部会長の橋本敏春によって堀内に引き合わされた。尾崎清光のようなエセ同和団体が跋扈《ばっこ》し、足元でも脱税指南事件に翻弄されていただけに、上田ら青年部幹部は、「このままでは全日本同和会は自民党から相手にされなくなる」と、危機感を強めていたときだった。ただ、上田には胸にとどめていた〝わだかまり〟があった。岐阜市内の長良川のほとりにある老舗のステーキハウスで堀内と会った上田は、その思いを口にした。

「堀内先生、ボクの個人的な問題やけど、まだ刑務所から出て数年しか経ちません。申し訳ないけど、運動には不適格や思うんです」

堀内は、泰然とこういい放った。

「そんなもん、同和問題やるもんが、過去をいうたらアカン」。さらにこうたたみかけた。「日本は民主主義の法治国家や。借金（懲役）払ったら、終《しま》いや」。上田は、この言葉に救われ、全日本同和会を離れ新団体に加入する決意を固めた。

終戦目前の１９４５年６月、京都・山科の「夙《しゅく》」に生まれた上田は、父の存在を知らない非嫡出子であり、二重のマイノリティを意識せざるを得なかった。夙は、関西では天皇の御陵番である守戸《しゅこ》が訛《なま》ったといわれており、墓守や葬送、酒造、興行などに従事する。同じ賤民でも牛馬処理権を持ち、皮革、膠《にかわ》などを扱う皮田《かわた》（皮多・川田）、穢多《えた》とは区別される。

山科の夙に生まれ、夙へのこだわりで今も山科を本拠とする上田は、１９７４年８月、夙内部の覇権争いの末、殺人事件を引き起こし、懲役６年の実刑判決を受けている。山科で上田はどう育ち、そこで何があったのか。

第2章 山科

京都・山科の「夙」の被差別部落に生まれた上田は、活動の舞台として部落解放同盟ではなく自民党系の全日本同和会を選んだ。その理由は、上田の育った山科の風土と、そして明治期以降の同和運動が辿ってきた歩みに隠されていた——。

旧大石内蔵助邸部材を使った上田家の玄関（左端は祖母のシカ）

京都・山科の「夙」

上田藤兵衞は、１９４５（昭和20）年６月21日、京都市東山区（現山科区）竹鼻に非嫡出子として生まれた。幼名は高雄である。

山科には、第38代天智天皇（６６８〜６７１）の墓、天智天皇陵がある。「山科」の名が、初めて登場するのは『日本書紀』。「天皇（天智）、山科野に縦猟《かり》したまふ」と、書かれている。

中大兄皇子《なかのおおえのおうじ》として中臣鎌足とともに、６４５年、乙巳《いつし》の変を起こし、蘇我入鹿を暗殺する。実力者の蘇我本家を滅ぼしたこのクーデターの年を、日本で初めての元号「大化」と定め、皇太子として「大化の改新」を断行した。天皇中心の強固な集権体制を築いた天智天皇と山科の関係の深さが窺われる。

竹鼻は、江戸時代の「山科郷17ヵ村」のうちのひとつで、その一部は賤民に区分される「夙《しゅく》」であった。夙は、主に牛馬の処理や皮革業に関わる穢多とは区別される賤民であり、陵の警護と清掃、葬送などを担ってきた。

死体の処理や葬儀など死にまつわることはケガレであり、それを「業」として行うから一般集落（社会）の「外」の人として差別を受ける。一方で、警護のために槍、刀などの武器を持ち、警察権の一部を担い、「草場権」という名の自治権を持っていた。

時代により、場所により被差別部落民、賤民の呼び名は違う。穢多、皮田、川田、河原者、清《きよ》目《め》、夙、唱門師《しょうもんし》……。差別の実態も異なるので、被差別部落問題に詳しい人でも、そのすべてに精通している人は少ない。夙と草場権も、その実態は文献により、地域により異なるようだ。上田の説明によれば、京都・山科において夙が持っていた草場権とは、次のようなものだという。

「集落の外にあって、『お上』が何かをやってくれるわけではないから、祭礼のテキ屋、芝居や相撲などの興行を夙のものが仕切って収益にする。一方で、御門の警備などを通じて、警察権や刑務権を持っており、同時にインフラ整備を担い、台風が来て、道が壊れたら補修もする。その合間に博打場の胴元になって、テラ銭を稼ぐ。ヤクザとは違う形の縄張りを持つ権利です」

上田家もまた夙の一員として、家には火縄銃から日本刀までが備えられていた。幕末の戊辰戦争では、上田の曽祖父にあたる藤兵衛(高雄から改名、その名を継いだ)は、山科郷士隊の一員として、朝廷側(薩長軍)について戦っている。

家は東海道沿いの一等地で、500坪以上の敷地に借家が8軒あった。曽祖父・藤兵衛の時代には、天智天皇陵の清掃もこなしたし、山科郷は禁裏御料(天皇家の所領)であったことから禁裏御所警護役にも就いていた。家業としては、街道沿いで茶店を営み、そこで提供する酒を醸造するほか、材木も扱っていたという。

かなり裕福だったといえるが、それを映して曽祖父・藤兵衛は、代官奉行の小堀家に願い出て、1850(嘉永3)年、旧大石内蔵助邸の一部を移送、欄間や玄関などに使っていた。大石内蔵助は言わずと知れた赤穂浪士の頭目で、1702(元禄15)年12月、主君・赤穂藩主、浅野内匠頭の恨みを晴らすべく、吉良上野介の屋敷に討ち入り、本懐を遂げた。浄瑠璃、歌舞伎、舞台、映画で繰り返し演じられるスターである。討ち入り前の約1年半、山科に隠棲しているが、歌舞伎では『仮名手本忠臣蔵』九段目「山科閑居」の名場面で知られ、山科は赤穂に次ぐ「内蔵助ゆかりの地」となっている。

旧内蔵助邸の品々は、上田が生まれたときも往時の姿を伝えており、上田家の家業だった材木商「若藤」が1956年に倒産し、上田家が没落、家屋敷を売却することになるまでは、「内蔵助ミュージアム」として見学に訪れる人がいたという。

上田の母・摩耶子は、4人姉妹の長女として1911（明治44）年に生まれた。明治となって山科郷士隊が移り住んだ千葉県東山科村（現千葉市緑区東山科町）から、上田家の家業存続のために婿を迎え、男、女、女と3人の子供をもうける。しかし夫との折り合いが悪くなって離婚。戦中、神戸の靴商人で、山科に倉庫を持って行商していた男性と恋仲となって上田を産んだ。

長兄とひと回り（12歳）、上の姉と8歳、下の姉と4歳、離れているという年の差と、「種違い」という屈折はあったものの、上田が物心ついた頃、日本は戦後復興期に入っており、材木は飛ぶように売れ、若藤は活況を呈していた。

「家の倉庫には製材した商品が置いてあり、近くには製材所があって、多いときは100人ぐらいの職人さんが働いていました。材木屋としては大きい方です。職人のなかには、朝、ウチでメシを食っていく人もいる。だから、直径1メートル近い釜ふたつでご飯を炊き、大量の味噌汁とたくわんを用意するんです。作るんは、ウチのおじいとおばあです。私はそのお手伝いをして、おばあが神棚と仏壇にご飯を置き、手を合わせるのを後ろで真似する。朝、一緒に起きるから、一番美味しいところを食べる。食うのに不自由はしぃひんかったんです」
夙の部落に非嫡出子として生まれたというハンディキャップはあっても、豊かな家で祖父母に可愛がられて育ち、草場権に守られた。差別に悩んで育ったという記憶は上田にはない。これは、被差別部落に生まれ、同和運動の担い手となった部落解放同盟幹部らの「物語」にはない点だ。差別と貧困、そこから脱却するための仲間との連帯と行政や企業との闘いといった、部落解放運動史には欠かせない物語が、上田にはなかったのである。

だからだろう。'82年、運動に入る際、自民党系の全日本同和会を選んだ。

主流を自負する部落解放同盟からすれば、全日本同和会は亜流である。部落解放運動家の岡映《あきら》(共産党系の全国部落解放運動連合会=全解連元委員長)は、'65年に著した『入門部落解放』(解放新書)のなかで「全日本同和会とは何か」に一章を割いて、平易な言葉で次のように批判している。

〈かって、自民党の三木武夫〔元首相〕氏等でも「部落問題は超党派的に解決しなければならない」と言明していたが全日本同和会は、そもそもの誕生の時から、自由民主党が部落の中に生み落した子供であることを声明しているのです。

一説には、党と岸信介〔元首相〕氏兄弟〔弟は佐藤栄作元首相〕が、この大会〔全日本同和会の63年の発会式〕をもつために、活動資金として百万円提供したとも伝えられています〉

〈全日本同和会の方針は、「自民党政府の政策に呼応し、階級闘争を部落にひきいれることに反対し、融和協調主義をとる」というのがたてまえですが、これは、まったく戦前の融和運動とすこし

も変らないものです〉

自民党のひも付き団体として出発した全日本同和会には、部落差別を解消する力も意欲もないと断定している。

それは自民党が〈大金持を代表した政党であって、けっして中小企業家や、労働者、農民、知識人、学生などのためにあるものではないことは明かです。ましてや、部落差別を完全になくすることなどは、もともと選挙の票取り以上には考えたことはなかったでしょう〉（同書）というのである。

実証に欠け論理的ではないが、入門書であることを差し引いても、全日本同和会を認めたくないという強い意志が伝わってくる。

共産党宣言を読んで

部落解放運動は、1922年3月、京都・岡崎公会堂で開かれた全国水平社創立大会以降、差別に苦しめられた部落民が、階級闘争の視点を持つ左翼系活動家の影響を受ける形で進められてきた。

〈全国に散在する吾が特殊部落民よ団結せよ〉で始まる創立大会での「水平社宣言」は、『共産党宣言』のスローガン「万国の労働者よ、団結せよ」にあやかったものだ。1848年2月にマルクスとエンゲルスがロンドンで配布した全文わずか23ページのドイツ語小冊子の薄緑色の表紙に、小さな活字で刷ってあった有名なスローガンである。

上田は、運動に飛び込んでからというもの、全国水平社時代以降の部落解放論や運動論、そして戦後、水平社の運動を継承して結成された部落解放全国委員会（55年、部落解放同盟に改称）の主要な論文や出版物に目を通してきた。さらに、その原点にはマルクス主義があるということで、『共産党宣言』や『資本論』にも目を通したが、「ストンと胸に落ちるものがなかった」という。

「納得がいかないというか、部落解放が階級闘争によってもたらされるという理論を受け入れられない。絵空事に思えてくるんですわ。政治を担うのは政権与党、自民党です。運動を法律にして通し、実現するには自民党を摑み、働きかけ、動かすのは当然のこと。反体制運動をやってどないすんのや、と」

同時に上田は、『資本論』の「貧困から抜け出した後の社会構築があいまい」であることに不満を持ち、さらに中国の文化大革命などの惨状を鑑みたとき、「（英国の経済学者ジョン・メイナード・）ケインズが提唱する資本主義を活気づけるアニマルスピリットに、夢と力強さを感じたのです」という。

その発想をもたらしたのは、故郷・山科だったという。山科では格別な存在感を放つ大石内蔵助の旧宅に住んでいたという自負、禁裏警護に陵清掃など天皇家と関わってきたことから来る誇り、天智天皇との所縁のなかに生きているという自覚が、上田藤兵衞という人物の人格形成に大きな影響を与えてきた。

天皇への崇敬の念を持ち、既存秩序を重んじ、次章で論じるが、一時は右翼の源流ともいえる頭《とう》山満《やまみつる》の玄洋社の流れを引く団体で右翼活動を行っていた上田が、部落解放同盟に連帯できなかったのは、当然のことだったかも知れない。

では、上田の対極にある部落解放同盟はどのように活動を展開してきたのか。

全国水平社の「水平社宣言」は、〈全国に散在する吾が特殊部落民よ団結せよ〉の後、次のように続けている。

〈長い間虐められて来た兄弟よ、過去半世紀間に種々なる方法と、多くの人々とによってなされた吾等の為めの運動が、何等の有難い効果を齎《もた》らさなかった事実は、夫等《それら》のすべてが吾々によって、又他の人々によって毎《つね》に人間を冒瀆されていた罰であったのだ。そしてこれ等の人間を勦《いたわ》るかの如き運動は、かえって多くの兄弟を堕落させた事を想えば、此際吾等の中《うち》より人間を尊敬する事によって自ら解放せんとする者の集団運動を起せるは、寧ろ必然である。

兄弟よ、吾々の祖先は自由、平等の渇仰者であり、実行者であった。陋劣《ろうれつ》なる階級政策の犠牲者であり男らしき産業的殉教者であったのだ。ケモノの皮剝ぐ報酬として、生々しき人間の皮を剝取られ、ケモノの心臓を裂く代価として、暖い人間の心臓を引裂かれ、そこへ下らない嘲笑の唾まで吐きかけられた呪われの夜の悪夢のうちにも、なお誇り得る人間の血は、涸れずにあった。そうだ、そして吾々は、この血を享《う》けて人間が神にかわろうとする時代におうたのだ。犠牲者がその烙印を投げ返す時が来たのだ。殉教者が、その荊冠《けいかん》を祝福される時が来たのだ。

吾々がエタである事を誇り得る時が来たのだ。

吾々は、かならず卑屈なる言葉と怯懦《きょうだ》なる行為によって、祖先を辱しめ、人間を冒瀆してはならぬ。そうして人の世の冷たさが、何《ど》んなに冷たいか、人間を勦《いた》わる事が何んであるかをよく知っている吾々は、心から人世の熱と光を願求礼讃《がんぐらいさん》するものである。

水平社は、かくして生れた。

人の世に熱あれ、人間に光あれ〉

会場の岡崎公会堂は3000人の参加者で埋め尽くされ、綱領、宣言、決議が採択された。創立総会の4ヵ月後に発刊された機関誌『水平』の第1号は、創立メンバーのひとりである駒井喜作が「宣言」を朗読したときのことを、こう記している。

〈三千の会衆皆な声をのみ面を俯せ歔欷《きょき》〔すすり泣き〕の声四方に起る、氏は読了《よみおわ》ってなお降壇を忘れ、沈痛の気、堂に満ち、悲壮の感、人に迫る、やがて天地も震動せんばかりの大拍手と歓呼となった〉

熱狂を持って迎えられた。

被差別部落の地位向上、環境改善などを推進する団体としては、この頃、帝国公道会、同愛会などがあり、政府への働きかけを中心に緩やかに活動し、融和運動と呼ばれていたが、そこでは「寝た子を起こすな」と、「特殊部落民」や「エタ」といった言葉の使用を避けてきた。「水平社宣言」は、それに果敢に挑戦、「エタであることの誇り」を訴えた。

「ケモノの皮剝ぐ報酬」「ケモノの心臓を裂く代価」と、露骨な表現で産業的殉教者としての仕事を誇り、そのうえで昂然と胸を張り、「烙印を投げ返す時が来た」と、仲間をも挑発する文面は、被差別部落の人々だけでなく、大正デモクラシーのなか、社会運動、普通選挙運動、婦人参政権運動を展開する層の胸にも響いた。

　全国水平社の源流をつくったのは、奈良県で被差別部落の自主的解放を目指して集まった青年グループの「燕会」だった。グループ名は結成した5月がツバメの飛来する季節という単純な理由だ。主要メンバーは、宣言朗読の駒井のほか、阪本清一郎、西光万吉《さいこうまんきち》だった。三人は、社会科学、宗教、哲学、ロシア文学などの本を読んで研鑽を積み、1920年12月、山川均、堺利彦、大杉栄らによって日本社会主義同盟が結成されるとそろって参加した。同盟は、官憲の激しい弾圧により半年で解散したが、三人は、山川、堺らの指導を受け、社会主義、無政府主義への傾倒を深める。そんなとき、佐野学が総合雑誌『解放』（'21年7月号）に掲載した「特殊部落民解放論」に出会う。

　佐野は、'17年に東京帝大政治学科を卒業。天皇が最優秀卒業生に与える名誉の「銀時計組」で、満鉄調査局を経て早稲田大学講師となった。執筆時、29歳の気鋭の学者でマルキストでもあり、「特殊部落民解放論」は、マルクス主義の視点から部落解放を論じるものだった。

「特殊部落民の解放の第一原則は特殊部落民自身が先ず不当なる社会的地位の廃止を要求することより始まらねばならぬ」と訴え、部落解放運動に「搾取」と「被搾取」の概念を持ち込み、同じ搾取される階級である労働者や農民と連帯、「社会変革に立ち向かえ」と煽った。

　階級史観で被差別部落問題を切って取った佐野の論文に感動した西光は、すぐに上京して佐野に会った。このとき西光は26歳だった。階級史観によって理論武装、部落運動の方向性を明示する佐野に圧倒され、帰郷するや阪本や駒井らと語らって、「水平社」の立ち上げを決めた。水平には、「人間の平等は水を器に盛ると水平になるのと同じ自然の理」という意味を含ませた。命名は29歳の阪本だった。

佐野が参加する日本共産党が非合法のうちに結成されたのは、全国水平社創立大会の4ヵ月後の'22年7月だった。レーニンが創立したコミンテルン（共産主義インターナショナル、別名第三インター）の指導と援助を受け、堺、山川、徳田球一などが主要メンバーとなる。以降、水平社は共産党と連帯、階級史観を採り入れて、行政や企業に対し、差別糾弾闘争を続けることになった。

明治時代、日本は殖産興業をスローガンに経済的に躍進した。日清、日露戦争での勝利を経て国力は増し、資本主義が発展して労働者人口が急速に増えた。それにつれて労使関係は変質して緊張が高まり、搾取されているという意識が芽生えた労働者による争議が多発、社会主義運動も活発化する。

これを恐れた政府は、1910（明治43）年、天皇暗殺を企てたという理由で、幸徳秋水らアナキストや社会主義者を逮捕し、幸徳ら12名を死刑にした。大逆事件である。翌'11年、特別高等警察（特高）が設置され、思想犯の取り締まりを強化する。

だが大正時代になると、民主主義の拡大、藩閥政治の打倒、政党政治の実現を求める声が高くなり、普選運動が高揚する。その理論的武器となったのが、民本主義だった。政治学者・吉野作造が、1916年1月に公表した論文「憲政の本義を説いて其《その》有終の美を済《な》すの途《みち》を論ず」で「人民多数のための政治」を説いたものだ。

一方、世界は第一次世界大戦の最中にあり、'17年4月のアメリカ参戦で局面は大きく変わり、'18年11月、ドイツは降伏、戦争は終結する。その最中に起きたのが、ロシア革命だ。'17年3月、大規模なストライキと暴動によってロマノフ王朝が倒され、レーニンに率いられたボルシェヴィキ（多数派）の10月革命でソビエト政府が誕生する。一連のロシア革命の進行は、世界の民族運動、労働運動、平和運動に大きな影響を与えた。

'22年、コミンテルンの指導を受けた日本共産党が結成され、その影響下で全国水平社が同年に設立された経緯は、そうした歴史的文脈のなかで理解する必要がある。

もうひとつ忘れてはならないのは、'18年7月、富山県の漁村の主婦が米の安売りを要求し、暴動に発展した「米騒動」である。第一次世界大戦の好景気は、財閥や地主など一部の層にしか利益をもたらさなかった。物価の高騰により、一般の農民、漁民、労働者の実質賃金が低下、困窮する層が増えた。それに拍車をかけたのが米商人や地主らの買い占めと売り惜しみによる米価の高騰である。富山の暴動は全国に拡がり、全国36都市、274町村に及び、参加人員は約1300万人にのぼった。

米価の高騰は、全国の被差別部落を直撃した。農地をそれほど持たず、皮革を中心とする特殊な部落産業で成り立っていたものの、かつては独占的だった産業を明治以降に奪われた被差別部落では、米価急騰で困窮の度合いが高まったのだ。大正デモクラシーのなか、搾取を受ける部落民が、プロレタリアートたる労働者と手を携えて革命を起こし、差別状況を打破しなければならないというマルクス主義が、違和感なく受け入れられた。

時代的背景も環境も整っていたことで、阪本や西光が投じた水平社運動は、瞬く間に全国に拡がっていった。創設された1922年のうちに、京都、奈良、三重、大阪、愛知、兵庫、埼玉に21の水平社ができた。

九州で筑前叫《きょうかく》革団を組織、差別糾弾闘争を続けて全国的な知名度があった松本治一郎のもとには、創立大会に参加した田中松月《しょうげつ》のほか、柴田啓蔵、近藤光、中島鉄次郎、花山清などが集まった。彼らは'23年5月、全九州水平社創立大会を開き、松本を執行委員長に選出した。松本は'25年、全国水平社議長となり、戦後は水平社を引き継ぐ部落解放同盟の初代委員長に就く。豊かな体軀と顎髭、ステッキで知られた「部落解放の父」である。

朝田善之助の「左翼的傾向」

京都で水平社運動を担ったのは、朝田善之助だった。

戦前からの歴史を持つ部落解放同盟や、そこから分派した共産党系の運動団体に上田が加わる気にならず、自民党系の全国自由同和会に身を投じたのは、水平社系団体の「一貫性のなさであり、方向転換しても過去を総括しないいい加減さ」ゆえだという。

「世の中は常に動いており、時代環境も政治経済の状況も変わります。それに合わせて、運動もまた生き物として変わらないといけないときもある。でも、人権団体として人権擁護の原則は曲げてはならないし、方向性を変えたときには、どうしてそうしたのかを説明する義務がある。でも、彼らはそれをしない」

そこには、日本共産党がコミンテルンの指導の下で出発し、世界の共産党史のなかで影響を受けざるを得なかったという過去や、部落解放同盟と共産党との長く根深い愛憎劇が横たわっている。それを朝田善之助という京都の、そして全国の解放運動のリーダーの足跡で検証したい。

朝田は、1902年、京都府愛宕郡西田中の被差別部落に生まれた。父はイノシシ、シカ、キツネなどの肉、皮を扱う商店で働き、後に肥汲み、共同浴場の経営などに手を出す働き者だった。朝田は、「エッタ」とからかわれてイジメを受け、小学校卒業後は靴店に丁稚奉公に出たというから、当時の典型的な「部落の子」である。

やがて米騒動を機に、高揚する社会運動、労働運動に興味を持ち、京都でも開かれるようになった社会主義者の演説会に顔を出すようになった。そんな社会的意識の強い20歳の若者が、徴兵検査前に顔を出したのが全国水平社創立大会だった。感銘を受けた朝田は、'22年4月、全国で最初の支部を京都・西田中につくった。翌'23年3月には、同じ京都・岡崎公会堂であった第2回大会の主催者の一員となる。

当日、会場に来ていたパン屋の少年の「きょうはエタの集会か」という発言をきっかけに警察署を巻き込む大乱闘となり、朝田はその責任を取る形で、懲役8月の実刑判決を受けた。同和運動家の誕生だ。以降、朝田の意識も活動も、無産階級活動家のものだった。水平社幹部としての活動以外に、労働組合などとも連帯していたことから、非合法活動への関与を疑われて官憲の拷問を受けるなど、筋金入りの活動家となっていった。その後、朝田は、'31年の水平社第10回大会の頃には、コミンテルンの指導に乗る形で、「水平社解消意見書」を提出した。

〈水平社第一主義の立場から糾弾すれば、表に現れた差別をたたくことはできる。しかし潜在している差別観念はなくならない。いっさいの差別は分裂支配のために利用されているというマルクス主義の考え方に立って、現実の社会制度を変革してはじめて差別観念はなくなる――当時はこう考えていた〉(朝田善之助『新版 差別と闘いつづけて』朝日選書)

差別解消のためには、部落民という身分が固定した水平社ではなく、階級的基本組織の労働組合などを主体としなければならず、だから水平社を解消する――こう考えたわけだが、極論ともいえるこの解消意見書から38年後、前掲書のなかで朝田は〈左翼的偏向を犯した〉と、反省の弁を述べている。

朝田ばかりではなく水平社運動全体に影響を与えた佐野は、1927年、日本共産党中央委員長に就き、鍋山貞親とともに党をリードした。政府が共産党弾圧のため治安維持法を発動し、'28年3月15日、全国で1568人が一斉拘束された「3・15事件」では、摘発を免れてソ連に渡った。翌年の「4・16事件」で鍋山が逮捕され、佐野は海外に逃れていたものの、6月に上海で逮捕された。獄中の佐野と鍋山は、'33年、「共同被告同志に告ぐる書」を雑誌『改造』に掲載し、世間をあっと言わせる。コミンテルンに従った過ちを認める獄中転向声明だった。

一方の朝田は、解放同盟解消派ではあるが、全国水平社を離れることなく活動を続け、'33年、京都地方無産団体協議会から京都市議選に立候補して落選、'35年には府議選に立候補して再び落選している。朝田が落選した'35年の全国府県議会選挙には、全国水平社の議会闘争を展開する方針により、朝田を含め8名が立候補。福岡県の花山清、宮本楽次郎の二人が当選した。翌'36年の衆議院選挙では、委員長の松本治一郎が無産政党・社会大衆党の支援を受けて福岡一区から立候補、初当選を果たした。

差別糾弾闘争は徐々に成果を上げ、議会にも松本以下を送り込んだ全国水平社は、社会に認知されるようになった。しかし'37年には日中戦争が始まり、普通選挙法とセットで制定された治安維持法によって、厳しく弾圧される対象にもなっていった。全国水平社だけでなくすべての大衆運動に加えられた圧力により、'37年9月に開かれた全国水平社拡大中央委員会で方針転換を余儀なくされる。「国民として非常事態を認識し挙国一致に積極的に参加する」と、「非常時に於ける運動方針」を決定したのだ。

同年、日中戦争がはじまり、政府は、全国水平社など大衆・無産運動を弾圧する。その一方、運動家を取り込む政策を採るようになり、'38年、朝田は京都市役所に雇われた。担当は、同和地区を改善する融和事業だった。

運動は下火となったものの、朝田は時局に便乗して、'40年4月、部落厚生皇民運動全国協議会を設立する。この協議会は、解放運動を天皇制の秩序のもとに置くものだった。

全国水平社主流派（全水派）は、融和事業に走った朝田らを「皇民派」と呼んで分派活動を認めずに除名処分。そのため運動は立ち行かなくなり、同協議会は'40年末に解散した。戦争体制強化のなか活動停滞は全水派も同じだった。'41年12月に太平洋戦争が勃発し、翌年1月には全水派も活動を停止し、解散の大会を開くこともなく自然消滅した。

'45年8月15日に敗戦を迎えるが、復活は早かった。朝田は、3日後の18日、三重県の志摩に行き、岡山の野崎清二、大阪の松田喜一、三重の上田音市《おといち》と会合を持った。元皇民派ではあったが、全水派との関係も修復する。

〈部落解放運動というのは非常に人と人との結びつきが濃いから、けんかしていてもそうこだわらない。とくに戦時中の皇民派と全水派との分かれ方は、自分たちの意志というよりも、支配階級の分裂政策によって強制的にやらされたものだから、そうこだわる必要はない〉(『新版 差別と闘いつづけて』)

実際、再建は順調に進んだ。'46年1月、松本治一郎を中心に発起人会議が立ち上がり、翌月には部落解放全国委員会が組織された。委員長には松本が就き、朝田は中央執行委員に選出された。「人民解放の新しい時代は来た」として宣言並びに決議を行った。'47年には新憲法のもとでの最初の統一地方選挙が行われ、朝田はここで日本共産党に入党、党公認として府議選に立候補、落選する。

朝田は'49年1月、日本共産党を離党する。直接のきっかけは、朝田が経営していた京都製靴のトラブル解消のために、党を離れざるを得ない、と決断したためだが、朝田はこの頃すでに、共産党の部落問題の理解や取り組みに違和感を持っていた。朝田は自伝で、〈このときは共産党に一抹の不安を感じたにすぎなかったが、のちになって、この予感が的中したのは不幸なことである〉と書くのだが、共産党との関係は、やがて「不幸なこと」では済まされない泥沼の様相を呈していく。

部落解放全国委員会そのものは、委員長の松本をはじめとして社会党との関係が深かった。'45年11月、東京・日比谷公会堂で日本社会党の結党式が行われ、翌年4月、戦後初の衆議院選挙で92議席を獲得、第3党となった。公職追放されていた松本は出馬できなかったが、代わりに田中松月が社会党公認を受け、福岡I区から立候補、当選を果たしている。

ただ、京都では共産党との関係が強かった。過去の経緯や朝田との関係、さらには'48年、左京区にある朝田の自宅に部落問題研究所が設置され（後、下京区に移転）、共産党系の学者、研究者が多かったことから、共産党系が理論も運動も担うようになっていた。'60年頃までは蜜月である。'60年の「部落解放同盟・新綱領」は、共産党員のマルキストで、部落解放同盟中央委員、部落問題研究所理事という要職にあった京大助教授・井上清の部落解放理論を基本としていた。

新綱領は「独占資本元凶論」ともいわれ、「アメリカ帝国主義に従属した日本の独占資本が部落差別を温存、利用している」という考え方だった。だから「部落民は労働者、農漁民、学生、婦人など圧迫された人民大衆とともに統一戦線を組むことで、『完全なる解放が成し遂げられる』」とされた。要は「統一戦線論」であり、戦前、朝田らが、コミンテルンのテーゼによって水平社解消論を言い出したときと、その主張に大きな変化はない。

だが、新綱領が出された同じ年に総理大臣の諮問機関として同和対策審議会（同対審）が発足したことに注目したい。5年後の'65年に答申が出され、その評価を巡って、解放同盟中央と共産党は激しく対立することになったのだ。

答申は、劣悪な部落問題の解消は国の責務であり、そのために同和地区に予算をつけるべきだとした。環境を改善し、社会福祉や教育環境を充実させる必要があり、そのための特別措置法の制定を求めていた。これに対して共産党は、独占資本の政策に部落民を利用しようとする自民党の欺瞞《ぎまん》的な融和政策だと批判した。要は「毒まんじゅう論」であり、これに取り込まれると、差別解消のための統一した闘いが妨げられると主張した。

「朝田理論」の糾弾、そして利権化

しかし朝田は、同対審答申を高く評価した。これを評価しない幹部は「偏向している」と批判し、答申の意義を認め、早く政府に完全実施させるべきだと主張した。この対立によって京都の解放同盟は二つに割れる。解放同盟中央が認めた「朝田府連」と共産党系の「三木（一平）府連」に分裂し、朝田らは、1966年1月、府連書記局、部落問題研究所などが置かれていた文化厚生会館を占拠した。

その後も闘いは先鋭化する。同対審答申に即して、'69年7月、各種事業推進のための同和対策事業特別措置法（同対法）が施行されると、解放同盟は窓口を自分たちに一本化せよと行政に迫るようになった。それに反対する共産党系は、'70年、解放同盟から離れ、部落解放同盟正常化全国連絡会議（正常化連）を結成した。

1922年の全国水平社創立以降、時にギクシャクしても、50年近く手を取り合って解放運動を進めてきた両者が別れることになったのだ。それだけに愛憎は深く、今に至るまで遺恨を残している。

全国水平社の時代から解放運動をリードしてきた松本治一郎が、'66年に死去すると、朝田は部落解放同盟第二代委員長に就任した。

朝田の活動で最も知られ、影響力を持ったのが「朝田理論」である。'57年の部落解放同盟第12回大会で、「日常、部落に生起する問題で、部落にとって、部落民にとって不利益な問題はいっさい差別である」という朝田が提起した命題が承認された。

差別か否かの判断は、被差別者たる部落民にしかわからない、不利益や不快と感じたらすべて差別——というこの「朝田理論」によって、差別糾弾闘争は加速した。差別された側が主導権を握るのだから当然で、行政や企業を「朝田理論」で糾弾することが、補助金、支援金、事業支援などに結びつき、利権を生んでいるとして、後に批判されるようになる。共産党系幹部が、朝田・解放同盟批判をする際の論拠にもなった。

朝田は、強いリーダーシップで部落解放同盟をリードしたが、やがて京都府連での独断専行を批判され、孤立を深めたあげく、'75年、委員長を退任する。

同じ京都にいながら、上田は朝田と面識はあるものの親しく話したことはない。朝田が退任した'75年は、まだ同和運動に入る前だった。ただ、朝田夫人のはなとは気安かったという。

「うちのおふくろが、はなさんと一緒に旅行に行くくらいの仲だった。そんなんで、石川一雄（狭山事件の被告。解放同盟が長らく冤罪を訴えている）さんの本を借りたことがあって、家に返しに行ったのがはなさんに会った最初でした。気さくな人で、でも朝田さんと同じ反体制の人。私が自民党系に行ったんで、『自由同和てか。ウチのおとうさん使《つこ》うたらあかんで』と、冗談交じりに言われたことがあります」

上田は天皇家を重んじる保守派である。解放同盟にせよ共産党系の正常化連にせよ、組織内の争いが路線変更に結びついているうえ、階級闘争、差別糾弾闘争などが基本姿勢で、行政とは常に対峙している。彼らの姿勢は、上田には馴染まなかった。

'76年、正常化連は全解連に改組される。その際、部落差別を近世身分制度の残存と捉え「封建遺制」と規定した。その克服は資本主義の枠内でも可能とし、従って、「部落差別は同和対策の進捗に伴って解消していく」と方針転換した。「国民融合論」と呼ばれるが、'60年代の「日本の独占資本主義が民主化を食い止めるために部落差別を温存・利用した」という主張とは大きく異なる。しかし全解連は、路線変更の理由をいわなかった。

これが「彼らは立場を変えて説明しない」という上田の不信につながる。党派やイデオロギーに縛られない分、上田の姿勢はぶれなかった。そのキーワードは、天智天皇、山科郷士隊、そして大石内蔵助である。

律令制度に始まる「良」と「賤」

天智天皇は夙と密接に絡む。

部落研究は、戦後、部落問題研究所の開設や解放運動の盛り上がり、同対法による予算化などで、多くの人が取り組むようになった。だが、戦前の研究は限定的なもので、著名なところでは、民俗学の泰斗である柳田国男の「所謂特殊部落ノ種類」（１９１３年発表）、歴史学の重鎮だった喜《き》田貞吉《たさだきち》主筆の『民族と歴史第二巻第一号　特殊部落研究号』（19年刊）などがある。

喜田は『特殊部落研究』のなかで、〈夙の者と賤民〉と題し、次のように規定する。

〈「シュク」は守戸で、昔の陵の番人だという説があります。是には有力な反対説もありますが、私はやはり此の守戸の説を取りたいと思います。守戸は同じく陵墓の番人でも、賤民であった陵《りょう》戸《こ》とは違って、もと立派な良民です。陵戸はいずれ罪人とか、その他社会の落伍者を以って之に当てたのでありましょうが、守戸はそうではありませぬ〉

守戸が良民で陵戸が賤民というのは、大化から始まった律令体制が、天智天皇の近江令（６７１年までに施行）、持統天皇の飛鳥浄御原令（６８９年施行）、文武天皇の大宝律令（７０１年制定）として進化、完成するのに伴って定まった身分制度によるものだ。

人は「良」と「賤」に大別され、良民はさらに、皇族・貴族・公民・雑色《ぞうしき》（品部《しなべ》・雑戸《ざっこ》）に分けられた。賤民は、「五色の賤」と呼ばれる陵戸・官戸《かんこ》・家人《けにん》・公奴婢《くぬひ》・私奴婢《しぬひ》である。

天皇を中心とする統一国家をつくる基礎としたのが律令で、律は刑法に、令は行政法に相当した。官僚制度が確立され、税制、兵制、学制が定められた。そうして国家秩序が形成されると、律令に沿った役割がそれぞれの身分で発生する。

皇族・貴族は支配層であり、大半を占める公民が田地（口分田）を与えられて農民となり、良民の下層の品部、雑戸が手工業的な労役奉仕をした。人口の1割に満たない賤民は、陵戸が陵墓の警備や清掃を担い、官戸や家人は個人に仕える準奴隷で、公・私の奴婢は売買される奴隷だった。

喜田の論文によれば、夙は陵戸とは異なる守戸で、そこに住む「夙の者」は良民だということだが、奈良時代（710〜794）を経て平安時代（794〜1185）に入ると、寺社や藤原氏を始めとする荘園が発達し、律令制度は揺らぎ、身分制度も崩壊する。だが、卑しい職業という意味で差別される賤民がいなくなったわけではない。喜田は『特殊部落研究』で次のように書いている。

〈中世陵墓の制も紊《みだ》れて、守戸の扶持も行き届かぬ。人口はだんだん増して来て、生活に困難を生じて来るという事になっては、彼等は自然慣れた職業からして、陵墓以外一般世間の墓番をさして貰う。葬儀の世話もする、屍体の取片付けもするという事になって、所謂穏坊《おんぼう》に堕落してしまっては、名は良民の守戸たるシュクで居ても、世間から賤視せられるに至るのは、蓋《けだ》し已《や》むを得なかったでありましょう〉

夙が良民か賤民かは議論の分かれるところで、時代により状況により変化もしたという。例えば山科の竹鼻は、良民であったものの、「竹鼻の彦三郎らが寛正4（1463）年の『土一揆』で、幕府から主謀者と目されて処刑されました。以降、夙身分に落とされたと聞いています」（上田）という。

土一揆とは何か。鎌倉時代（1185〜1333）と建武の新政（1333〜1336）を経て室町時代（1336〜1573）に入ると商品経済が発達し、農業生産性が向上する。それに伴って幕府や守護大名への要求が高まり、地侍や農民が集まって一揆を起こした。当時、農民を「土民」と称していたため土一揆というが、徳政（債務免除）令の発付を求める一揆でもあったため、徳政一揆とも呼ばれる。

上田家が、天智天皇陵を守る守戸（あるいは陵戸）を、何代遡って務めていたかは、現時点ではわからない。ただ、上田家の墓は御陵天徳町の片山墓地にあり、墓地にはＩＩ００年の歴史があるという。

少なくとも江戸期には夙の住人として陵の警備に清掃、加えて御門の警備にも当たっていたのだが、上田は日本の礎を築いた天智天皇を敬愛しており、第８章で触れるが、宗教法人「天智教」を立ち上げた。

藤兵衛の精神性をもたらしたのは祖父・松三郎だった。非嫡出子で年の離れた兄姉と、何となく馴染めなかった上田は、「おじいちゃん子」だった。幼年時、こたつの火が衣服に燃え移り、大きなヤケドを負った松三郎は、片足に障害が残っていた。上田は物心ついた頃から祖父に付き従っていた。

幕末郷士隊

「自分は私生児で次男。やがて家を出ていくことは、子供の頃から刷り込まれていました。そんな境遇やから、期待もされんかったけど、おじいは可愛がってくれた。不自由な足にゲートル巻いて、毎日、材木の切れ端を束ねて薪《まき》にして、お得意さんのところに置いて回るんです。材木屋やから材料はなんぼでもある。自転車の横に荷車みたいなんつけて、薪の束を積んで行く。幼稚園とか小学校低学年の頃には、後ろから押して、おじいの手伝いをしてました。お小遣いをくれるんも嬉しかったけど、腰を下ろして休むとき、『高雄（藤兵衛を継いだのは36歳）な』と、昔話をしてくれる。それがまた楽しかった」

祖父の話で印象深かったのは、山科郷士隊の活躍である。初代・藤兵衛は、江戸末期、杜氏《とうじ》として茶店を営む上田家の酒造の手伝いをするうちに気に入られ、曽祖母・妙《みよ》の入り婿となった。その初代・藤兵衛が、商才に加え武道にも通じた人であったらしく、山科郷士隊の一員として活躍したという。

郷士史家の鏡山次郎の『禁裏御家人　山科郷士　起承転結』によれば、幕府の京都代官側は、禁裏御料「山科郷17ヵ村」の自治を尊重、村の内部に干渉しなかった。お触れの伝達、訴訟、年貢収取などは、惣触頭《そうふれがしら》制度をつくって行った。惣触頭に任じられたのが比留田、土橋《つちはし》の両家だった。両家にまとめられた山科郷士は、禁裏御所に奉仕し、1860年の井伊直弼大老暗殺（桜田門外の変）の後は、御所9門のうち6門の警護を担っていた。その朝廷との関わりのなかで、山科郷士は、1867（慶応3）年「郷中盟約」を結び、山科郷士隊を編成、薩摩・長州を主力とした新政府軍に参加した。

1879（明治12）年生まれの松三郎にとって、父・藤兵衛が語る戊辰戦争、なかでも鳥羽・伏見の戦いは胸躍るものだったのだろう。それを孫に聞かせた。

「戊辰戦争の初戦は鳥羽・伏見の戦いで、旧幕府軍約1万5000人に対し新政府軍は約5000人。そこに山科郷士隊は百姓も含めて約100人が参加。竹鼻からの参加者は、文字通り、着の身着のままだったとか。

そんなんで勝てたのは、フランスからの最新式鉄砲や大砲を持っていた幕府軍のおごりやね。幕府軍は鉄砲にタマを込めてなかった。それを地の利がある山科郷士隊が斥候を出して突き止め、新政府軍は奇襲をかけて勝利。そこから幕府軍の敗走が始まった」(上田)

その後、山科郷士は1868(慶応4)年、明治天皇が即位、元号が明治となってからも天皇の行幸には警護役として加わった。また江戸城を皇居と定めると、京都御所時代と同様、警護に就いた。だが、1870(明治3)年2月、解散命令が出されて山科郷士隊は解散を余儀なくされる。同年10月には「八朔御礼并《ならび》に献上物に及ばざるの段」というお触れにより、「禁裏様譜代御家人」としての朝廷との関係を断たれてしまう。隊長だった比留田権藤太《ごんのとうた》は、新政府に対し次のような趣旨の嘆願書を提出したという。

山科郷は、斉明天皇(第37代。38代が天智天皇)の時代から、千有余年にわたって御膳米を上納してきた。その由緒から衛士《えじ》の列におかれ、朝廷の御用を仰せつかってきた。ところが、先年、その職を解かれて帰農を命じられたが、それでは朝廷との縁もたち切られる。吾々は、従前のように朝廷に御膳米や諸上納をしたいので、東京のしかるべき土地をもらい、開拓をしたい——。

嘆願書は、何かと目をかけてくれていた公家出身の明治の元勲・岩倉具視の岩倉家経由で明治政府に提出された。これが無事に聞き届けられ、千葉県千葉郡に約32町歩が払い下げられた。しかし、この地は関東ローム層で農地としての適性を欠き、開墾には失敗。1881（明治14）年、土地を処分して比留田権藤太らはこの地を去った。今は、千葉市緑区に東山科町という町名として、その痕跡が残るだけである。

結果的に東山科を去ったが、山科と東山科村との関係は切れておらず、住民同士の交流はその後も続いたようだ。初代・藤兵衛も移り住むことはなかったが、東山科との行き来はあった。1911（明治44）年生まれの母・摩耶子が、東山科から婿を迎えているのは先に述べた。ただ、天皇家と山科の関係は、明治天皇の世とともに完全に終わってしまう。明治45年7月30日、明治天皇が崩御した。

鏡山は著作に、〈明治天皇の大葬に際して山科郷士会に対し宮内庁から「仕人ヲ命ズ、但シ名誉職ト心得ベシ」の辞令がある。これに従い、大葬には、元山科郷士も奉仕している〉と書き、これが山科郷士の終焉だったという。

足の障害で徴兵を免れ、しかし郷士隊の末裔《まつえい》として、戦争が終わってもゲートル姿で背筋を伸ばした祖父・松三郎。初代・藤兵衛を尊敬し、天皇家を敬愛し続けたこの祖父の教えは、今の上田の保守思想の源流を成すものだろう。

忠臣蔵の準備地として

一方で、山科は、元禄15（1702）年12月14日、主君の仇討ちを果たした大石内蔵助が、討ち入りまでの1年半にわたって移り住み、作戦を練った場所でもあった。1603（慶長8）年、徳川家康が征夷大将軍に任ぜられて江戸幕府を開いてから、赤穂浪士の討ち入りまでには約100年の時が経過している。武士は身分制度の上に安逸をむさぼった。商品流通が整備され、農業の生産性が上がって商業的農業も増える。それを扱う町人が力を持つようになって、元禄文化が花開いた。武士からの階級的抑圧を受けていた町民は、討ち入りを「義挙」として評価し、歌舞伎や浄瑠璃にして楽しみ、喝采を浴びせた。

なかでも人気が高かったのは、竹田出雲らの合作『仮名手本忠臣蔵』だ。初演は、1748（寛延元）年、大坂・竹本座だった。カタキの吉良上野介が高師直《こうのもろなお》、浅野内匠頭が塩冶判官《えんやはんがん》、大石内蔵助が大星由良之助の名で脚色され、爆発的な人気を集めた。安定平和が続いて町人が時代の主役になってくると、自分たちなりのモラルを求めるようになる。我慢に我慢を重ねて本懐を遂げた赤穂浪士が、「理想化された武士道の体現者」に見えてきたのだろう。

それを証明するのが九段目の山科閑居の場である。大星由良之助は京の茶屋通いで偽装しているが、息子力弥と仇討ちの準備に余念がない。力弥の許嫁《いいなずけ》は、殿中刃傷の判官を抱きとめて制止した加古川本蔵の娘。なんとか添い遂げようと母とともに山科を訪ねてきたが、「へつらい武士」の娘など要らないといわれ、思い余って死を覚悟した。すると、虚無僧姿の父・本蔵が現れ、由良之助を散々に罵る。実は、怒らせて力弥に槍を突かせ、判官を制止した罪滅ぼしに自分の首を献上しようというのが本心だった。由良之助から仇討ちの本懐を聞いて喜んだ瀕死の本蔵は、高師直邸の図面を手渡す。本蔵のモデルは幕臣、梶川与惣兵衛《よそべえ》とされるが、元禄時代の武士が直面する理想と現実の相克の象徴といえよう。

十段目の天河屋義平《あまかわやぎへい》の挿話でも、捕り手を装った赤穂浪士たちが、天河屋を取り押さえ、「大星由良之助からの依頼で、武器や武具を調達しているのではないか、白状しろ！」と、息子のよし松を人質に責め立てる。義平は少しも慌てず、長持の上にドッカと腰を下ろし、「天河屋義平は男でござる」と、言い放った。その言葉を聞き、姿を現した大星こと大石は、忠誠度を測る芝居であったことを打ち明け、詫びるのだった。天河屋のモデルは大坂商人の天野屋利兵衛だったという。

元禄時代、人間の愛欲や物欲を肯定的に描き、人気を博したのは井原西鶴である。『好色一代男』などの好色もの、『世間胸算用』などの町人ものを量産した。なかでも西鶴の金銭的価値観を描いたのが『日本永代蔵』で、大長者になるための心得を描き、「ただ金銀が町人の氏系図になるぞかし」と、金銭こそが町人にとっての正しい家系図と喝破した。だが、『仮名手本忠臣蔵』はそんな価値観を否定し、町人にも義理・人情に生きる美学があることを訴えた。

上田は、山科には義侠心とそれが可能な自治があると語る。

「山科は、三方を山に囲まれた盆地です。京都市内とは東山に遮られている。そんな地形に加えて、幕府代官が常駐しない自治。大石内蔵助は、赤穂城を明け渡した後、遠縁の進藤源四郎の世話で山科に移り住み、岩屋寺の近くに居を構えます。閑静で人目につきにくく、でも交通の便がいい。実際、同志と密談を交わす一方、幕府や吉良家の目を欺くために伏見や京の茶屋で遊んでいます。そんな大石を山科の人々は、ひっそりと守った」

赤穂浪士の義挙を顕彰するため、京都府知事を会長とする大石神社建設会が立ち上がり、

1935年、大石神社が創建された。岩屋寺の近くで、上田の実家の若藤を始めとする材木屋が資材を提供した。祭神は大石内蔵助で、討ち入りの日の12月14日には、毎年、「義士祭」が開催され、賑わっている。

上田家と大石邸、そして大石神社との関係は、上田の天皇家に結びつく祖霊信仰につながっているだろう。

天智天皇陵の墓守の家に生まれ、敬神尊皇を刷り込まれ、毎朝、祖母の後ろで神棚に手を合わせる慣習は、自然と上田を神道に向かわせた。また、神社界との関係も深い。全国約8万の神社と2万の神職を束ねる神社本庁は、「草の根保守」と呼ばれる日本会議の中核を成しているが、上田は神道政治連盟の打田文博会長に人脈を持ち、日本会議副会長で神社本庁総長の田中恆清《つねきよ》とも近い関係にある。反体制を基軸に運動を展開してきた部落解放同盟とソリが合わないのも無理はなかった。

明治4年解放令をどうとらえるか

現在、「被差別部落」の捉え方にも変化が生まれている。

京都産業大学の灘本昌久教授は、自由同和会中央本部の機関紙『ヒューマンJournal』に「新しい部落史」を連載、かつての被差別部落観に修正を加えている。

〈部落差別は、いつ頃どうして起こったか、そしてどのように現在までつながっているのか。それに対する答えが、かつての説明と、現在ではすっかり変わってしまっている。西暦二〇〇〇年頃までの説明は、だいたい以下のようなものだった。江戸時代のはじめ（徳川家康が征夷大将軍になったのが、一六〇三年）に、士農工商という身分制度ができ、武士が農民を搾取する体制ができあがった。しかし、侍が百姓を一方的に搾り取るだけだと、一揆を起こされて体制が崩壊する。そこで、農民の武士への反抗のエネルギーをそらすために、身分制度の最下層に穢多・非人身分を人為的にこしらえた〉（『ヒューマンJournal』231号）

確かに、江戸時代は身分を固定化しており、それに沿った発言や表現をしたものは、「差別者」として激しく糾弾された。朝田善之助・部落解放同盟第二代委員長は、前にも引用した『新版 差別と闘いつづけて』のなかで、次のように書いている。

〈〔差別〕解消闘争は、部落差別が「封建的身分関係の遺制」であること、つまり、力関係によって法で規定され、征服、被征服の関係にあった封建社会の身分関係が、明治維新というブルジョア革命の不徹底によって、封建遺制として資本主義社会にまで持ち越されたものであることを明らかにした〉

部落差別の起源に言及したものではないが、「封建遺制」が差別の固定化につながったと認識、それが不徹底な明治維新によって残されてしまった、という主張だ。

明治維新によって封建政治が打破され、士農工商の身分制度は廃止された。同時に、改革の高まりのなかで穢多、非人、皮田、夙、河原者、唱門師などさまざまな呼び名の賤民層の制度的な取り扱いも廃止された。1871（明治4）年8月、太政官令が発せられた。

〈穢多非人等の称廃され候条、自今身分職業共平民同様たるべき事〉

28文字の短い布告。「穢多非人という名称は廃するので、これからは身分・職業とも平民同様にするように」というお触れで、「解放令」と呼ばれている。解放令が出たからといって、人の意識は変わらない。当時、近畿、中国、四国、九州などの被差別部落が多い地区では「穢多狩り」と称して農民が新たに平民となった部落民を襲撃するような暴挙が繰り返された。貧困を生む生活環境もそのままで、だから、「なんの裏付けもない一片の通達である解放令では、差別は解消しなかった」という見方が一般的である。

近世政治起源説と同和事業

灘本は、解放令が「何の裏付けもない一片の通達（空手形）」に過ぎないという従来の見方を否定する。そのうえで「空手形論」は、次の二つを根拠に生まれたという。

〈ひとつは、「解放令＝空手形論」が、同和事業を推進するのに、都合が良かったからである。「解放令＝空手形論」は、穢多身分が江戸幕府の農民支配の道具として作られたという「近世政治起源説」とあいまって、明治政府も部落差別を残してきたとして、政治の責任で部落差別をなくせ、そのために同和事業を推進せよ、という要求にマッチしていたのである。

もうひとつの理由は、現在信じられ流通している部落解放理論が、実は戦後歴史学と表裏一体に作られたということである。「戦後歴史学」派というのは、戦争中の「皇国史観」（日本の歴史を天皇中心に解釈する）を批判して登場し、長く日本の歴史研究の世界をリードしてきた（あるいは支配し、牛耳ってきた）人々である。単に階級闘争主義的、マルクス主義的、左翼的であるだけでなく、戦前の「講座派」（＝共産党系）の流れをくんで、明治維新を極度に過小評価する傾向が強かった。よって、当然、「解放令」など、はなから空文としかとらえないのである〉（『ヒューマンJournal』２３７号）

被差別部落の「近世政治起源説」は、同和事業を推進するためのわかりやすい説明として普及、それを共産党系の活動家が理論構築して後押しした。だが、被差別部落の起源は、室町以前、鎌倉時代にまで遡るのだという。灘本が部落、穢多、賤民の起源をこう語る。

「穢多の語源は、タカ飼いの関係で、『餌取り』だといわれています。タカにやる餌を取っていた人たちですね。そういう人は定職があったかもしれないけど、河原で牛馬の屠殺を行い、皮を剝いでなめし、皮革製品にする人たちは、ホームレスのような状態だった。居住地をあらわす名称として彼らは『河原者』と呼ばれ、清める仕事にあたるという意味で『清目』と呼ばれます。また、『河原者』や『清目』は、戦国時代になると皮革製造業者として高度化し、武具など軍事物資を供給する重要なメンバーとなって、『皮多』と呼称されます」

１９６９年同対法は成功だったのか

名称は、場所により、時代により、地域によって変わり、中世の被差別グループは穢多以外の賤民もすべて合わせると100を超えるという。祇園社に仕える夙や公家の保護下で芸能などを行う唱門師など、職業の範囲は広く、非人に警備、警護、警察権が付与される例があるなど、地域社会における役割も一定ではない。ただ、牛馬の死体、皮革、葬送、墓守など「ケガレ」を扱うという意味で、穢多は「社会の外」に置かれ、被差別部落となった。そこに差別が存在するのは事実だが、「貧しいだけの、悲惨なだけの、哀れみを乞う人たちではなかった」と、灘本はいう。

「武具の専門業者として『皮多』は大名に抱えられるようになり、江戸時代には『皮多』『皮田』『川田』といった集落が生まれます。また、江戸時代には雪駄が町人階級に流行った。竹の皮で草履の台を編んで、そこに鼻緒をつけて、牛革で補強してある。こうしたものは穢多身分の独占なんです。その製造、販売、修理に就くものは大きな利益を得ていた。だから江戸時代の後期になると、大名に穢多の有力者がカネを貸すような状態もあったし、農民人口が間引きなどで増えていないのに、豊かさゆえ、穢多村のなかには人口が増えているところもあります」

被差別部落民にも多様性はあり、貧富の差もあった。灘本の家も、祖父母の代まで兵庫県海岸部の被差別部落に住んでいた。灘本家は、部落産業で得た収入で土地を買い増しし、曽祖父母は関西では地主の上限の10町歩ほどを持つ大地主だった。穢多身分でも名字帯刀を許され、江戸の文化時代(1804〜1818)の頃に建立した墓に、「灘本」と姓が入れられていた。被差別部落民が一様に貧しいとされ、それをもとに導き出される「解放令が同和事業推進の道具に使われた」という灘本理論は、自らのルーツを辿った結論でもある。

もちろん、解放令の頃の平均して豊かな被差別部落の状況が長く続くわけではない。皮革などの部落産業を直撃したのは「松方デフレ」だった。松方とは、内大臣、大蔵大臣、総理大臣などを歴任した松方正義のこと。西南戦争の戦費調達のために行った紙幣乱発の事後処理のために、1881（明治14）年、紙幣整理、財政再建などのデフレ政策を大胆に行った。このデフレが部落の製造業を直撃し、長期不況に陥った。

殖産興業のうねりが部落産業の専業を資本力で奪うという時代の流れもあった。また、部落の農地は河原沿いなど劣悪な場所が多く、産業があったために逆に農地面積は狭い。そのうえ、差別によって職種が限られ、業種転換も難しい。そうした状況が復活を阻み、恒久的な部落の貧しさにつながった。

そういう意味で、「解放令＝空手形論」には実態にそぐわない側面はあるものの、1965年の同対審答申と、それを実現する'69年の同対法につながった。それを灘本は評価する。

「同和事業と同和問題がうまくかみ合い、被差別部落の地域改善、差別解消が実現していった。そういう意味ですごくいい組み合わせだったと思うし、世界的に見ても、マイノリティ政策のこれほどの成功例はないと思います」

山科に生まれ、夙に育ち、天智天皇と大石内蔵助と山科の自治を誇りとしてきた上田は、賤民という身分をそれほど意識せず育った。その環境は灘本同様、「差別の多様性」といっていいかもしれない。上田家は材木商として豊かだった。父を知らず、両親の愛情には欠けていたものの、松三郎、シカの祖父母に可愛がられ、与えられた小遣いで仲間と買い食いをするなど、わんぱく盛りを過ごし、「若藤のボン」と呼ばれた。

唯一の屈託は、幼少期、家の玄関を閉じられていたことである。GHQ（連合国軍最高司令官総司令部）は、民主主義を根付かせるために、封建主義、国家主義、全体主義につながりかねないものは、すべて検閲して封じた。仇討ちを採り入れた映画、演劇は全面的に禁止され、当然、忠臣蔵はそのなかに入る。この通称「チャンバラ禁止令」のなか、大石家の一部を移設した上田家の玄関も、おそらく誰かの「忖度《そんたく》」により封印され、勝手口からの出入りを余儀なくされた。

開門は、1951年9月のサンフランシスコ講和条約を待たねばならなかった。日本は晴れて独立した。条約締結の際、首席全権代理だった大野木秀次郎参議院議員は、山科生まれで京都府選出の政治家だった。自宅も近く、「もう、門を開けてもかまへんよ」と、大野木自身が伝えに来たと、上田は聞いている。「禁止令」が解けて、時代劇が復活、忠臣蔵も人気を取り戻した。人気にあやかり「内蔵助ミュージアム」として上田家を訪れる人も増えた。だが、そんな生活も'56年で終わる。

江戸末期の1845（弘化2）年に創業した若藤の倒産である。小学校5年生だった上田は、何が起きたか聞かされていないが、変化は肌で感じていた。

「家のガラス窓が割られるとか、工場に不審火が出るとか、おかしなことが続きました。決定的だったのはヤギを強奪されそうになったことです。いつも学校の帰り、製材所に寄って家に帰るんですが、トラブルとなっている集団が、私が飼って可愛がっているヤギのメリーを持ち去ろうとしていた。私は、メリーの首に抱きついて必死で抵抗しました。騒ぎが大きくなって、彼らは捨て台詞を残して去っていった。その後、妨害工作は過熱し、若藤は信用を失っていきます。女社長と、母が舐《な》められていたこともあるでしょうが、事業の好調に気をよくして借金の保証人となり、それが焦げ付く、といった母の気の緩みもありました」

生活は一転する。残された資産の切り売りでしのぐが、それも限界に近付き、環境の変化が、しだいに「ボン」を変え、中学ではいっぱしの「ワル」となっていった。

第3章 雌伏

500坪の家屋敷に暮らしていた上田は、中学時代、実家の家業倒産により四畳半一間の生活を強いられる。500人のヤクザがひしめく狭い山科で、暴力沙汰をくり返した上田は浪速少年院に入る。20歳で少年院を出ると、やがて右翼運動への傾倒を強め、あげく刑務所に服役。そこで知り合うのが山口組五代目・渡辺芳則だった。

20代後半の右翼時代、関西玄洋社の仲間たちと(後列右端)

五条楽園で旅館業

「五条楽園」は、京都・河原町五条の南東にある旧遊郭である。

江戸時代後期から明治時代にかけて、「五条橋下」「六条新地」「七条新地」という三つの遊郭が存在していた。大正時代にこの三つが合併、「七条新地」として京都市最大の遊郭となった。「祇園」「先斗町《ぽんとちょう》」「島原」「上七軒」といった格式のある花街と違い、庶民が気軽に遊べる場として知られていた。最寄り駅は京阪電車の清水五条駅。そこから鴨川にかかる橋を渡り、高瀬川に沿って南に下ったあたりに、かつては木造3階建て、2階建てのお茶屋が軒を連ね、芸妓や娼妓が客を待ち受けた。

1957年、売春防止法（売防法）が施行され、お茶屋、置屋の経営者たちは、七条新地の名を「五条楽園」と変えた。'59年、芸妓組合の組合長に就いたのは、京都最大の暴力団・中島会で若頭を務める図越利一《ずこしりいち》だった。250軒もあったお茶屋が、売防法により一気に半減した。危機感を覚えた経営者たちは、この地に図越組を構え、縄張りとしていた図越を頼った。図越は長唄、小唄、大正琴をたしなむ粋人で京都・花街の動静に詳しい。行政や取り締まりの警察組織に人脈がある図越の支援を受け、売防法時代に対応したシステムを採り入れることで、生き残りを図った。

縮小均衡の五条楽園は、お茶屋、置屋の一部を旅館業、賃貸住宅に切り替えていった。そんな「改造茶屋」の一室に上田藤兵衞の母・摩耶子が移り住んだのは、'62年のことだ。

「'56年に家業の若藤が倒産。以来、(家財などの)切り売りなんかでしのいできたんやけど、ニッチもサッチもいかなくなって、兄や姉、叔父らで相談して母を禁治産者とした。それ以外、上田家が生き残る道はないという判断です。一家離散で、私は母親についていきました。(改造茶屋は)四畳半一間です。あるのは水屋(食器棚)とわずかな家財道具。布団を敷いたらそれでいっぱいになる狭さでした」(上田)

それだけ借金の額が大きかった。

戦後復興に朝鮮戦争('50年)の特需も加わって、材木は飛ぶように売れ、若藤は面白いように儲かっていた。戦前に高等女学校を卒業したインテリの摩耶子は、障害を負った父・松三郎に代わって若藤を切り盛りし、精力的に事業を拡張していく。女実業家として新聞に採り上げられたこともある。摩耶子は、末っ子だった幼少の頃の上田を、どこに行くにも連れ歩いた。上田には、都市の焼け跡の残像がまぶたに残っている。

「母には、自動車で名古屋から三重、大阪や神戸に連れていかれました。どこも焼夷弾に焼き尽くされ、徹底的に壊滅していました」

その旺盛な事業展開の過程で生じた人間関係を円滑にするためもあって、摩耶子は友人知人の保証人になることがあった。それが結果的に若藤倒産の原因となる。

「禁治産」の宣告をするのは裁判所である。一定の利害関係人が裁判所に申し立て、「正常な判断能力を欠き、心神喪失の常況にある」と、「禁治産」を宣告してもらう。民法改正で差別的な印象の「禁治産者」という言い方はなくなった(現在は「成年被後見人」と呼ぶ)が、上田家は、摩耶子を山科から放逐することこそ、一族に害を及ぼさない最後の手段と判断した。借家はすでに売却され、「内蔵助ミュージアム」の母家も解体していた。

500坪の家屋敷から四畳半一間へ――。

貧しさは、上田を変えた。中学では新聞配達で学費を稼ぎ、学校へ行くと憂さ晴らしをするようにケンカ三昧。摩耶子が「お前、この頃人間が変わった。なんで不良のマネをするんや」と叱りつけると、「勝手に生んどいて、何いうてんねん!」と、怒鳴り返すような子供だった。摩耶子も負けてはいない。「私が惚れた男の子を産んで、何が悪いねん!」と返してきた。

「『負けた』と、思った。確かに、生んでくれたんやからね。感謝せんと。でも、言葉には出さなかったし、なによりおかしなケンカをした覚えはない。おじい(松三郎)の教えで、弱い者イジメをするようなケンカ、卑怯なケンカはしない。おじいはケンカの理由を聞いて、間違ってないのに負けて帰ったことがわかると、家に入れてくれないような人だった」

中学生ぐらいの男の子の世界では、「序列を決める勝負」というものがある。上田にとって、中学3年のときの「サッカー部解散事件」がそれに当たる。

中学でサッカー部に所属していた上田は、1960年の近畿大会出場をかけた一戦を前に、スパイクシューズを買えずに困っていた。

「あの頃のサッカーシューズは高くて、初任給の半分ぐらい、6000円ぐらいしたんちゃうかな。貧乏で買えへんのが私を含めて3人いて、3人で近くの大学ラグビー部のボックスに行き、

〝借りて〟きた。ズック靴では試合はできないし、返すつもりだったんです。ところが翌日、放課後に練習をしていたら先生が笛を吹いて全員集合がかかり、後ろには大学生たちがいて私らのシューズを確認した。その場で『サッカー部解散！』ですわ。サッカー部を取り潰すというんです。キャプテンが私のところにやってきて、『お前、この始末をどうつけるんや！』と、凄い剣幕で迫ってきた。『何で、俺だけ、責めるんや』と反論すると、『何でもクソもあるかい！』と、ケンカ腰。私は友人の名前を言うわけにはいかんかった。身長が180センチあって腕力に自信があるキャプテンは、ワルで中学を仕切っていた私をよく思ってなかったんやね。じゃ、ケンカで勝負しよか、という話になった。最初はパワーに圧倒され、死ぬかと思うぐらい殴られた」

しかし、ケンカはパワーや体力だけで決まるものではない。ケンカ慣れの勝負感と負けてなるものかの気合、そしてある意味の狂気がものをいう。上田はキャプテンに勝ち、この勝負によって、山科のワルの間で、「あいつは触るとややこしい」と、改めて恐れられる存在になった。

そんないっぱしのワルは、中学卒業後に入った高校にまるで魅力は感じなかった。地元では名門校だが、退屈でしかなかった。ワル仲間を統合する過程で、「学校の秩序を乱す」という理由で退学処分となる。形のうえでは自主退学だった。

東京五輪便乗の「山科バブル」

倒産で家庭は崩壊していた。その鬱屈を外で発散し、暴れ者になっていた10代後半の上田にとって救いだったのは、隣家で事業を営む林成夫《なるお》の存在だった。

「内蔵助ミュージアム」の上田家とは、形ばかりの垣根があるだけの〝お隣〟に、木村家があった。「若藤のボン」時代の上田は、同級生の女の子がいたこともあり、自宅と変わらない気安さで遊びに行き、時に食事をともにした。この木村家の娘と結婚してやってきたのが林である。

「私より20歳ぐらい年上で、『タカちゃん（36歳で藤兵衛を継ぐまでは高雄）』と呼んで可愛がってくれました。高校を辞めて、ぶらぶらしていた私に、仕事のたいへんさと楽しさを教えてくれました」（上田）

山科の経済史を辿ろう。

明治初期、山科には伝統産業として砥《と》の粉《こ》の製造所があった。タンスの仕上げ塗装や漆器の塗り下地などに使用される家内工業だ。

近代工業は、1900年の高坂織物工場、'07年の山科撚糸工場、'14年の大野木織布工場などの開業によって、徐々に環境が整った。さらに、'17年にネジ生産の山科精工所、'21年に鐘紡が総合工場を完成させる。'17年に創業した日本絹布を、'22年に鐘紡が合併し、鐘紡山科絹布工場として操業が始まって工業化は進展した。

工業化によって労働者は増え、山科駅周辺にカフェ、食堂、映画館などの娯楽施設や商業施設がつくられる。交通インフラも整った。

1880（明治13）年に開通した京都—大津間の鉄道は、現在の東海道線とは違う形だった。名神高速道路のルートにほぼ沿っており、京都駅を出ると東山を避けて南下し、山科盆地を斜めに北上する。そして旧逢坂山トンネルを抜けて大津に至るルートだった。トンネル掘削技術が未熟であったために迂回した。

だが、これでは山科の中心街から遠い。1921（大正10）年、新逢坂山トンネルと東山トンネルを完成させ、現在の東海道線ルートとなった。すでに開業していた京阪電鉄京津《けいしん》線（京都三条大橋と大津間をつなぐ）と山科駅で乗り入れ、利便性は向上した。

商工業が発達し、交通インフラも整った山科は、昭和に入っても順調に成長を続けた。戦時中に工場群は軍需工業として徴用されたが、終戦とともに復元され、戦後復興の一翼を担う。


日本経済全体が急速に伸びていた。1950年の朝鮮特需を経て、オートメーションなどの技術革新は進み、'55年、鉱工業生産は戦前の最高水準に戻った。輸出額は前年比23％増の伸びで、戦後最大の好況は「神武景気」と呼ばれた。

時流とはまったく逆の動きを辿った若藤倒産劇は、前述のような別の事情から起こったものだった。一方、若藤倒産後、隣人となった林成夫は、乱開発で統一の取れていない山科の駅前や遅れた住宅開発に目を付け、不動産業の林商事を起こした。

1931年、京都府宇治郡山科町は、京都市東山区に編入され、'76年に単独の区政を敷いて京都市山科区となる。商工業の街として、京都のベッドタウンとして山科の人口は急増を続け、'55年に約3万5000人だったものが、'76年には約13万人に膨らんだ。

東海道沿いの上田家と林家は、山科駅と「指呼の間」にある。東京五輪を機に山科にも再開発の波が押し寄せ、バブルとなったとき、林商事が駅前再開発や住宅開発で縦横無尽の活躍をするのは当然の帰結だった。

高校退学の後、林商事に出入りするようになっていた上田は、林社長の「土地マジック」を何度も見せつけられ驚嘆したという。

「16歳のときでした。私の先輩が、女と駆け落ちするというので、田畑の権利書と実印を持ってきて、『売ってくれ』という。私が、林商事に出入りしているのを知っていたからです。林社長にその話をしたら、『タカちゃん、いっぺん返しとき』と言う。ところが、また持ってきよった。社長は『じゃ、任しとき』と言う。親の同意書を取らせたうえで、農業委員会に工作して地目を変更し、宅地にして売却したんです。タダみたいな田畑が、瞬時にして20倍、30倍で、右から左に売れる。凄いマジックやね。16歳の子供にしたら考えられない配当ももらったし、『世の中、おもしろいもんやな』と、つくづく思うたんです」

図越利一と「七条署事件」

狭い盆地の山科に、当時は約500人ものヤクザがひしめいていたという。第Ⅰ章でプリンスホテル事件の決着をつけた高坂貞夫も、この地で篠原会系高坂組を率いていた。高坂と親しい山本英造は同じ篠原会系列の幹部で、上田家の近くで「山菊」という仕出し屋を経営し、そこで賭場も開いていた。

林社長は権利関係が複雑な駅前で不動産開発を手掛け、麻雀店を経営し、パチンコの景品買いに至るまで事業を幅広く展開し、トラブルも絶えなかった。そのため処理係が必要だった。いわゆる「ケツ持ち」である。

林はそれを「女親分」として知られた山崎キミに頼った。山崎は、1960年10月、二代目中島会会長を襲名した図越利一の実姉である。図越は、襲名の翌月、中島会を中核に、中川組、篠原会、北新会、いろは会、寺村組、宮川会、二代目吉村組などを糾合し、中島連合会を組織して会長に就き、文字通り、「京都一の親分」となった。

山科の宅地建物取引業協会会長、自治連合会会長などの肩書を得て、「表の経済人」としての立場を確保した林にとって、山崎に上納することは竹鼻の草場権を確かなものにすることだった。さらに言えば、それは図越に再保険をかけることでもあった。

1960年代は、暴力団が急速に力を付け、存在感を見せつけ始めた時期だった。ピークの'63年、東京五輪の前年には、暴力団構成員は全国約5100団体、約18万4000人に達した。正業が認められ、反社会的勢力としての存在場所を持った暴力団は、理屈ではなく存在感があった。

図越の名を高めたのは七条署事件である。

戦勝国、中立国のいずれにも属さず、戦時中には日本の統治下にあった韓国、台湾人など「第三国人」と呼ばれる人々のなかには、終戦直後、敗戦国日本に、それまでの憤懣《ふんまん》をぶつけるように乱暴狼藉を働く者がいた。取り締まるべきは警察だが、まだ装備人員とも揃っていない。彼らは、トラックなどで大挙して警察に押しかけ、逮捕された仲間を強引に連れ去るようなこともやってのけた。

警察に協力してそれに立ち向かったのは、神戸・山口組、新宿・関東尾津組など全国各地の任侠組織だった。京都で、図越が配下を率いて戦ったのが七条署事件である。終戦翌年の'46年1月、七条署署長の意を受けて図越の家にやってきた旧知の警部補が、「親父さん、助けてほしいんですわ」と、頭を下げた。

京都駅構内でヤミ米の買い出し犯の朝鮮人の男を現行犯逮捕しようとしたところ、男は朝鮮人連盟京都府本部出張所に逃げ込んだ。これが七条署と朝鮮人連盟との騒動に発展した。1月24日、朝鮮人連盟は七条署に大挙して押し寄せ、責任を追及すると通告。人数的にとても太刀打ちできないと、図越に助っ人を願い出たのだった。

「やりまひょ。わしらも、あれらにはハラをすえかねとりますさかい」

こう返事をした図越は、配下に助っ人を含めて約500人を組織。相手の朝鮮人連盟は700人体制だった。七条署前でぶつかり、互いに日本刀、木刀、鳶口《とびぐち》、丸太ん棒などで激しく戦った。進駐軍のMP（米国陸軍の憲兵）が登場し、ようやく混乱は収まったものの、死傷者多数。七条署事件は、終戦直後の警察の無力と、暴力団の「それなりの役割」を世に示した。

やがて飲食店から「守《も》り料」を取る「みかじめ料」が正当化され、不動産、土建、金融などトラブルの多い職種での「ケツ持ち」が半ば公然と認められるようになった。加えて、不良を吸収、矯正する機能も期待された。暴力団構成員の急増には、そんな時代背景があった。

三代目が広域化させた山口組

暴力団を近代化、広域化させたのは山口組三代目の田岡一雄である。『完本　山口組三代目　田岡一雄自伝』（徳間文庫カレッジ）は、戦前の博徒時代から戦後の組織化された暴力団に至るまでのヤクザの生態を生き生きと伝える。青年時代の田岡は、私設ガードマンとして劇場に寝泊まりして雨露をしのぎつつ、唯一の収入源である博打にのめり込んだ。相手のクセを読み、流れを見極める博打修業に励む日々で、まさに博徒だった。腕っぷしを買われて地域社会のトラブル処理にあたり、商店などの旦那衆に報酬をもらう一方、本業の賭場を稼ぎの柱にしていた。娯楽のない時代、賭場は「男の遊び場」だった。

戦中、山口組二代目の山口登が死去すると、その遺言により、１９４６年、田岡は、33歳で山口組三代目を継承する。だがそのときは、神戸の地方ヤクザに過ぎず、稼ぎは浪曲などの興行と博打が主だった。襲名の際、田岡が立てた誓いは、「組員に職業を持たせること」だった。

浮き沈みの多い博打だけでは生活を築けないという自身の反省からで、'46年には「土建業山口組」の看板を掲げて、代表取締役に就任した。他の役員は組員だった。興行も重ねた。「山口組興行部」を復活させ、'48年には二代目登の「7回忌追善興行」と銘打ち、大人気の浪曲師・広沢虎造、天中軒雲月《てんちゅうけんうんげつ》、寿々木米若《すずきよねわか》らを集めた。さらに'49年、港湾荷役業者15社を集めて「港洞会」を組織し、会長に就任した。

土建と興行と港湾荷役――山口組の正業の三本柱は、終戦後、わずか数年で確立された。

さらに進化を遂げた山口組は、歌謡漫談の川田晴久の窮地を救ったことで歌姫・美空ひばりと出会い、興行師から芸能プロダクションへと脱皮する。美空の他、田端義夫、高田浩吉、伴淳三郎などとの関係を深め、山口組興行部は神戸芸能社と改称した。

興行の世界では歌謡曲とともにプロレスが人気だった。戦後、絶大な人気を誇ったのは力道山で、田岡は日本プロレス協会副会長として西日本の興行を仕切った。東日本を引き受けたのは、後に田岡の舎弟となる暴力団組織・東声会の町井久之会長だった。

土建も港湾荷役も好調だった。「山口組」の名を冠した企業は、配下に引き継がせて社名を変更。大手ゼネコンの下請けとして解体や近隣対策、労働者派遣などを行った。港湾荷役については、'53年、荷役業を企業化して甲陽運輸を設立し、全国港湾荷役振興協議会（全港振）の副会長として、横浜港を仕切る藤木企業の藤木幸太郎会長を支えた。藤木は、横浜ＩＲ（統合型リゾート）誘致に反対した藤木幸夫・横浜港ハーバーリゾート協会会長の父である。

一方、神戸芸能社の二枚看板である美空ひばりと力道山は、傘下組織が地方に進出する際の〝道具〟として利用された。その尖兵となったのが在日朝鮮人の柳川次郎だった。'46年、強盗、強奪を繰り返して懲役6年の判決を受けて服役。出所すると、配下を引き連れ、愚連隊集団・柳川組として暴れ回った。それに目を付けた三代目山口組がスカウト、'59年、柳川次郎は地道行雄《じみちゆきお》若頭の盃を受けて舎弟となった。

その戦闘性は「殺しの柳川」の異名を取るほどだったが、地方進出の際、柳川組が地元組織に挨拶するときの決め台詞が、「通れるだけの道を開けてください。否というなら、大きな岩を動かします」というものだった。「道を開けてくれ」というのは興行をやらせてくれ、という意味で、そこでは「ともに興行を打つ」ことが含まれる。「大きな岩」とは山口組のことで、嫌なら戦争を仕掛けるという脅しだ。

在日朝鮮人など貧困と差別のなかで育った者が多い柳川組にとって、闘うことは食うこと、生きることであり、抗争となれば命をかけて闘った。その戦闘性に恐れをなし、山口組の軍門に下る組織は少なくなかった。

1960年の大阪の愚連隊との抗争である明友会事件、'61年の夜行列車殺人事件を契機にした山陰抗争、'62年の博多における夜桜銀次殺人事件など、山口組は全国で抗争を仕掛けた。さらに広島代理戦争、大垣抗争、北九州抗争、'64年の第一次松山抗争を起こす頃には、山口組は組員1万人を超える巨大組織となっていた。

ただ、何事にも反動はある。政府は、'64年、「暴力取締対策要綱」を定め、暴力団トップを狙う「頂上作戦」を展開する。狙いは、最大暴力団山口組の田岡組長だった。国は、道路運送法、労働基準法、職業安定法、陸上運送法などあらゆる法律を駆使して、山口組の正業の芸能、土建、港湾荷役に攻め込んだ。田岡は甲陽運輸社長、全港振副会長などの職を降り、神戸芸能社の役員も退任した。「ヤクザに正業」は認められなくなり、事業は、組員から組と関係の深い企業舎弟へとシフトする。

上田が山科で仲間とともに暴れ回っていた1960年代前半、昭和で言えば30年代後半は、国と暴力団組織とが絶えずせめぎ合い、暴力団は企業舎弟を使って、表社会を侵食する時代に入っていた。やがて港湾荷役、土建、興行といった分野だけでなく、不動産、金融、人材派遣、解体、産業廃棄物、会社整理、債権回収といった分野で、暴力団が裏に控え、企業舎弟が活躍する機会が増える。バブル期に向かって、暴力団は肥大化する一方だった。

その最大勢力である山口組が人員的にも資金的にもピークを迎えるのは、'89年5月、渡辺芳則が五代目を襲名する頃だった。

上田は、神戸刑務所で山口組の三次団体会長の頃の渡辺と出会っている。そこで結んだ信頼関係が、出所後に同和運動を始めた上田との共存関係となり、ひいては「京都のドン」と呼ばれる今のポジションにつながるのだが、それは次章に譲ろう。

山口組が全国制覇に乗り出していた頃、京都では誕生したばかりの中島連合会のもと、穏やかに共存共栄が図られていた。「内輪揉めは御法度」で、調整役は、京都の主だった親分と兄弟盃を交わした図越利一だった。親分衆は図越の弟分になったとはいえ、あくまで連合会であり共通の代紋はなく、中島会は図越家の家紋である丸に二引き、中川組は大瓢箪、篠原会は松竹梅、寺村組は分銅などそれぞれの代紋を有していた。

京都は会津小鉄で一本化

京都が同じ代紋を掲げて一体化するのは、中島連合会発足から15年後の1975年3月のことである。幕末の俠客、「会津の小鉄」こと上坂仙吉《こうさかせんきち》が起こした会津小鉄会は、実子の上坂卯之松が継承したものの、'35年の死去で名跡が途絶えていた。卯之松の息子の推挙を受け、中島連合会各組織の同意を得る形で襲名したのは、もちろん図越利一である。会津小鉄会三代目となった。

会津小鉄会となってもそうだが、京都の暴力団はもともと「盆地」から出ず、他人のシマを荒らさない。京都の暴力団が団結したのは、「外からの侵食」に備える意味もあった。

京都の「外」の山口組と一触即発のムードが漂ったのは、中心街の木屋町に神戸などから山口組、本多会などが進出、飲食店などを開業しはじめてからだ。'63年頃からは暴力バーに転じ、「木屋町ぼったくりバー問題」として、マスコミが採り上げ、行政も問題視した。木屋町を縄張りとする組織は図越に、「親分が、辛抱せい、ケンカするな、言わはるから我慢したけど、もう限界や」と談判した。

'64年に入ると、五条楽園の中央にある図越邸を田岡が訪ね、木屋町問題を話し合った。図越と田岡は、大正2（1913）年生まれで同年。かねて親しい関係だったこともあり、話し合いは短時間に終わった。田岡は、「京都は観光都市やから揉め事があったらいかん。わしとこは京都から引き上げる。もし、（よその組が入ってきて）君んとこで兵隊足らんかったら、いつでも（兵隊を）出すさかい」と、申し入れたという。'64年は「頂上作戦」が始まった年でもある。田岡には、警察に摘発されるようなトラブルを避けたかった面もあろうが、「京都の縄張りを尊重する」のは、その後も山口組の基本姿勢となった。

そうした暴力団のせめぎ合いが活発だった'60年代前半、高校に行かなかった上田は、山科盆地の駅前の一角を根城にしていた林商事の手伝いをしながら、仲間を5人、10人と集め、暴れ回っていた。上田が回想する。

「林社長は図越親分や山崎キミさんのところに出入りして挨拶していましたが、私が一緒についていくことはありませんでした。高山（登久太郎《とくたろう》・会津小鉄会四代目）さんは、万和建設という砂利採取・運搬などの会社を経営していたので、よく林商事に来て、『社長、仕事ないか？』と、気さくに営業していました。私にも気軽に声をかけてくれましたが、足袋をはいてマツダの三輪自動車に乗っていた姿を思い出します」

賭場は勢いを失っていた。代わってパチンコが流行り、その景品買いは暴力団のシノギ（稼ぎ）だった。売防法後も旧遊郭では売春が行われ、競馬、競輪、競艇のノミ屋など非合法部門を担うのも暴力団だった。そうした暴力団と近い環境にいた上田は、高坂貞夫、山本英造、高山登久太郎など、ひとまわり以上年上のヤクザ者に可愛がられた。

約500人のヤクザがいる山科の環境と暴力を厭《いと》わない仲間たち――。日常茶飯の暴力沙汰のなか、傷害や暴行事件を繰り返した上田は、1964年、19歳で少年院行きを余儀なくされる。「関西中のワルが集まる」といわれる浪速少年院である。

浪速少年院は、1923年、日本最初の少年院として大阪府茨木市に開設された。職業補導による社会復帰の手助けが基本で、溶接科、板金科、電気工事科、木工科などが置かれ、電気工事士、消防設備士、クリーニング師、危険物取扱者など各種資格を取ることができた。午前6時45分の起床から始まって、朝食、9時から職業訓練、昼食を取って、午後はまた職業訓練、生活指導、運動などを行い、午後5時の夕食、ニュース視聴、日記記入などを経て、午後9時就寝という4人部屋での規則正しい日々だ。

上田は製図科に配属され、午前中は職業訓練を受けるものの、午後は保安係として新しく入ってくる院生の記録整理などを行っていた。「先生」と呼ばれる職員と院生の間の中間的存在で恵まれた環境だったという。1年を大過なく過ごし、'65年、満期で出院したときは20歳だった。だが、浪速少年院での職業訓練と生活指導は実らなかった。

暴力団が急成長し、「数は力」とスカウト合戦が活発だった。常に5人から10人の仲間を抱え、リーダーとして君臨する少年院帰りの上田は、格好のターゲットとなった。

さっそくある中島連合会系組織が、上田を下京区の事務所に呼び出した。この組には、少年院に入る前、暴力団とはどんなところかと、少し顔を出したことがあった。

「1ヵ月ぐらいでしたが、暴力団の生態に触れて、『こんなところおるもんやない』と思うとったんです。都合良く、人を使おうと思うとる集団です。その後少年院に行っとる間、連絡があるわけでもなし、もう縁は切れたと思うとった。

呼び出されて事務所に行くと、『盃事』の準備をしていて、『親分と盃をせぇ』というわけです。『俺はヤクザに興味はない』と、言った。『なんやと!』と、よってたかってボコボコです。メガネの鼻パッドいうんですか、鼻にあたるやつ。あそこが眉間にめり込んで血が噴き出した。『それで終わりかい!』と、強がりをいうて。また殴られて放り出された」

60年安保と三井三池、そして解放同盟

上田が「咆哮《ほうこう》の季節」を過ごしていた10代後半は、60年安保を節目に、右翼と左翼、保守と革新、自民党と社会党が明確な色分けをして55年体制が確立された頃だった。その波は同和運動にも押し寄せた。部落解放同盟は「総資本対総労働の闘い」といわれた三井三池争議で、労働側の要請を受ける形で支援に乗り出し、戦闘力の高さを見せつけた。

一方で、保守勢力の巻き返しのなか、自民党は新たな同和団体の設立を模索する。山口県で保守系の解放運動を始めていた柳井政雄をのちに首相となる佐藤栄作が口説き、1960年5月、柳井が会長を務める自民党系の全日本同和会が設立された。

佐藤栄作の実兄、岸信介は1957年2月、病気で退陣した石橋湛山《たんざん》の後を受けて首相に就いたが、憲法改正論者であり、再軍備論者であり、日米安全保障条約を改定しようとする自主独立派だった。まずは、'51年のサンフランシスコ講和条約で独立と引き換えに結ばれた片務的な安保条約改定から手を付けた。米国との改定交渉を進め、'59年に妥結、'60年1月、ワシントンで調印した。しかし、新安保条約は日米共同防衛を義務づけており、国会では社会党の反対により紛糾する。「日本が戦争に巻き込まれる」という反対の声は拡がり、戦後最大の国民運動となった。

岸はアイゼンハワー大統領（アイク）が来日する'60年6月19日までの国会承認を望んだが、社会党など野党は激しく抵抗、反対闘争は繰り返された。6月4日の統一行動には全国で560万人が

デモに参加する事態となった。6月10日、大統領来日前に羽田に到着したハガチー報道官はデモ隊に囲まれ身動きが取れず、米軍ヘリコプターで脱出した。

そんな反対運動のさなか、6月15日夜、国会構内の全日本学生自治会総連合（全学連）と警官隊の衝突で、東大生・樺《かんば》美智子《みちこ》が圧死した。アイク訪日は中止されたものの、新安保条約は6月19日、デモ隊が国会を取り囲むなか自然承認された。社会党など野党、日本労働組合総評議会（総評）など労働組合、学生、一般市民にまで反対の気運が高まり、「反岸」は国民運動となった。

一方、右翼団体は安保改定推進派となって、孤立無援の岸を支援した。'59年7月、全日本愛国者団体会議（全愛会議）を中心に18団体が参加し、東京・日比谷公会堂で安保改定推進国民大会を開いた。全愛会議は、その直前の'59年4月、国粋会、殉国青年隊など80団体が参加、浜口雄幸首相暗殺未遂で知られる佐郷屋《さごうや》嘉昭《よしあき》を議長に、児玉誉士夫、三浦義一、井上日召《にっしょう》ら右翼大物を最高顧問に設立されている。

岸はアイク訪日に備え、児玉を通じて右翼や任侠団体に警備を要請する。児玉は右翼団体の他、錦政会会長・稲川角二、住吉一家三代目・阿部重作、関東尾津組組長・尾津喜之助などの大親分に声をかけ、1万5000人を組織したという。だが、訪日延期によってデモ隊と衝突することはなかった。自然承認の後、'60年6月23日、批准書が交わされて、7月に岸は退陣した。

東京で国会周辺を中心に安保闘争が盛り上がるなか、九州では総資本対総労働の闘いが正念場を迎えていた。三井鉱山三池鉱業所の争議は、1959年12月、会社側が指名解雇を強行したことで始まり、'60年1月、労働組合がストライキに入ると、第二組合が結成された。暴力団などの援助によって第二組合が強行操業に踏み切ったことで、争議は泥沼化する。

争議が深刻さを増すなか、太田薫・総評議長、宮川睦男・三井三池労組組合長が連名で部落解放同盟に支援を要請した。それを受けて現地に入った上杉佐一郎（'82年から部落解放同盟第４代委員長）は、『部落解放運動と私　道』（解放出版社）のなかで当時の狙いをこう記している。

〈労働者がこれだけ必死に闘っているのだから、われわれも支援しなければならないと、その要請に応じた。もう一つ、この支援によって、労働運動と部落解放運動との連帯を、この闘いからつくりあげることができるのではないかという考えもなかったわけではない〉

部落解放同盟は、２月24日、福岡県連大会で三井三池闘争支援を決定、３月27日から７００名を動員、以降、連日動員の日程を組み、支援する。３月29日、市内周辺からタクシーやトラックで乗り付けた暴力団が、正門前でピケを張っていた労組を挑発し、その過程で労組員の久保清を匕首《あいくち》で刺殺した。争議を象徴する事件となったが、このとき、解放同盟はバス２台に約１２０名を乗り込ませ、現場に駆け付けた。日本刀を振り回して暴れていたヤクザたちは、山の方に逃げていったという。その理由が興味深い。

〈われわれ解放同盟が出ると、いつの争議でも暴力団は撤退してしまう。（中略）会社側のスキャップ〔代替要員〕に出てくる連中のなかに、部落大衆が多数いるということなのである。親父が解放同盟員として支援にかけつけて暴力団と対峙してみると、その暴力団のなかに自分の息子がいる。（中略）

別の言い方をすれば、その息子は部落出身ということで就職からしめ出されて、まったく仕事がないのだ。若い彼らが正業につけないとどうなるか。失対〔失業対策事業〕で働くか、パチンコ屋につとめるか、そんな仕事しかないからどうしても暴力団と結びついていくことになる〉（『部落解放運動と私　道』）

どんな理由であれ、労働者側からすれば部落解放同盟は力強く頼りになっている。だが、それが逆に、労働者側の部落に対する正しい理解につながらず、「部落解放同盟は左翼暴力集団である」という思い込みから抜け出せない、と上杉は嘆く。

だが、三井三池争議はただの支援ではなく、解放同盟として取り上げねばならない闘いへと進化した。第二組合によって差別ビラが大量に撒《ま》かれる事件が起きたのである。

〈皆さん!!　いままで、三鉱労組（旧労）は、三鉱連の中でも「特殊部落」と、よくいわれておりました〉

こう始まるビラが撒かれたのは4月7日。以降、部落解放同盟は、悪辣《あくらつ》な差別、むき出しの圧政だとして、闘いを先鋭化させていった。ただし、争議そのものは、闘いに疲弊した労組側が中央労働委員会の斡旋《あっせん》を受け入れ、1960年11月1日、無期限ストライキを解除して終結した。

安保反対が国民運動となり、右翼は暴力団とともに政権の防波堤となり、部落解放同盟が「総労働」の一翼を担うという混沌とした政治状況のなか、自民党系の全日本同和会が、'60年5月、結成大会を開いた。

「部落解放同盟は反体制・左翼暴力集団だ」という思い込みがある自民党側に、「同和運動の対抗勢力をつくろう」という思惑があったのは確かだろう。だが、政権の働きかけだけでひとつの運動体が、それも今に続く60年以上の歴史を持つ団体がつくれるわけはない。では、それはどのような背景のもとに生まれたのか。

全日本同和会初代会長・柳井政雄

全日本同和会初代会長の柳井政雄は、部落解放全国委員会（1955年から部落解放同盟）山口県連合会を足場に同和運動に参加したが、もともとは任侠の世界にいた保守の人。反天皇、階級闘争を基本路線とする解放委員会とは、どうしても肌が合わなかった。

「同和運動は思想以前の問題ではないのか。なぜ社会主義政策でないと部落問題は解決しないというのか」

こんな発言を集会などで繰り返す柳井は、県連の社会主義信奉者やそれを支える解放委員会中央との間で溝を拡げた。'53年7月、除名処分を受けた柳井は、'54年1月、分派の山口県部落解放連合会を立ち上げる。そんな軌跡が保守王国・山口県の政治家に気に入られ、自民党とのパイプが太くなって、やがて全日本同和会を主導する存在となった。

柳井は、1998年に鬼籍に入るが、現在、全日本同和会山口県連合会会長を務め、柳井の後を継ぐのは澤田正之である。姓が違うのは母方の姓を名乗っているからで、柳井が45歳のときにもうけた次男だ。肩幅が広くがっちりした体軀は、筋肉が隆々としていて、「長州大政」の異名を持ち数々の武勇伝を残した柳井を彷彿とさせる。

山陽新幹線新山口駅に近い山口県連合会事務所で、澤田が「父」柳井を語った。

「私もそうですが、親父はイデオロギーで動く人ではなかった。秩序を大事にするという意味では保守でしょうが、保守主義というのではない。弱いものは助けないといけない、困った人を見て素通りできない、頼まれると嫌といえない、差別される側に寄り添って助けたい……そういう義理人情の人でした」

柳井政雄は1908（明治41）年、山口県吉敷郡に生まれた。父は牛馬商を営んでおり、政雄は四男だったこともあり、高等小学校を中退すると、兄を頼って京都に出て、料理屋で住み込みの小僧となる。

京都では、早くも「無頼の萌芽」を見せている。世話をしていたシェパードが、向かいの洋品店で飼っている秋田犬とケンカになった。シェパードが嚙まれて深い傷を負うと、店に飛び込み刺身包丁を握りしめ、秋田犬に〝報復〟した。

店には居づらくなり、かといって家には帰れない。体ひとつあれば働ける山口県の宇部炭鉱に流れ、そこで働くようになる。気の荒い炭鉱に無頼の血が合ったのか、やがて暴力団の世界に入り、背中に桜吹雪の入れ墨を入れて配下を率いるようになった。小月《おづき》競馬場（下関市）に乗り込み、抗争相手の馬を日本刀で叩き切ったときは、地元紙に大きく報じられたという。賭場荒らしも重ね、「長州大政」の名は極道社会に知れ渡ったが、「どこかの組織に属したことはなく一本独鈷《どっこ》。地元組織などに兄弟分はいて交遊したが、誰かの配下になることはなかった」（澤田）という。

その気軽さもあったのか、24歳で出所する際、30台もの車の出迎えを受けながら、「ごくろうさん。俺は、今日限り、足を洗う」と宣言して山口市に戻った。1932（昭和7）年のことである。

もともと商才もあったのだろう。カタギとなって事業を始めると、それもうまくいった。「商人宿」の経営から始めて、材木業、馬車などを使った陸上小運搬業など事業を増やし、面倒見のいい親分肌ということもあって陸上小運搬業の組合長や木材の統制組合生産部員（戦中は警察署長が任免）などを歴任した。戦時中も事業は発展し、終戦を迎える。

戦後も事業意欲は衰えなかった。1946年10月、山口市小郡大正町に金物、日用雑貨などを商う小郡商事をオープンする。同社の繊維・洋服部門を任せたのは、戦地から戻ってきた弟だった。弟は、'49年3月、隣の宇部市にメンズショップ小郡商事を開業する。これが'63年に株式会社化され、現在のユニクロ（ファーストリテイリング）となった。

柳井政雄は、頼まれるとイヤといえない性格だった。戦後初の地方選挙で山口市議会議員になったのは、馬車や木材などの組合仲間が、「あんたなら通るし、俺達の声を伝えてくれ」と勧めたからだった。'46年、社会党公認で出馬、379票を得て、トップ当選を果たす。

柳井は、自身が被差別部落の出身者であることは自覚していたし、叔父の柳井伝一は、1922年3月、京都・岡崎公会堂で開かれた全国水平社創立大会に出席し、山口県水平社の創立メンバーを務めた運動家だった。だが、叔父の影響は受けていない。

同和運動にのめり込むきっかけは、部落解放全国委員会山口県連合会幹部が、'46年3月の県連合会設立の直後、柳井のもとを訪れ、「参加してくれ」と頼んだからだ。柳井は最初、断った。だが、「差別への怒りはあんたも同じやないんか。委員長職を用意してある」と熱心に口説かれ、引き受けた。解放同盟側の思惑は、柳井の統率力、戦闘力と事業で蓄えた資金だったという。この頃は「手弁当」が基本だった。

柳井は、'47年5月の改選期に委員長に就く。以降、防府市向島漁業組合長差別事件、小野田高校結婚差別事件などを先頭に立って糾弾する。だが、次第に、運動の主体を担う人間や、それを中央から指揮する本部との間に溝ができ、前述のように分派を率いることになった。そうした柳井に目を付けたのが自民党だった。

被差別部落問題の解消が政府に求められるようになり、'58年10月、内閣に「同和問題閣僚懇談会」が設けられると、'59年3月には自民党に「同和対策特別委員会」が設置される。委員長に堀木鎌三《けんぞう》（鉄道省出身の参議院議員、'58年6月まで厚生相）、副委員長に秋田大助（衆議院議員、のち自治相、法相）が任命された。

柳井が、電話で佐藤栄作蔵相の自宅（山口県田布施町）に呼び付けられたのは、同和対策特別委員会が設置される寸前だった。

「実は、君に折り入って頼みたいことがある。私が敬愛する三重県出身の堀木鎌三君に会ってくれないか。人にものを頼まない堀木君が、『山口の柳井さんに会わせてくれ』と言うんだよ」

佐藤の頼みなら断れない。佐藤と柳井は深い信頼関係で結ばれていて、「無理が利く関係」（澤田）なのだという。

「佐藤さんが（自由党）幹事長のとき、造船疑獄（計画造船を巡る贈収賄事件で、'54年に捜査が始まり佐藤に逮捕許諾請求が出たが、犬養健《たける》法相の指揮権発動で逮捕を逃れた）があった。佐藤さんは夜行の蒸気機関車に乗って、白の麻のスーツを真っ黒にして我が家に来て、1週間ぐらい身を隠していたそうです」（同）

そんな因縁もある柳井は、佐藤の頼みを受けて上京した。堀木に「同和対策特別委員会の委員を引き受けてほしい」「同和対策審議会（同対審）が設置されるので、その委員も引き受けてほしい」と、さまざまな依頼事をされた。要は、社会主義を目指す解放同盟ではなく、自民党の側に立って活動してもらいたいという依頼だ。堀木は、柳井の肩に手をかけてこう続けたという。

「柳井さん、新しい団体を結成する気はないかね。あなたと同じ考えの運動家は全国にたくさんいる。あなただったら組織を引っ張っていける。自民党も応援します」

堀木と会った数日後、今度は佐藤に呼び出された。いきなり「堀木議員の話を引き受けるかね」と切り出され、柳井が資金面での不安を口にすると、「運動資金は私が用意しよう」と佐藤が言う。

「佐藤先生、それはいけません。あなたにご迷惑をおかけするなら私はやりません。自民党が新しい組織をつくってくれというのだったら、党が資金を出すべきです」

その場で佐藤が自民党総務会長と交渉した。結果、事務所を自民党が用意し、月20万円の資金が出されることになった。当時の公務員の初任給が約1万円の時代だから、それなりの活動を賄える金額である。その後各種の準備会を経て、'60年5月10日、東京・霞が関の久保講堂において、全国16都府県の代表者と会員が集まって、全日本同和会結成大会が開かれた。

同対審では解放同盟の対抗軸に

自民党系の同和団体ができたことで、政府の課題となっていた同和問題を、部落解放同盟主導で行わなくていいことになった。対抗勢力として全日本同和会があるからだ。

1960年5月、同和対策審議会設置法案が衆議院に提出され、7月に両院を通過し、8月には審議会の設置が公布された。「差別をなくそう」という国の取り組みを審議する場である。

会長に選ばれたのは元厚生官僚の木村忠二郎で、副会長が中央職業安定審議会の尾形匡。ほかに学識経験者などを含めて7名で構成された。そのなかに全日本同和会から柳井が、部落解放同盟から常任中央委員の北原泰作が選ばれた。このタイミングでの全日本同和会の設立は、「ようやく間に合った」というべきかも知れない。

審議会の下には教育部会、環境改善部会、産業・職業部会などが設置された。また審議会委員のほかに専門委員も置かれ、被差別部落問題が多方面から検討、論議された。答申が出されるまでの3年8ヵ月の間に、総会42回、部会121回、小委員会21回が開かれ、審議が十分に煮詰まった段階で答申書が作成され、1965年8月11日、木村会長から佐藤首相に「答申」が手渡された。

「答申」は、同和対策事業を具体的に推進するための同和対策事業特別措置法（同対法、'69年7月施行）の指針となるものだけに、非常に重要なものである。前文は、同和問題の解消が喫緊の課題だと指摘する。

〈同和問題は人類普遍の原理である人間の自由と平等に関する問題であり、日本国憲法によって保障された基本的人権にかかわる課題である。したがって、審議会はこれを未解決に放置することは断じて許されないことであり、その早急な解決こそ国の責務であり、同時に国民的課題であるとの認識に立って対策の探求に努力した〉

国の責務であり国民的課題だという力強い「宣言」に沿って、同対法は施行され、33年間に16兆円もの予算が投じられた。部落問題の解消に役立つと同時に、やがて同和利権を生んだという批判もなされるようになる。

ともあれ政権与党の意見を反映させるという役割も果たした柳井は、'78年6月、全日本同和会の会長を福岡県連会長の松尾正信に譲って退く。だが、山口県連会長は、87歳まで現役を続けた。澤田は、中学生の頃から柳井の後継を期待され、18歳で免許を取得してからは、運転手兼秘書として柳井に付き従った。柳井の存在は、もはや父親ではなく「会長」だった。20歳のときには県連青年部長になっている。

1982年から全日本同和会の京都府連洛南支部事務局長となった上田は、'84年に京都府連の青年部長となり、都道府県連の青年部大会でよく澤田と一緒になった。京都府連が関与した脱税事件などで、'86年、上田らが全日本同和会を割り、全国自由同和会(現自由同和会)を立ち上げる際は、澤田にも勧誘はあった。だが、「親父のつくった組織を離れられない」と澤田は山口県連合会を守り、今に至っている。

'50年代後半から'60年代前半は、60年安保を挟んで55年体制の確立と、それに合わせるように全日本同和会が設立され、部落解放同盟の対抗軸となるなど、同和運動も大きく動いた時期だ。が、上田はこの頃、まだ居場所を求めるように暴れていた。

上田が中島連合会系組織のスカウトを断ったことは前述したが、その分、上田グループと暴力団を含む他の組織との対立は深まり、抗争に発展することもあったし、グループ内の秩序維持のために、グループ員に〝ヤキ〟を入れることもあった。それが上田の逮捕や懲役にもつながった。そのあげく身を隠すように東京で生活することもあれば、自殺未遂も経験。20代は、修羅のなかにいた。

「20歳で少年院を出て、最初にやったのは人材派遣です。昔、ウチの会社（若藤）に出入りしていた建設会社の社長さんが、市内で住宅開発をやっていて、そこにぶらぶらしている不良を20人ほど送り込みました。人夫出しです。その頃は、山科では少しは知られた存在で、周りにいろんな連中が集まってきた。それらにまとめて仕事を与える。カネ儲けになるし仲間も食えるし、一緒に遊べる。でも、周りが放っとかない。『あいつら生意気や』というんで、他の不良グループや暴力団とケンカになることもありました」

仲間同士のイザコザも絶えない。また、許しがたい罪を犯す人間もいた。上田グループの新入りが、女性を輪姦した事件があった。女性の親に対処を求められた際は、本人に言い含めたうえで処罰のリンチ。それでコトを収めるつもりだったが、その男が警察に被害届を出したため、「体を躱《かわ》す（山科を出る）」ことを余儀なくされた。そうした生活に疲れていたこともあろう。上田はしばらく東京に居を定めることにした。

「京都におられんようになったんは事実やけど、環境を変えたいというのもあったし、東京で一旗あげたいという思いもあった。仕事はなんぼでもある。

まともに経歴なんか聞かない時代です。百科事典のセールスをやりつつ、水道管工事の現場にも出ました。結構、稼いだんですよ。人と話をするのは好きやし、肉体労働も苦にならなかった。

でも、やっぱり東京では流れ者です。本名は名乗らず、上田に原をつけて『上田原』にしたりね（笑）。用事で京都に戻るとき、大津からトンネルを抜けて山科に出ると、『ああ、俺は、何してんのやろ』『山科から逃げてどないするんや』という思いにかられた。それで、山科に戻ったんです」

少年院を経験、修羅場を幾度となく乗り越え、それなりの面構えになっていた上田だが、煩悶《はんもん》することも多かった。

自殺未遂と玄洋社関西

東京から戻った25歳のとき、京都市左京区の比叡山麓にある修学院離宮で、上田は不覚にも自殺を図ったという。

「世の中から分断され、遮断され、自分が何をしてるのかわからんような状態のなかで、『俺は何者やろ』『何をやってんのやろ』と、悩むようになった。他人との人間関係も、うまくいっているようには思えず、これ以上、生きていても誤解が誤解を生んで、ますます苦しくなるだけや。息苦しいのもかなわんし、もう世の中から消えたろうと……」

その煩悶のなかを覗くのは難しい。この時代のことを、上田はそれほど語りたがらないし、記憶を消したい過去は誰しもある。だが、自殺未遂のシーンは鮮明だ。

修学院離宮は、17世紀半ば、後水尾天皇の指示で造営された離宮である。上御茶屋、中御茶屋、下御茶屋の三つの庭園があり、面積は54万平方メートルにも及ぶ。比叡山に向かう登山道もあり、上田が「死に場所」に選んだのは比叡山に通じる裏山だった。

「ここで死んだろと。死んだら山犬に食われるかも知れへんけど、世の中から消えて、『おらへんな』ぐらいの形で終わろうか、と。夜やったんですが、ロープを枝にかけて首を吊った。そしたら(ロープが)切れてしもうて、落ちたところに岩があって、頭を打って気絶です。

霧みたいな小雨が降っていて、葉っぱから露が落ちて気がついたんです。『あ〜しもた。死にぞこのうた』と思ってね。『これからどないしよう』と、そのまま横になって悩んでいたんですよ。

ところが、しだいに太陽が出てきたんです。そしたら体がだんだん温かくなって、エネルギーみたいなんが湧いてきて、前向きになったんです。『もういっぺん、世の中見直してみようかな』と。目を開くと、霧んなかで太陽が、卵の黄身みたいな太陽が、日の丸みたいに見えたんです」

太陽に励まされるように立ち上がると、「そのまま比叡山に登ってみぃ」という頭のなかの声に導かれて、標高840メートルの比叡山山頂の四明岳《しめいがたけ》を目指した。

疲労と頭痛で3度、気絶するように倒れ、それでも山頂に行き着いてベンチで死んだように横になり、しばらく眠った。服は破れ、汚れ、濡れそぼち、見た人は驚いただろう。「まだ、生きてるわ」という声に気付いて目覚め、ぼんやり辺りを見回した。見えたのが売店で「うどん」の暖簾《のれん》。150円のきつねうどんを「死ぬほど美味しい」と思って食べ、下山した。

人生を変える出来事となった。何か打ち込めるものが欲しくなった。「男として、体を張って、生きがいのあること、やりがいのあることをしたくなった」という。

それは簡単に見つかるものではなかったが、まずは母・摩耶子の仕事の手伝いを始めた。母は、五条楽園の四畳半の暮らしから抜け出し、競売物件を扱う不動産会社に役員として入って、羽振りが良くなっていた。林社長から仕事を振られることもあった。また、山科に戻ったことで、上田グループが再び形成された。元の日常に戻るなか、母が出資していた関係で出入りしていた京都の不動産会社で、上田は玄洋社関西の幹部と出会う。

「年もそれほど変わらないのに、関西の私立大学OBらで結成した玄洋社関西の運動に熱心に打ち込んではった。もともと私は保守ですし、アメリカから自立できていない現状が不満だった。彼らと話をして、書籍も読んだりして、いろいろ玄洋社のことを調べました。そのうえでやってみようかと。ゆくゆくは玄洋社京都をつくるつもりでした」

玄洋社は日本の右翼の源流といわれる。西南戦争の翌年（1878年）、頭山満、進藤喜平太、箱田六輔らによって向陽社が設立され、翌年、改名されて玄洋社となった。「玄洋社憲則」は、次のようなもの。

第一条　皇室を敬戴す可《べ》し

第二条　本国を愛重す可し

第三条　人民の権利を固守す可し

皇室を敬い、国を愛するのは、上田にとって当然で、すんなり受け入れられるものだった。また「人民の権利」は、その後、上田が打ち込む同和運動に重なるものがある。

玄洋社といえば、社員の来島恒喜《くるしまつねき》が、1889（明治22）年、条約改正問題で大隈重信外相に投弾、片足損傷の大怪我を負わせ、その直後に短刀で喉を突いて自死したことから右翼テロ組織のイメージがある。だが実際には特定のイデオロギーを持たず、人民の権利を護るために強い国権を求め、欧米列強の植民地支配に抵抗し、アジア諸国の独立を支援して連帯する大アジア主義を唱えた。

頭山満と深い親交で結ばれた孫文は、中華民国の創始者で「国父」と呼ばれる。1895年、最初の武力蜂起に失敗して日本に亡命して以降、日本滞在は16回、滞在日数は8年10ヵ月に及んだ。その亡命と滞在を物心両面から支えたのは、頭山をはじめ玄洋社の社員である。最後の訪日は、1924年11月のこと。国民会議招集のため、宋慶齢夫人らを伴って北京に向かう途中、日本に立ち寄って、神戸オリエンタルホテルで頭山と会談。その後、神戸高等女学校で有名な大アジア主義の演説を行った。

目先の利益だけを求め、武器の発達に依存するヨーロッパの物質文明は覇道の文化に過ぎない。アジアには武力ではなく道理と徳によって他を感化する王道の文化がある。日本はこれから、西洋の覇道の番犬になるのか、東洋の王道の干城になるのか――。

戦後、玄洋社はGHQ（連合国軍最高司令官総司令部）から「超国家主義団体」というレッテルを貼られ、解散させられる。'44年、玄洋社の第10代社長に就いた進藤一馬《しんとうかずま》は、A級戦犯容疑者として逮捕された。以降、玄洋社という名を使って活動する団体はあるものの、玄洋社直系ということはなく、「意志を継ぐもの」といった存在である。

玄洋社関西もそうした位置付けだった。彼らとの交流を深めた上田は、何度か街宣活動にも参加した後、進藤一馬への面会を申し出た。進藤は、設立メンバー喜平太の四男。戦犯逮捕はされたが、起訴されることなく釈放された。公職追放が解けた後、衆議院議員を4期務め、1972年の福岡市長選に鞍替え出馬して初当選を果たした。進藤は上田の面会要請を快く受け入れた。

福岡市長選を終えて間もない頃のことだ。上田は右翼活動を一緒に行う予定の友人と二人で福岡市長室の進藤を訪れた。

「まだ27歳のときですから緊張してね。そんな我々を見透かすように、フランクに『よく来てくれました』と、出迎えてくれはった。玄洋社の由来や歴史を語ってくれて、『玄洋社は休眠中なんです』というので、運動を始めたいというと、『是非、立ち上げてほしい』といわれて、2つの品物を預けてくれはった。ひとつは砲金製の『玄洋社』というプレートです。もうひとつは大会のとき、演壇の横のスタンドに立てる玄洋社の社旗。感動して、『頑張ります』と答えました」

この時期、右翼運動そのものは退潮ぎみだった。

60年安保は国民運動として盛り上がったが、新安保条約成立とともに下火となった。その新安保自動延長に反対する70年安保は、ベトナム反戦運動、大学改革の学園紛争という形で過熱したものの、全学連は分裂を重ねて指導力を失い、各大学の全学共闘会議（全共闘）が運動の中心となっていた。そうした左翼の動きに対して、右翼は学生が日本学生同盟（日学同）、全国学生自治体連絡協議会（全国学協）などを組織、対抗勢力となったものの、全共闘運動が下火になると、「新左翼あっての新右翼」だったことから右翼の側も衰退していった。

1970年11月、作家の三島由紀夫が楯の会のメンバーとともに陸上自衛隊市ヶ谷駐屯地を襲い、総監室で割腹自殺した事件はその象徴だろう。上田を迎えた進藤は、時流に逆らう若者を励ます気持ちだったのかも知れない。

刑務所出所出迎えに300人

上田の右翼活動への動機は、多分に個人的なものだった。グループを率いる豪放さの裏に潜む鬱屈を右翼活動で発散して、「居場所」を見つけたかった。玄洋社の「三憲則」と頭山の大アジア主義と数々のエピソード、それに進藤の激励は、玄洋社京都に向かう十分な動機となった。

だが、その計画は実現せずに頓挫する。京都刑務所での服役である。

上田グループのメンバーが、飲食店でのいざこざから本チャン（現役）の暴力団に拉致されたことがある。救出のために、上田は仲間と組事務所に押しかけるが、「ヤクザの出入り」として通報され、出動した京都府警に凶器準備集合罪で逮捕された。トランクのなかに日本刀が入っていたからだ。

その後、保釈されたものの、長い公判の末、1973年の年初、上田は懲役10月の実刑判決を受け、同年8月から山科の京都刑務所で服役することになった。有罪判決は刀剣所有者の上田のみだった。他のメンバーは無罪だったから、リーダーとしての面目は果たしたことになる。

1974年5月に出所した。早朝にもかかわらず、山科の友人知人が300人も出迎えてくれ、「地元の温かさ」を実感した。

だが、山科、特に林社長が縄張りとする山科駅前は、〝空気〟が一変していた。

「林のナル(成夫)さんは、山崎キミさんに上納し、それで図越さんの傘の下にも入っていましたが、あくまでカタギでした。私は実家が没落した15～16歳の頃から、ナルさんの仕事を手伝って、配当を貰ったりしていて、恩ある人でした。

駅前の竹鼻が草場権を持つ夙であった経緯もあり、自治の気風があった。暴力団が支配しているわけでもない、そんな環境が好きでした。ところが、そこに売り出し中の暴力団幹部が、喫茶店、麻雀店を開業し、賭場を開帳していた。要は自分の〝シマ〟にしてたんです」

この幹部は、中島連合会の中核組織で若頭補佐を務めた中堅で、まだ29歳と売り出し中だった。上田の中学の先輩でひとつ年上だ。学校では仲良く、クラブ(サッカー)も一緒だったが、暴力団での地位が幹部を猛々しくしていた。本来、林が跳ね返すべきだし、それだけの人脈も力もあったのだが、当時、持病の糖尿を悪化させ、気力、体力ともに衰えていた。しかも頼みの上田は刑務所のなか。そこに幹部が目を付けた。

「ナルさんのことは自分のことでもある。また、奥さんは隣家で子供の頃から出入りしていた木村の姉さんです。その人たちが苦境に立っているのに、何もしないわけにはいかない。

ただ、（幹部に）話をしても高飛車にものをいうて、話にならんのです。あるとき、林社長が麻雀店で軟禁状態にあると聞いて、ここは俺しかおらへん。裸になって話さにゃしゃあないと思うて、住んでいた近くのアパートから麻雀店に行ったんです」

このとき、上田はヤクザ相手だからと、刃渡り5センチの小刀を腰に差していった。「なんか落ち着くものが欲しかった」というのだが、それが結果的に未必の故意での殺人罪を形成し、懲役6年の実刑判決につながった。

「麻雀屋は11時で終わるんやけど、私は10時頃から店に行って、テレビを見ていたんですわ。11時過ぎても、店を閉めようと誰もいわん。緊張感のある異様な空気のなかで、5分か10分経って、私は社長に『帰りましょう』というたんです。

『うん、うん』と、返事があったんやけど、（幹部が）バーンと、立ち上がって『コラ、どこ来てものいうとんねん！』と怒鳴った。それでこっちも、『なんじゃ！』と、怒鳴り返した。すると、配下が5人ばかりいたんですが、（幹部が）彼らに『殺してまえ！』という声と同時に、みんなで襲いかかってきたんです」

麻雀台が空間を防ぎ、いっせいに飛びかかれないのが上田に幸いした。が、木刀で殴られた上田は、思わず小刀を抜いて、幹部の懐に飛び込んだ。これが運悪く、動脈に突き刺さって血が噴き出した。みんな腰を抜かすなか「タカちゃん、後はやるから早く行け！」という林の声で我に返り、店を飛び出したという。

1974年8月20日のことである。幹部の死はその後に知り、逮捕されたのは2週間後の9月5

日、逃亡先の岡山県総社市だった。縄張りを巡る中島連合会の話だったので、内部で調整がつけられた。報復などはなく、上田の罪は裁判所に委ねられたという。

検察側の求刑は殺人罪で懲役10年。上田は、「上申書」で多数の暴力団相手の救出劇だったことを訴えたが、京都地方裁判所は小刀を持参した行為を、「罪になる結果を望んではいないものの、結果として罪となっても仕方がないと思っていた」とする「未必の故意」と判断した。ただ、求刑より4年少ない懲役6年という判決は、そうした状況を考慮してのものだったろう。控訴したものの棄却され、上田は神戸刑務所に服役した。

そこから未決勾留を算入されて実質5年の刑務所生活だったが、30代前半の働き盛りだっただけに長い。だが、この刑務所生活では収穫があった。出所後、同和運動に打ち込む上田を、陰でサポートすることになる人物との出会いである。

山口組系山健組内健竜会会長・渡辺芳則。この時点では、三次団体の組長だが、渡辺はこの後、二代目山健組組長、山口組若頭を経て、五代目山口組組長に就く。その渡辺と、暴力団と同和運動の「相互不可侵」の関係を取り結んだことで、上田は「政」と「官」に食い込みつつ、同和運動への暴力団勢力の侵食を阻む独特のポジションを手に入れた。

第4章 設立

部落解放同盟は、同和対策事業の「窓口一本化」で急伸した。一方で対抗関係にある全日本同和会も脱税指南事件で混乱を極めていた。溢れる同和予算が同和団体に流れ込むなか、1986年、新しい同和運動組織・全国自由同和会が結成され、上田はそこに加わることになる。

松尾正信・全日本同和会第二代会長と（京都府本部青年部長時代）

山口組・渡辺芳則からの電話

「話はついた。心配なく開催せいや」

京都・山科で、全国自由同和会（現自由同和会）の結成大会の準備をしていた上田藤兵衛のもとに、こんな電話が掛かってきたのは、開催日前日の１９８６年7月19日の午後8時頃のことだった。

電話の主は、山口組若頭の渡辺芳則である。全国自由同和会は、前章でその設立過程に触れた全日本同和会を割って、「正常化」のために集まった自民党系同和団体である。上田は、参議院議員で自民党地域改善対策特別委員会委員長として同和問題に取り組んでいた堀内俊夫に誘われる形で、新団体発足に走り回っていた。

被差別部落問題解消のために、同和地区の生活環境改善などを目指した同和対策事業特別措置法（同対法、のちに地域改善対策特別措置法＝地対法）が'69年に施行されてから、すでに17年が経過していた。同和団体による利権化が社会問題化していて、それが差別の再生産につながると指摘されるようになっていた。

新団体設立による「正常化」には、全日本同和会などを通じて同和対策事業に絡む暴力団などの利権化集団を排除する目的があったのだ。しかし、そうした勢力は、当然、既得権益が侵されることに反発する。結成大会前夜の様子を上田が回想する。

「全日本同和会の県連幹部のなかには、暴力団と密接な関係を持つ人が少なくなかった。兄が暴力団の組長で弟が同和会の県連幹部、といったのはザラです。全国自由同和会の設立気運が高まったのは'85年やけど、'86年に入ると新団体メンバーの自宅や事務所へのガラス割り、ドア撃ち（拳銃を発射することによる威嚇）が頻発するようになった。その極めつきとして、山口組の直参（直系組長）で、大阪市内最大級の勢力を誇る組織が1500人を動員し、大会を潰しに掛かるという情報が入ったんです」

上田が頼ったのは、山口組若頭として直参をまとめる立場の渡辺だった。渡辺にこう申し入れたという。

「全国自由同和会は、ただの分派活動とは違うんです。自民党が政府と一体となって後押ししている。機動隊も500人が動員されています。ヤクザの抗争と違うので、そんなところを潰しにかかると、逆に山口組にとってもいいことない。それを（襲撃を準備している組織の組長に）伝えてほしい」

その結果が、本章冒頭の返事だった。

渡辺は1941年、栃木県下都賀郡の裕福な農家に次男として生まれた。地元の中学校を卒業すると上京し、日本蕎麦店で働くものの、地道な修業は肌に合わず、17歳の頃には仲間を引き連れる不良グループのリーダーとなる。浅草の的屋組織（縁日の露天商などをまとめた暴力団）から勧誘されるが、山口組系山健組幹部の誘いを受け、大阪に出て、'63年、「ヤマケン」こと山本健一の盃を受けて山健組組員となった。

'68年に山口組の対抗組織・大日本平和会との抗争事件で、山本以下主だった幹部が凶器準備集合罪で逮捕された際、渡辺が罪を背負って「銃はすべて俺のもの」と自首したのが、山本に評価されるきっかけとなった。1年半の実刑判決を受けて服役。出所後の'70年、山健組傘下健竜会を立ち上げる。

暴力団社会も一般社会と同じく、実績、努力、運が出世の際にモノをいう。山口組若頭の梶原清晴が'71年、硫黄島で溺死すると、田岡三代目は後任に山本を指名した。山口組若頭となって1万人を超える組織をまとめるようになった山本は、渡辺を山健組若頭に抜擢して、山健組のことは「全部、お前に任せる」と委任したという。実績は「身代わり懲役」ぐらいだが、健竜会の組員を積極的に増やした努力に加え、山本が山健組にナンバー2を置かなかったせいで、組を任せる人間が渡辺しかいなかったという運が作用した。

'78年11月、田岡三代目が京都のクラブ「ベラミ」で松田組系大日本正義団幹部に狙撃されると、山口組と松田組の間で「第二次大阪抗争」と呼ばれる事件が起こった。山口組は報復を繰り返し、松田組系組員の死者は7名にのぼった。山健組若頭、健竜会会長として指揮を執った渡辺は、銃刀法違反容疑などで逮捕起訴され、懲役2年4月の実刑判決を受け、'79年2月から'81年6月まで服役した。

上田が渡辺と出会ったのはこの懲役期間で、場所は兵庫県明石市の神戸刑務所である。収容人数2000人の大規模刑務所だった。第一から第四までの4つの工場棟があり、木工、印刷、洋裁、金属、革工、自動車整備などを行う。懲役6年の上田は、渡辺より早く入って、渡辺より4ヵ月遅れの'81年10月に出所した。

「神戸刑務所には、約10人の職業訓練生という特別枠の受刑者がいて、私はそれに選抜されていました。（浪速）少年院のときもそうやったけど、先生（刑務官）の仕事（入所者の管理）を手伝う分、自由が利く。特待生みたいなもんで、なんでか選ばれるんやね。ＩＱが高いんかな（笑）」（上田）

歴史書を好んだ「五代目」

「特別枠」という特権を生かして、上田は渡辺と同じ工場に配属されるように工作した。後に山口組五代目となった渡辺は、精悍な面構えの写真が実話誌などを飾るようになり、その容姿はよく知られている。身長は１７０センチに満たないが、体重は80キロ近く、肩幅が広く胸板の厚いガッシリした体軀である。ボディビルで体を鍛え、ゴルフ、水上バイク、登山とスポーツ好きで、歴史書も好むという。だが、基本的に直参以上の幹部にマスコミとの接触を禁じている山口組は、幹部らの肉声や人柄が世間に伝わることはない。

渡辺芳則とはどんな人物だったのか。

「フランクで飾らない人。その第一印象は、最後まで変わらなかった。刑務所のなかには、渡辺さんより大物の組長は何人かいた。みんな格好つけて大物ぶって、胸をそらして歩きよる。でも、話してみると中身がない。渡辺さんは、まだ山口組の直参にはなってなかったけど二次団体の若頭で、すでに山健組には5000人からの組員がいた。それを率いているんやからモノが違う。刑務官も一目置きよったね」

上田が渡辺と同じ工場にいたのは1年ぐらい。二人は製造ラインが問題なく流れるかどうかを監視する検査係のようなものだったという。特別なことを話すわけではないのに、話せばすぐに時間が経ち、会話がストレス解消になったというから、気が合ったのだろう。

渡辺が出所して1年も経たない1982年2月、山口組若頭で山健組組長の山本健一が、静脈瘤破裂で急逝する。その7ヵ月前の'81年7月、山口組三代目の田岡一雄が亡くなっており、後を追うような死だった。山本の四十九日が済んで、山本邸に組幹部が集まり、秀子夫人が「主人の遺言」という形で渡辺を山健組二代目に推挙すると、異論もなく組長となった。'82年5月には山口組の直参となり、2年後の'84年7月、竹中正久が山口組四代目を襲名すると、渡辺は若頭補佐に抜擢された。

実績と努力に運が重なって、渡辺が暴力団社会の頂点を目指していた頃、上田は自分の進路を決めかねていた。ただ、母・摩耶子が親戚一同の許可を得る形で上田の「藤兵衛襲名」を準備していた。若狭屋藤兵衛は、江戸後期、若狭の国から来て上田家に入って婿となり、「若藤」を立ち上げた人物だが、上田家は「女系」で男子に恵まれなかった。上田の祖父・松三郎という男子を得たものの、足に障害を抱えており、若藤は摩耶子が継いでいた。

従って、摩耶子は息子・高雄に藤兵衛を襲名させ、若藤五代目としたかった。「刑務所に服役した上田を、修羅の世界から抜け出させたい」という親心の発露でもあった。'81年10月2日に出所した上田は、家裁に行って上田藤兵衛に改名し、免許証などをすべて書き換えた。それを待っていたように摩耶子は亡くなった。71歳だった。

11月に入ってすぐに、上田は渡辺のもとを訪ねた。渡辺は、山健組を大きくするのに心血を注いだヤクザである。「イケイケのヤマケン」で知られる山本健一が、数々の抗争事件の指揮を執り、懲役を重ね、肝臓疾患など病気を抱えていたこともあって、渡辺は山健組の内政に力を発揮した。

山健組を継ぐまでに山口組最大の5000人組織にしたのは渡辺の手腕だった。巨大化の理由は、配下が多くなればひとりひとりの負担は少なくなり、組織のために体を張った組員の面倒を手厚くできるというものだった。渡辺は10人、20人と仲間を糾合できる上田にも、山健入りを期待していただろう。

だが上田は「藤兵衛襲名の理由と母の思い」を説明し、「暴力団とは別の世界で生きていきたい」と渡辺に伝えた。「そうか。その世界で男になれよ」と渡辺は答えたという。

人生の後半生を、どの世界で生きていくかを考え抜き、上田が出した答えが同和運動だった。夙の竹鼻に生まれ、山科を愛している自分にとって、山科に色濃く残る被差別部落問題は、後半生のテーマになり得ると判断した。勧めてくれたのは、長年同和運動に取り組んできた地元の先輩である。部落解放同盟が、同和対策事業の基本を属地（同和地区在住者）属人（同和地区出身者）主義としていることもあって、上田は山科の被差別部落に本籍を替え、「部落民宣言」をすることで運動に取り組むことになった。

上田が、全日本同和会京都府連洛南支部に事務局長というポストを得て、運動に本格的に取り組むようになった1982年は、同対法の効果で生活環境が向上するのと同時に、強くなりすぎた同和団体の強圧化とそれを利用した利権化という、「正」と「負」の反応が出始めた頃である。

その原因を探ってみたい。まず指摘すべきは、同和問題解消のため、'69年に施行された同対法までに、部落解放同盟の戦闘的な姿勢や激しい糾弾闘争によって、同和団体が周囲に畏怖される存在となっていたことだ。

天皇の軍隊に一歩も引かず

誰も刃向かえないとされた「天皇の軍隊」を相手に、全国水平社が創立当初から差別糾弾闘争に取り組んできたことは特筆に値する。第二回大会で「軍隊における差別に関する件」「軍隊内差別に就き陸海軍大臣に反省を促す件」を決議して陸海軍大臣に抗議文を送り、第三回大会でも同様の決議を採択している。こうした姿勢が具体的行動につながったのは、井元麟之《りんし》が1926年1月、福岡第二十四連隊に入営してからである。井元は後に「解放の父」松本治一郎の右腕となって活躍する。

井元は、入営してすぐに連隊内に「おまえがヨツだということをばらしてやる」「この頃はエタでも金の入れ歯をしている」といった差別発言が横行しているのに驚く。日常的にある差別を打開するためには、まず「組織をつくらなくては」と、連隊内の被差別部落出身者の名簿をつくると、100名を超えた。彼らは厩舎や酒保《しゅほ》（日用品や飲食物などの売店）などを連絡場所に、情報交流を図るようになる。「兵卒同盟」と呼ばれた。

そうした井元の実態調査と組織づくりを経て、全国水平社は抗議に赴いた。『松本治一郎伝』（解放出版社）にはこう書かれている。

〈二月に入って、水平社九州連合会や青年同盟福岡県連合会の代表十数人が、荊冠旗（荊《いばら》の冠をデザインした水平社の団体旗）を先頭に連隊におもむき、機関銃隊の差別事件について厳しく抗議した。機関銃隊長は今後、差別事件が起こらないように努力すること、また、連隊長と相談のうえ、連隊講演会を開くこと、その結果を追って通知すること、などを約束した〉

しかし連隊側からは、何ヵ月経っても何の連絡もない。それに怒った水平社側は「軍隊内のこの差別を見よ！」といったビラを配布、『水平新聞』（'26年6月30日付）で「軍隊内の『差別』と闘え！　福岡聯隊に差別問題　頻々として起る」と全国に訴えた。

その闘う姿勢に連隊側は、一度は軟化して講演会の開催などを約束したものの、その軟化姿勢に対して水平社側が勝利宣言し、「階級差別によって固められた彼ら連隊当局の石頭連中も、遂に我らの正義の力の前に屈服した」などと書かれたビラを配布したことから、「軍隊を侮辱するのか！」と再び決裂した。

闘いは次第に拡大、「水平社対軍隊」の様相を呈した。'26年10月10日の全国水平社九州連合会の拡大執行委員会で、全国水平社内に福岡連隊差別対策特別委員会を設置することが決まり、松本が委員長に就いた。以降、『松本治一郎伝』は〈福岡連隊とのたたかいは、全国水平社の「死力を賭した」たたかいの段階に入ったのである〉と書くに至り、松本は11月12日、冤罪逮捕される。

当時の新聞によれば、警察は九州で行われる陸軍大演習を控えた11月11日夜、全国水平社執行委員長松本治一郎宅などを家宅捜索して十数名を逮捕、容疑は爆発物取締罰則違反だった。また、「治一郎宅から新聞包みの綿火薬およびダイナマイトのようなものが押収された」といい、その理由について、「行き詰まった差別糾弾闘争の局面を打開するため、福岡連隊を爆破しようとした」と報じている。

翌27年5月から公判は始まり、治一郎は「爆破陰謀事件は、水平運動を暴圧する為に企てられた支配階級の陰謀」であり、この事件をでっち上げたこと自体が、「我らを賤視し劣等視するものである」ことを50分にわたって述べ立てた。また、証拠は突き崩され、被告らのアリバイが証明されるなどしたが、6月の一審判決は、「有罪」の結論ありきだった。松本の懲役3年6月を始め、被告全員に懲役刑が言い渡された。二審も有罪で、'28年12月、上告は棄却され刑が確定した。

裁判には負けるべくして負けたが、意気は衰えない。

〈福岡連隊差別糾弾闘争は、水平社の同志たちに大きな励ましを与え、反軍闘争の輪を広げた。二七年十一月には岐阜第六十八連隊の北原泰作が名古屋練兵場での観兵式のとき、天皇に直訴した〉(『松本治一郎伝』)

ここで名前の挙がった北原は、後の部落解放同盟常任中央委員である。前章で触れたように、'60年設置の同和対策審議会に、同和運動の側から全日本同和会会長の柳井政雄とともに選ばれている。

松本もそうだが、水平社の運動は「天皇の軍隊」にも退かず、「天皇への直訴」も恐れない水平社幹部らの胆力によって支えられていた。その姿勢は戦後に受け継がれる。

苛烈なオール・ロマンス闘争

終戦後、すぐに部落解放運動再建の動きが始まった。1946年2月、部落解放全国委員会が立ち上がり、松本が委員長に就いた。結成大会では、「人民解放の輝かしい時代はきた。今日こそ部落民衆が完全に解放される絶好の機会である」と宣言した。ただ、財閥解体、農地改革、労働運動の高揚など、戦後いっせいに始まった改革の波に、部落解放運動がすんなり乗れた印象はない。'49年2月の松本らの公職追放という事態もあり、運動をうまく構築できないでいた。

そうした一時期の低迷から脱却して激しさを取り戻し、さらに先鋭化するきっかけとなったのは、オール・ロマンス差別糾弾闘争だった。雑誌『オール・ロマンス』('51年10月号)に掲載された「特殊部落」という差別小説に対する糾弾闘争だったが、運動の担い手となった部落解放全国委員会京都府連合会は、単に雑誌社のオール・ロマンス社、あるいは作者の杉山清一の差別意識を問題にし、意識改革を迫っただけではなかった。小説が描写した部落の劣悪な生活環境こそが差別観念を助長するものであるとし、その劣悪な環境の改善を京都市に迫った。行政をこの発想で攻めたのは初めてだった。

闘争を指揮した朝田善之助京都府連合会委員長は、自著のなかでこう書く。

〈小説が描写した部落の劣悪な生活実態こそ、部落民に対する差別観念を助長、拡大するものであることを鋭く指摘し、その劣悪な実態を改善しようともしない京都市行政の停滞こそが、部落に対する差別観念を助長、拡大再生産させる根本原因であることを明らかにしたのである〉(『差別と闘いつづけて』朝日新聞社)

朝田は、小説そのものは〈ありふれたエログロ活劇物であり、カストリ小説〔安価な大衆小説〕である〉という。しかし、「みっちゃ〔あばた〕のはなたれ子たちが、ほとんど裸体に近い風俗でたわむれる空き地」「昨日のゾオモツは仕末もつかず片隅にハエのちょうりょう〔跳梁〕にまかされ切って、異臭が鼻をつく」「ドブロク密造所の経営によって部落の住民がうるおされ」といった表現は、筆者の悪辣な差別意識によるものとして批判した。

しかも作者の杉山は京都市役所の職員で、当時は市内の保健所に勤務し、職務は環境衛生指導補助員だった。京都府連合会は「差別糾弾要項」を作成し、そのなかで高山義三京都市長(在職1950〜66年)の責任をこう追及した。

〈九条保健所の〔差別に対する〕無関心は、ただちに高山市長の部落に対する無関心ときびすを接している。高山市長の無関心・これが問題である。高山市長にとっては、部落問題はたんなる個人の観念にすぎないから、部落問題一般はなく、したがって具体的なものとして現れない〉

高山市長の「差別への無関心」をこう指摘したうえで、次のようにまとめた。

〈高山市長は差別行為を一個人の行為と限定し、一切の責任を転嫁せしめようとするのであるが、その意図そのものが、部落に対する無関心、したがって彼の優越性を意味するものであり、それは同時に、市政の部落に対する差別性を告白したものということができる〉

ここにオール・ロマンス糾弾闘争の特質がある。差別への無関心は差別性の現れであるとして市長を、そして行政を攻撃することで改善を求めた。

劣悪な環境衛生、上下水道などインフラの不整備、道路事情の悪さなどは、京都府連合会が個別要求事案として提出しても、行政は「予算がない」などさまざまな理由を付けて放置するのが常だった。そこで、劣悪な環境を放置していることそのものが差別であるとした。

また、これまでは差別行為の実行者や発言者を糾弾して終わりだったが、オール・ロマンス闘争では、作者を容認した為政者と行政に改善要求を突きつけた。

京都府連合会は、'51年12月、市議会に「問題の本質を理解したうえで根本的な解決を求める」とした「請願書」を提出した。同時に、「われわれを裏切り、差別をつくる高山市長を糾弾せよ！」というビラを大量に配布。結局、高山市長は、「差別観念は部落という実態の反映であり、したがって差別撤廃のため、実態解消への具体的な行政措置を取ることを確約する」という答弁を出すに至る。

京都府連合会の突き上げは行政各部局にも及んだ。土木、保健衛生、水道、住宅、教育など「オール・ロマンスの現場」を生んでいる行政各部局に対し、「差別行政を糾弾する」という目的で交渉を行った。その結果、'51年当時の京都市の同和対策予算が500万〜600万円であったところ、オール・ロマンス闘争によって4600万円に増額された。

朝田は次のようにまとめている。

〈オール・ロマンス闘争は、部落解放運動に新しい一つの転機をつくり出し、行政闘争を部落解放運動における基本的な闘争形態として軌道にのせたのである〉（『差別と闘いつづけて』）

カストリ小説の差別表現を、市長の「無関心の罪」に〝昇華〟させたうえ、議会を巻き込み行政に差別解消を対応させるのは、画期的だった。それがやがて部落解放同盟の差別行政糾弾闘争の〝雛形《ひながた》〟となって、為政者と行政を畏怖させるようになったのだ。

同対法とは何だったか

部落解放同盟は、「天皇の軍隊」も怖れない性根を持ち、政治家や官僚に意識改革だけでなく行政対応を迫り、前章の三井三池争議で触れたように、暴力団すら逃げ出すほどの戦闘性を持った集団として、広く認知されるようになった。その団体の行動が、１９６５年の同対審答申によって容認されることになる。さらに'69年の同対法の施行によって予算を獲得し、同和運動を効果的に推進できる存在となった。

同対法の第一条は〈歴史的社会的理由により生活環境等の安定向上が阻害されている地域（中略）における経済力の培養、住民の生活の安定及び福祉の向上等に寄与することを目的とする〉と規定している。第三条は〈すべて国民は同和対策事業の本旨を理解して、（中略）円滑な実施に協力するように努めなければならない〉とされ、第六条で、第一条の目的を達するために国が行う八つの施策を定めている。

一、　生活環境の改善を図るため、住宅事情の改善、公共施設などの整備。

二、社会福祉及び公衆衛生の向上、増進を図るための社会福祉施設などの整備。
三、農林漁業の振興を図るため、農林漁業の生産基盤などの整備。
四、中小企業の振興を図るため、中小企業の経営の合理化、設備の近代化など。
五、住民の雇用の促進及び職業の安定を図るため、職業指導、訓練などの充実。
六、学校教育及び社会教育の充実を図るため、進学の奨励、社会教育施設の整備。
七、人権擁護活動の強化を図るため、人権擁護機関の充実、人権思想の普及など。
八、前各号に掲げるもののほか、前条の目標を達成するために必要な措置。

同対審答申によって、同和問題の解消は「日本国憲法によって保障された基本的人権にかかわる課題」であり、「その早急な解決こそ国の責務」だとされた。その4年後に施行された同対法は、同和地区の住環境や職業事情を改善、教育や雇用を同和地区外と同じ程度に引き上げることを目的にしており、そのために各種予算措置が講じられた。

部落解放同盟は、同和対策事業を「窓口一本化」により、集中的に扱うようになって急伸した。「八つの施策」に示されているように、同対法が行う同和対策事業は多岐にわたっている。住民が利用するに際し、利便性の向上を名目に解放運動を行ってきた団体を窓口とする自治体が増えた。民間団体に行政機能を一元的に与えることを「窓口一本化」という。

政府が同和問題を意見聴取する団体は、部落解放同盟、それに解放同盟から分派した共産党系の部落解放同盟正常化全国連絡会議（正常化連）、自民党系の全日本同和会の三つだったが、全国水平社の流れを引く解放同盟が、歴史があり組織化もされているということから、窓口となるケースが多かった。

窓口一本化は、そこを通さなければ、奨学金受給、同和地区住民のための改良住宅入居などができないわけで、一本化された自治体での運動体、特に部落解放同盟の力は強まり、組織率も向上した。

さらに一本化は、個人を対象とした事業から土木、建設を中心とする同和対策事業にも及んだ。同和関連予算は同和系業者に請け負わせることで、地区の生活改善に役立たせるという理屈だ。

そうした動きのなか、同対法施行の翌年の1970年4月、大阪府に同和建設協会（同建協）が結成された。支援したのは部落解放同盟大阪府連合会である。設立にあたって山口春信・府連委員長の名で「すべての同和関係建設事業実施にあたり、本建設協会参加者に対する特別のご配慮を願いたい」という趣旨の文書が府下の市町村に流された。同和地区内の業者が正会員で地区外が準会員。請負金額の0・7％が同建協に上納された。

大阪国税局「7項目確認事項」の衝撃

もうひとつ部落解放同盟の躍進に付け加えるべきは、大阪国税局から引き出した「7項目の確認事項」だろう。1968年1月、高木文雄・大阪国税局長（後の国鉄総裁）以下の幹部と部落解放同盟大阪府連の代表者らが交渉を行った。

「部落解放同盟の指導で企業連を窓口として出された白色申告および青色申告については、全面的にこれを認める。但し内容調査の必要ある場合は同盟を通じ、同盟と協力してこれを行なう」という同和対策を骨子としている。

具体的な7項目は以下の通りである。

①国税局として同和対策特別措置法の立法化に努める。

②租税特別措置の中に、同和対策控除の必要性を認め法制化をはかる。

③企業連が指導し、企業連を窓口として提出される確定申告については全面的にこれを認める。

④同和事業については課税対象としない。

⑤国税局に同対部を設置する。

⑥国税部内において全職員に同和問題の研修を行う。

⑦協議団の決定も、局長権限で変更することができる。

企業連とは部落解放大阪府企業連合会（大企連）のこと。要は、部落解放同盟傘下企業の税務申告はフリーパスで認めるということであり、その後'70年2月に、国税庁長官が「同和地区納税者に対して実情に即した課税を行うように」と通達を出したこともあり、全国にこの「大阪方式」が波及した。

「税逃れ」を容認したに等しい「7項目確認事項」によって、同和事業にも同和地区にも関係がない企業が、企業連＝解放同盟周辺に集まってくるようになった。解放運動の利権化である。

その利権に与《あずか》ることができた企業は、見返りとして、「カンパ」と称する手数料を落とすようになり、それはシステム化され、解放同盟を潤した。しかし同時に、「脱税の温床」として批判が高まった。

〈今から質問をすることは、私の四十年余りにわたる政治生活を通じて、私の政治生活の、政治生命のすべてをかけ、私の命をもかけて、これからのために勇気をもって質問をするのであります。心して、閣僚の皆さんはもちろんのこと、大蔵省当局は肝に銘じてこの問題についてお答えをいただき、明確な処理を願いたいと存じます〉

1993年10月6日の衆議院予算委員会で、「命をもかけて」質問に立ったのは、野中広務(後に小渕恵三政権の官房長官)である。質問時、細川護熙政権の誕生によって自民党は下野しており、野中は野党委員として国税と解放同盟の「確認事項」に触れた。この確認事項が'70年2月の国税庁長官通達によって全国で追認されたことを指摘したうえで、こう質した。

〈これ〔確認事項〕を利用することによって、今度は申告すればそのまま認めてもらえる、そんな器用なことがやれるんならおれも同和を名のろうということで、えせ同和がつくり上げられてきたことは御承知のとおりであります。(中略)

一体これがどんな結果を及ぼしましたか。一つは、公共事業の発注にまでこれが及んできたのであります。この企業連を通さなければ、公共事業の発注について行えないような状況までがやられてきたのであります。(中略)

私の生命をかけてこの問題の解消を迫るのであります。責任ある答弁を願いたいと思います〉

折しも、大蔵大臣に就いていたのは、大蔵省出身の藤井裕久だった。藤井は野中の〝覚悟〟に敬意を払いつつも、「7項目確認」は解放同盟側の「申し入れ」であり、国税局として認めたわけではないこと、そして国税庁長官通達は「(確認事項を) 是認するものではなく、課税の適正な執行を通達したもの」と答弁した。

1968年1月の確認から'93年10月の野中質問までに約25年が経過している。野中はこの後も質問に立ち、最終的には解放同盟を含む同和団体への課税優遇に終止符を打たせることになる。それには自由同和会中央本部副会長として上田も力を発揮するのだが、その過程は第5章に譲りたい。

ここで強調すべきは、野中質問の前にも国会で繰り返された「7項目確認」を大蔵省(国税庁)は否定し続け、当初は『解放新聞』などで〝戦果〟を誇っていた解放同盟が、その存在を否定するようになったことだった。

同和行政の窓口一本化は、共産党系の正常化連が解放同盟の利権化につながっているとして批判してきた。「特定の運動団体を通さなければ申請を受け付けない方式」は違法だとして各地で訴訟が相次ぎ、いずれも行政側が敗訴した。一本化は是正され、'80年代半ばまでに一本化を採用する自治体はなくなった。

だが、すでに部落解放同盟は、同対審に沿った同和事業を推進する存在としての立ち位置を確保していた。獲得した〝免税権〟を武器に運動体としてパワーアップしていく。加えて企業やマスコミへの激しい糾弾闘争が、解放同盟批判を封じる結果となり、解放同盟は不可侵の存在となっていった。

部落解放同盟は、戦前の水平社時代から差別発言や差別表現には敏感で、発見次第、厳重に抗議、糾弾活動を行ってきた。なにしろ1922年の全国水平社創立大会の決議第一項にこう書かれ

ている。〈吾々に対し穢多及び特殊部落民等の言行によって侮辱の意志を表示したる時は徹底的糺弾を為す〉

部落解放同盟は、差別事象があればまず事実確認を行い、マスコミであれば発言を確認する。新聞、書籍、雑誌は現物を入手して抗議文を送る。マスコミはほとんど回答書を送ってくるので、受領後に話し合いの場が設定される。これは解放同盟内で「事実確認会」と呼ばれている。その場で終わる場合もあるが、差別表現事案が悪質な場合、公開の糾弾会を行う。

多くが、「特殊部落」といった差別的表現を「差別と意識せずに思わず使ってしまった」というものだが、解放同盟はそこに潜む差別意識を問題視した。そのうえで、拡大再生産させないためにも抗議は厳重に行い、糾弾会は「真の反省」を求めるために、相手を恐怖に陥れるぐらい苛烈に責め立てることもあった。

メディアの「同和は面倒」

新聞、出版社によっては実利的損害にもつながる。差別表現が掲載された本や雑誌を回収して廃棄するのはもちろん、図書館などで公開されている書籍も除籍に発展する場合がある。こうした差別表現への糾弾は、甘んじて受けなければならない面はあるものの、その恐怖心がメディアの被差別部落問題への取り組みをためらわせる結果につながった。

「部落問題はいいよ……面倒くさいよ……」

マスコミ関係者で、過去、こうした反応に出会わなかった人はいないだろう。企画そのものが忌避され、記事にしたところで扱いは小さい。

同和利権はそんな環境のなかで温存された。その結果、BSE（牛海綿状脳症。いわゆる狂牛病）隔離牛肉問題で「食肉の王」と呼ばれた浅田満が国の対策事業を悪用したハンナン事件や、「暴力団の資金源」と指摘された小西邦彦の飛鳥会事件を生んだ。解放同盟タブーの消滅は、名前を何度か変えて2002年3月末まで生き残った同対法体制が終焉を迎えるまで待たねばならなかった。

同対法失効に合わせたように、'02年4月、『同和利権の真相』（宝島社）が上梓される。同和対策事業の「功」には触れず、「罪」に絞って同和利権を鋭くえぐり、国民に衝撃を与えた。シリーズは4冊に及び、すべてではないにせよ、「主だった腐敗とその構造」は描き切ったといっていい。

上田藤兵衞が、全日本同和会に入り同和運動を始めた1982年は、まだまだ同和がタブー視されていた時期だった。だが、歪みは各所で噴出しており、刑事事件化することも少なからずあった。

上田が所属する全日本同和会京都府連合会は、'85年6月、野中が指摘した「国税の同和への優遇措置」を利用し、脱税を指南したとして幹部らがいっせいに逮捕された。その前には「北九州土地転がし事件」として、全日本同和会会長の松尾正信が長期にわたって指弾されている。

「まだ同和会に入ったばっかりでしたが、'84年に青年部長を務めるようになってからは全国大会にも出るようになり、ボディガード的な立場で松尾さんの側にくっついていました。九州（八幡《やはた》）の自宅にも何度も行った。面倒見のいい人で、人柄はものすごく良かったんやけど、同和運動にかける思いはなかった。自分のため、カネのためだけの運動。それは松尾さんの親戚で京都府本部の会長を務めた鈴木元動丸さんも一緒です。私は、エセ同和の権化のような尾崎清光に半殺しの目に遭わされた〔第1章に詳述〕から、やはり違和感は拭えなかったんです」

土地転がし事件と脱税指南は、当時の全日本同和会がどんな組織であるかを知るために詳述したい。これが'86年7月の全国自由同和会設立にもつながっている。

北九州土地転がし事件は、1981年6月16日、地元紙『小倉タイムス』の報道で明るみに出た。見出しには、〈住宅公社舞台に6億円の土地転がし〉〈無用の山林8倍に「買わねば糾弾するぞ」〉といったタイトルが並んだ。6月25日からの北九州市定例議会で共産党の議員がこの問題を追及し、『朝日新聞』『読売新聞』『西日本新聞』などマスコミがキャンペーンを張った。国土利用計画法違反、脱税容疑などの告発を受けた国税や警察の調査・捜査も始まって、北九州市政を1年以上にわたって揺るがせた。

最初に問題となったのは、北九州市八幡西区の土地約5万平方メートルだった。議会質問で共産党議員は次のように質した。

問題の不動産業者は、約3億5000万円で購入した土地を、高値鑑定にしたがって約6億4000万円で市に売りつけている。これは市の高値買い取りを承知したうえで購入して転売したもの。行われたのは、巨利を得るのが確実な「公営土地転がし」ではなかったか――。

この疑惑発覚以降、次々に同様の土地転がしが表面化、18件が指摘される。そのうちの6件が松尾正信・全日本同和会会長が絡むもので、12件は木村政男・部落解放同盟小倉地区協議会書記長の関係だった。市民による住民監査請求や告発が相次ぎ、松尾、木村など同和団体関係者はもちろん、間に入った親密な不動産業者、取引に関わった市幹部OB、それに行政側も谷伍平市長や主要幹部らが捜査対象となった。松尾については2億円の申告漏れが発覚したものの、全体としてみれば国土利用計画法違反の略式起訴などが中心で、大きな事件にはならなかった。

では、松尾が関与した土地転がしとはどんなものなのか。

疑惑の土地転がしのルーツは、八幡西区の団地建設予定地の土地だった。'72年8月、炭鉱会社から松尾正信個人に13筆の土地所有権が移動し、同日中に所有権は北九州市住宅供給公社に移っている。炭鉱会社→松尾→住宅供給公社という流れだ。『朝日新聞』は、松尾の取得価格を坪当たり約2000円と計算しており、住宅供給公社の買い値が1万2540円なので、約6倍に跳ね上がったことになる。この取引をきっかけに、松尾は'76年までの間に15回にわたり土地を買い続け、価格は年々上昇し、最後は坪当たり約6万円に達したという。

『朝日新聞』は、一連の団地用地の取得に詳しい証言者にこう語らせている。

〈――最初のきっかけはどういうことだったのですか。市の説明では、必要があって松尾会長に働きかけた、ということになっていますが。

「市の方から働きかけたというのはうそです。市の幹部を（合札団地近くにある）松尾さんの家に呼びつけ、強制的に買わせたのですよ」
――で、市はすぐに承知したのですか。
「市の方も、はじめはしぶりました。『何の計画もないのに、土地を買うわけにはいきません。計画を立てるまでしばらく待って下さい』ということでした」
――それでも、松尾会長は押し切った。どんな方法でですか。
「こういう言い方です。『解放同盟のところでは、道路の拡張で簡単に土地を買っとる。なんでこっち（全日本同和会）の土地が買えんのか。差別するのか』（中略）」〉（朝日新聞社会部『土地ころがし』葦書房）

北九州市においても、部落解放同盟は「窓口一本化」を託された運動体だった。松尾の市への強引な働きかけは、解放同盟優遇への批判を口実にしたものでもあった。

逆に解放同盟が同和会への優遇を利用することもあった。市議会で最初に問題化した約5万平方メートルの隣接地約1万8000平方メートルは、松尾絡みの全日本同和会幹部が市に売りつけていた。それを知った木村書記長は、こうねじ込んだという。

「同和会の土地を買《こ》うとるんなら、こっちの土地も買えるやろう」

部落解放同盟と全日本同和会が対立関係を利用して行政に圧力をかけ、承認させた。

1969年の同対法以降、全国で同和関係予算は急増する。北九州市の同和予算は、’72年の19億円が、’73年36億円、’75年124億円、’78年187億円、’80年222億円と急速に伸び、事件発覚の’81年度は241億円だった。野放図な予算の伸びが、同和団体の無理無体な要求と、その受け入れにつながった。

ただ、事件の発覚により、'82年度の同和予算は一挙に3割減となった。

木村・解放同盟小倉地区協書記長は、地区協の調査でクロと判断され、「権利停止10年」の処分を受けた。だが、全日本同和会にはトップの松尾を調査する機関もなければ、その気もない。

「私が入ったときには土地転がし事件は、おおむね片付いていましたが、松尾さんの権勢に揺らぎはありませんでした。城を模してつくられた八幡西区の豪邸は『松尾城』と呼ばれ、池があり、三重塔があり、家の敷地内には経営する老人ホームまでありました。ただ、土地転がし事件は、確実に自民党からの信頼を失った。それに加えて、京都の脱税指南事件が起こった。『あかんな』と、つくづく思いました」(上田)

全日本同和会京都府連合会会長の鈴木元動丸ら幹部が、脱税指南でいっせいに逮捕されたのは1985年6月のことである。

'68年の「7項目確認」によって申告書がフリーパスになるのは、部落解放同盟傘下の企業連合に属している企業だったが、それが国税庁長官通達などによって全国に拡がり、全日本同和会も税務署から優遇措置を受ける団体となっていた。

全日本同和会会長である松尾の親族である鈴木は、大柄で押し出しがよく、税務当局に強くねじ込むことで知られており、相続税や所得税の規定を利用した「税逃れ」を指南した。

具体的には、ペーパーカンパニーの同和産業などを使い、故人に債務があるように偽装したり、あるいは債務保証で借金があるように装ったりして、相続税や所得税の軽減を図った。京都地検の調べでは、'82年以降に限っても、不正納税は3400件にも及び、収めた税金は正規で手続きした場合の1割足らずだった。指南を受けた納税者は、「カンパ」の名目で、正規の納税額の約6割を鈴木らに支払っていたという。

鈴木会長以下、副会長、事務局長、同次長、支部長らが逮捕され、納税者にも及んで100名以上が京都拘置所に送られた。青年部長として実務にタッチしていなかった上田は、事後処理に奔走する。

「検察庁に行くと、3階の大ホールが脱税事件の処理室のようになっていました。そこに大量の資料が置かれ、そのなかの納税関係の資料を見て、会員さんか否か、同和地区の人か否か、税金指南をやったか否かを、チェックしていくんです。検察も全部を事件送致やれへんから、その判別のお手伝いをした。たいへんな作業でした」

刑事事件の容疑者、被告人は、一定の期間、弁護士以外の接見を禁止される。上田は鈴木に会えないまま、月に200万〜300万円の経費を使って事務所を動かしていたが、やはり鈴木の許可がいるし、脱税事件を踏まえての会長の公式コメントなども必要だ。そこで接見禁止が解かれると、すぐに拘置所に面会に出掛けた。だが鈴木は開き直りに終始した。

「会として見解を出さなアカン、このままでは格好つかんからメッセージを出してくれ、と言うたんです。すると会長は私の顔を見て、『われ、どこ来て、ものを言うとんのや』と、話にのらへんのです。『こんなもん、はっきり言うて俺は無罪やないけ、なにが悪い』とね」

組織としてやるべきことが、松尾や鈴木といった全日本同和会の幹部にはわかっていなかった。結果、京都府連合会の脱税指南事件は、自民党の「全日本同和会切り」を加速させることになった。

1960年に自民党が主導して設立した全日本同和会を見放さざるを得なくなったのは、初代会長の柳井政雄から二代会長の松尾正信への移譲が、イレギュラーな形だったから、という指摘もある。

会長選びの混戦

'78年6月20日の全日本同和会定期大会で柳井が退任を表明し、後継が松尾となった経緯について、柳井の実子の澤田正之・全日本同和会山口県連合会会長はこう語る。

「当時、副会長は、島根県の井戸内正、徳島の小川徳三郎、静岡の茗荷完二、それに福岡の松尾正信さんの4人でした。親父のハラは井戸内さんに決まってて、松尾さんを除く3人の話はついていたんです。でも、会長は理事会で決まる。会長になりたかった松尾さんは理事工作を行って、一晩でひっくり返し、会長になったんです」

溢れる同和予算は同和団体に流れ込み、部落解放同盟も全日本同和会も利権を受け入れる体質ができあがっていた。松尾体制の確立は、その傾向をより強めた。

カネが優先する組織となった背景には、全日本同和会の「理論家不在」も挙げられる。

全日本同和会出版局は、'71年9月、『同和問題の理論と運動』を世に送る。「本書の出版にあたって」という文章のなかで、柳井政雄は次のように書く。

〈本書は、全日本同和会が生まれて始めて世に送るものであり、また解放令発布百周年の記念出版ともいうべきものである。

全日本同和会には理論がないと部落の内外でいわれてきたが、我々の理論は、この書の中で生々とえがかれ、同和問題（部落問題）の根本に深くふれている〉

この本の出版時点で、全日本同和会の設立から11年が経過している。部落解放同盟が運動を重ねながら理論を構築し、路線対立の末の分裂も経験しつつ、書籍、雑誌、会報などで論戦を重ねていることと比べれば、全日本同和会に「一冊の本もない状況」は、理論軽視と捉えられても仕方あるまい。

ただ、全日本同和会の理論面でのリーダーは存在した。それが『同和問題の理論と運動』を著した山本政夫である。山本は、「同和会の運動には理論がない」という批判を耳にすると、率直に認めたうえで、〈社会運動に理論の必要はない、というような考えは間違いであって、こういった運動にこそ、ハッキリした理論を持たねばならないのです〉と書いている。

山本は、１８９８（明治31）年、広島県の被差別部落に生まれた運動家である。立命館中学を中退後、１９２２年、広島県庁に入り、部落改善事業に従事するかたわら融和運動に身を投じる。旧久留米藩当主の伯爵で部落解放運動など社会活動に携わっていた有馬頼寧《よりやす》に招かれて、'26年に上京、全国融和連盟などを経て、中央融和事業協会の嘱託となった。

差別糾弾闘争で被差別部落民の地位向上を勝ち取るという水平社運動に対し、融和運動は天皇への忠誠を誓い、政財官界の協力のもとで差別環境を改善し、地位向上を図る運動だった。まさに「融和」だが、水平社の活動家からすれば「反動」であり、そう批判された。

だが、その理論を担う山本の活動は高く評価されていたという。

第2章で、「部落の起源」について語った灘本昌久・京都産業大学教授はこう言う。

「山本氏は、中央融和事業協会の理論的支柱で中心人物でした。水平社運動にも理解を示しており、水平社創立メンバーが秀才ぶりに惚れ込んで、運動に引き入れようとしたほどです。融和事業研究において、従来の（皮革などの）部落産業をどういう方向へ持っていくかなど、実践的な研究も行っていた」

戦後は部落解放全国委員会の結成に参加するものの、階級闘争路線を強める全国委員会に協調できるはずもなく、やがて離れる。1950年代末、自民党は部落解放同盟に対抗する団体を構想し、具体策を練っていた。その際、灘《なだ》尾《お》弘吉《ひろきち》・文部大臣が戦前からの融和運動歴を持つ山本を誘った。二人は広島県の出身で旧制中学時代からの親友だった。山本は全日本同和会の結成に参加する。

全日本同和会では常任理事に就き、理論的支柱となった山本は、『同和問題の理論と運動』のなかで、全日本同和会の「あるべき姿勢」について、次のように述べている。

〈同和会の基本的姿勢は、行政や教育に進んで協力し、答申に沿うた同和対策や同和教育の完全実施をはかることです。もちろん追及すべきは追及し、批判すべきは批判し、議論すべきは議論せねばなりませんが、そのために基本路線を踏み外すようなことがあってはなりません。階級闘争を志向する運動と民主主義の徹底を期する運動との違いはそこにあるのです〉

行政と手を携え、民主主義の徹底により部落問題は解決できると何度も強調している。それは同時に差別事件をテコとして行政を突き上げ、予算を闘い取る解放同盟の手法への批判となっている。ただ、この本の出版時点で山本は73歳に達しており、目も不自由となっていた。柳井体制から松尾体制に移る頃には指導力を発揮できる状況になく、松尾体制下で「理論不足」はさらに進行する。

愛媛県庁占拠の撤退命令

北九州土地転がし事件を契機に高まった松尾批判をかわすように、松尾会長はワンマン体制を強め、理事会を開いても上意下達でまともな論議はなくなったという。

傘下の府県連の不満は高まり、1985年に入ると離脱の動きが顕在化する。きっかけとなったのは、愛媛県庁占拠事件だった。

愛媛県では行政と部落解放同盟が、同和対策協議会を窓口に同和事業を主導する「愛媛方式」が長く行われていた。協議会の会長は白石春樹知事で、副会長には県政実力者の亀岡秀雄県議が就いて差配し、全日本同和会は食い込む隙を与えられなかった。

それに反発した全日本同和会は、'85年4月25日からの協議会定期大会に、動員をかけて愛媛入りし、街宣車を出して県庁を取り囲んだ。

当時の地元紙はこう報じている。

〈全日本同和会（松尾正信会長）は、二十六日、同和行政についての要求をするため県担当者との会談を求めたが、県は「庁内の秩序が乱れる」として拒否。全庁の出入り口を完全に閉じるとともに、職員、警察官多数が不測の事態に備えた。このため、一般県民の出入りが断たれるという異常事態が終日続いた〉（『愛媛新聞』'85年4月27日付）

全日本同和会は街宣車のスピーカーで、「正当な同和行政を行え！」「我々をシャットアウトせず、新しく窓口を開け！」と、県の姿勢を激しく批判したという。だが、この占拠事件は批判を浴びた。上田が振り返る。

「京都から50人ぐらいが動員され、私も行きました。最初は、物議をかもすつもりもなかったんやけど、対応してもらえないんで県庁を取り囲む形となった。テレビの中継車も来て実況を始め、騒動が大きくなりました。妊婦の方が来て陣痛が始まったりとか、（窓口が滞って）パスポートがもらえへんとか、いろいろな問題が起きたんです。翌日も県庁に行って担当者に面談を求めたんやけど、県は門を閉じたまま応じない。また、騒動になりかけたところで、和歌山の玉置《たまき》（和郎《かずお》、のちの総務庁長官）さんから私の所に電話が入ったんです」

全日本同和会構成員には、部落解放同盟員とは違い行政と対峙する発想がない。松尾執行部に命じられて現地に赴いたものの、上田も含めて不承不承の参加だった。そこに同和運動に理解のある玉置からの電話である。

玉置は、「早く引き上げなさい」「そんなところにいては、自民党はもう同和会を相手にできなくなる」など、和歌山弁で、強く上田に命じたという。もともと上田は、松尾と近い京都府連合会の幹部として出かけただけで、「自民党に嫌われたら運動も終《しま》いや」という気持ちはあった。すぐに県庁を離れ、京都に引き上げたという。

松尾体制に不満噴出

松尾体制への不満は、まず四国4県（愛媛、徳島、香川、高知）で顕在化した。愛媛県庁占拠事件の翌日の4月28日には、そろって全日本同和会を脱退、各県同和会が立ち上げられた。続いて10月には岐阜県連が脱退、岐阜県同和会が結成された。

この流れを食い止めようと、松尾会長は焦った。11月13日、岐阜市内の岐阜会館で岐阜県同和会の結成大会が開かれることがわかると、同日に岐阜市文化センターで全日本同和会岐阜県連合会再建決起大会を開催したのだ。

警察当局にも緊張が走った。結成大会の前日には、岐阜県同和会の指導者である森朴繁樹の家に銃弾が撃ち込まれていた。また、右翼街宣車が市内を走り回り、双方の会場でうるさくがなり立てた。警察は、会場、県庁、関係者の自宅などを警護していたが、地元政界は岐阜県同和会擁護で一致していた。

民俗学者で全日本同和会立ち上げにも関与した田中龍雄は、結成大会の来賓を代表してこう激励した。

「本日、岐阜市内で行われている同和関係者会合のなかで、いずれが部落差別解消のためのものかは、議論の余地があるまい。岐阜県同和会は本物の部落民の味方である」

松尾体制下でエスカレートする利権漁《あさ》りと暴力行為を、自民党はすでに見放していた。その動きをリードしていた地域改善対策特別委員会委員長の堀内俊夫が、新しい自民党系同和団体を模索し、上田に白羽の矢を立ててアプローチしていたことは第I章に記した。

「過去をいうたらアカン。むしろ、その過去を生かしたらどうや」

上田は堀内にこう口説かれ、新団体設立に動くのだが、そうたやすい問題ではなかった。全日本同和会は、暴力団も含めた圧倒的な力を持っていたからだ。

「1986年というたら、バブル経済が真っ盛りで、暴力団がまだまだ〝認知〟された存在として、政治経済に根を張っていた時代です。全日本同和会の各県連にも顧問の形で地元ヤクザが関わっていた。京都府連合会も会津小鉄会の高山登久太郎（四代目会長）、図越利次（五代目会長＝利一・三代目会長の実子）といった大物が顧問でいて、その了解をもらわなならん。組織をつくりました、明日からスタートです、という単純な話じゃない」（上田）

新団体設立のための本格的な話し合いは、1986年3月、東京・麴町の都市センターホテルで行われた。四国4県と岐阜、静岡、京都の7府県の主だったメンバーと、堀内が理事長を務める地域改善対策研究所の森朴繁樹所長などが集まった。

森朴が、自民党の考え方を伝え、総務庁・地域改善対策協議会の方針を伝える。そのうえで森朴は「この7月をメドに新しい団体の結成をしてほしいんです。設立は京都。（設立総会の）担当を京都にお願いしたい」と言った。その理由は以下のようなものだ。

自民党としては、事件が頻発する全日本同和会とは組めないから新しい友好団体が必要だ。設立されれば、自民党の友好団体にして総務庁の確認団体となる確約は取れている。同和対策の地対法が、'87年3月に期限切れを迎えるので、この時限立法継続の手続きからも、'86年7月設立というタイムスケジュールは譲れない——。

上田が回想する。

「『なに勝手なこというてんのや』という感じでしたね。京都は、7府県のなかでも行政対応されていない弱小組織です。しかも全日本同和会から脱退しているわけでもない。だから私は『政治家の約束なんて担保にはならない。はじめから京都ありきのような物騒な話は、誰が決めたかわかりませんが呑めません。いったん帰らせてもらいます』とケツをまくったんです」

京都から都市センターホテルでの会議に出席したのは、全国自由同和会立ち上げのときに京都府本部会長に就く木曽利廣など、上田を含めて5名だった。京都に持ち帰って協議し、「差別解消のためにも、部落大衆の民主主義確立のためにも変革が必要だ。立ち上がろう」と意見をまとめようとした。だが、全日本同和会京都府連合会の力は強く、真っ向から対抗することへの恐れもあってまとまらない。

結局「我々が出ていって、新しい組織を勝手につくる」という形ならいいのではないか、という話になった。決意が揺るがないように全員が連判状に押印した。細々とした作業は、上田に一任されたという。
その作業のなかに暴力団対応もあった。

高山登久太郎と小林楠扶に「仁義」

「全日本同和会での4年間の活動を通じて感じたのは、暴力団とは『相互不可侵』の関係をつくらなあかんということです。地方の県連幹部のなかには、暴力団とズブズブの関係となっている人がいて、それが不祥事につながる。また、そうした体質が、『同和はカネになる』といってエセ同和を呼び寄せる。当時、全国には300とも400ともいわれるエセ同和団体があって、国民から呆れられていました」(上田)

そうはいっても、同和運動に暴力団が侵食している状態で、いきなり関係を遮断できるものではない。上田はまず、「全日本同和会から離れます」と、高山登久太郎会長に伝えて了解を取った。そのうえでこう説明し、理解を得たという。

「(新設の全国自由同和会は)政府と密接な関係を持っている団体ゆえに、暴力団とは距離を置かねばなりません。その代わりに(在日韓国人である)高山さんの立場と思いを受けた在日差別の解消も含んだ運動にします」

東の暴力団も同じである。都市センターホテルでの会議で、上田らが京都での結成大会指名を断ったという話が、暴力団筋の事情通の間に流れたようだ。

１週間もしないうちに関東に太いパイプを持つ高坂貞夫から電話が入った。高坂は会津小鉄会傘下の三次団体組長で、１９８３年、上田がエセ同和の尾崎清光に簀巻きにされた際、助けてくれた山科の先輩である。

「すまんけどな、会《お》うてほしい人がおんねやけど」と言い、「その人は、東京で右翼団体を率いる小林楠扶さんや」と説明した。

尾崎との騒動の過程で住吉会・浜本政吉の知己を得た上田は、小林が右翼の世界でも任侠の世界でも大物であることは承知していた。住吉会では住吉一家小林会会長として名を馳せ、右翼運動では'61年、楠《くすのき》皇道隊を立ち上げ、'69年に同隊を日本青年社とし、'86年の段階では日本最大級の行動右翼団体となっていた。

「上京して、都内のホテルで会うたんやけど、当たり障りのない会話の後で『私らも協力しますので、よろしくお願いします』と小林さんが言わはった。

この言葉にざわついた。運動に介入してくるつもりやな、と。そこでやんわり断ったんです。『我々も考えながらやり始めたところです。今、意見をまとめているところです。今日のご主旨は理解できますので、ひとつ我々の実勢に任せてほしいんです』と小林さんに申し上げた」（上田）

「山一抗争」終えた五代目を後ろ盾に

上田が、新団体・全国自由同和会を暴力団と「相互不可侵」の関係にしようと考え、実際にそうスタートさせることができたのは、山口組若頭という日本最大の暴力団でナンバー2の要職にある渡辺芳則が、「お前はその道（同和運動）で頑張れよ」と認めていたことが大きい。ただ、上田が団体結成に動いていた1986年前後、渡辺自身は山口組分裂で神経をすり減らす抗争の最中にいた。

'81年7月、田岡一雄三代目が亡くなり、四代目が確実視されていた山本健一が、'82年2月に亡くなると、後継者選びは混迷を極めた。組長代行となった山本広が最有力とされていたが、田岡の妻・フミ子の強い意向もあり、'84年7月、若頭だった竹中正久が四代目を継承した。その決定に不満を持った山本広が、山口組を離れ一和会を結成した。その時点で、渡辺は二代目山健組組長を襲名し、山口組若頭補佐に抜擢されていた。

山口組は、一和会との間で「山一抗争」と呼ばれる戦闘状態に入っていく。当初、山菱の代紋を持つ山口組の方が攻勢だった。それを覆したのが、'85年1月の一和会暗殺部隊による竹中四代目襲撃事件である。竹中、中山勝正若頭、秘書役の南力《つとむ》の3人が射殺された。

山口組は、翌月の直系組長会で、舎弟頭の中西一男を組長代行、渡辺を若頭とする体制を組み、一挙に反撃に出た。2人のトップを殺害された山口組の戦闘力は高く、一和会は防戦一方。切り崩されて構成員は激減し、関東の稲川会・石井進（隆匡）会長、京都の会津小鉄会・高山登久太郎会長らの仲介もあって、'87年2月、抗争はいったん終結した。

抗争を終え、中西組長代行との組長レースに勝った渡辺は、'89年4月、定例会で五代目山口組の組長となる。神戸刑務所で上田と懲役刑を務めていた'81年の時点では、三次団体健竜会会長でまだ直参でもなかった。それから8年で構成員2万1000人のトップにのぼり詰めた。「実績」と「努力」もあるが、上層部が次々に病気や抗争でいなくなったという「運」も作用した。

上田にとっても、「同和運動で男になれ」と、認知してくれた渡辺が日本の暴力団のトップになったのは「運」だろう。山口組幹部の「上田さんはウチの組長が昵懇《じっこん》にしている人」という言葉で、退かされる組織が幾つもあったという。では、渡辺にとって上田藤兵衛とはどんな人物なのか。

「藤兵衛さんのことを企業舎弟のようにいう人がいますが、それは違います。親分はカタギとして扱っていたし、大事にしてました。名前はいえませんが、そんな人は他にも何人かいた。藤兵衛さんには、『お前、頑張ってやれよ。何か困ったことがあったら、わしが何とかしたるから』というようなことはいうてますわ。親分はそんな人です」

こう語るのは、渡辺が二代目山健組組長時代から側近を務めた山健組系今倉組二代目の原三郎である。山一抗争で3年半服役して戻ったのが1989年4月。直後、渡辺は五代目を襲名して神戸・灘の山口組本家に住むことになる。それまで原は、宇治川の渡辺邸（二代目山健組本家）の責任者を務めていたが、余人をもって代え難いということで、三代目山健組を継承した桑田兼吉《かねよし》から「原よ、すまんが親分について灘に行ってくれ」と命じられた。肩書は本家責任者である。

渡辺は携帯電話を持たない。従って、本家には親分の世話をする「部屋住み」と呼ばれる若い衆が何人もいるが、重要な電話はすべて原が取り、渡辺につなぐ。まさに秘書であり側近中の側近だった。

親分が、「ざぶとん（組長の権威）を護ることに精力を尽くした」ことを何より知っており、「カタギを取り込んで、ものごとをするようなことはせんですよ」（原）という。

「親分の時代は、『山口組組長の威光』がどこでも通る時代です。親分がクビを縦に振るだけで何億というカネが動くこともある。でも、それに簡単に手を出す人じゃない。ゼネコン内の揉め事を収めたときには『ゼネコンが、何十億とか持って来る』という話がありましたが、親分は『いらん』いうて。

でも、組のもんや企業舎弟のときは違いますよ。『おまえ、組の看板で稼いだんなら、置いていかんかい！』となる。そこは親分なりのケジメです」

渡辺の留守中、上田は何度か本家を訪れ、原に現金を預けている。しかし渡辺はそれを受け取らなかったという。

「私の記憶では二回ありますね。何かのことでお世話したんでしょう。中は見ていないんですが、数千万円でしょうか。『親分、上田さんが置いていかはった』というと、『返しとけ』と。上田さんに言うと困った顔をしはって。だから、『親分は刀剣や画に興味があるから、それにしたらどないです』と言うと、立派な刀や掛け軸の美人画を持ってきはった。二人の本当の仲は私らにはわかりませんが、招かれて京都にはよく行ってたし、気がおうたんでしょうね」

原は「渡辺五代目から司忍《つかさしのぶ》六代目への継承の謎」を知る人物でもある。実話誌にはさまざまな説が流れ、盛力健児《せいりきけんじ》、太田守正、中野太郎といった渡辺の側近が、自著で〝真相〟を語っている。

原は側近として「言ってはならないこと」は山ほどあるが、「親分の名誉のためにも言うべきこともある」という。その詳細は、後に、上田が六代目山口組に攻撃される一因にもなったので、第7章で詳述したい。

1986年7月20日の全国自由同和会結成大会に戻ろう。前日、渡辺からの電話で「大会潰し」の暴力団動員を免れた上田は、他にも不穏な情報はあったものの、落ち着いて朝を迎えることができた。

京都府八幡市文化センターには、高知、徳島、香川、愛媛、京都、東京、岐阜などの10都府県を中心に約2000人が集まった。午前10時に開会、壇上には四つのスローガンが掲げられた。

1 地域改善対策特別措置法を充実強化するとともに、事業の完全消化をしよう。
2 行政の主体性を確立させ、円滑な同和行政を推進しよう。
3 全国民の運動に盛り上げ、相互理解、相互尊重、真の対話と合意の活動をしよう。
4 組織を広げるとともに、「エセ同和行為」を排除しよう。

このスローガンは、当日定められた「綱領」の基本を成している。

開会の挨拶は、地元京都の木曽利廣が行い、結成準備会を代表して高知の堀川重明が挨拶、「同和運動に対する国民的反感が高まるなか、科学的、哲学的に同和問題解決に向かって進まねばならない」と、訴えた。堀内俊夫・自民党地域改善対策特別委員会委員長、森朴繁樹・地域改善対策研究所所長らのメッセージ、来賓祝辞と続き、議案が提案され可決承認した。会長に堀川、副会長に山田重則（徳島）、事務局長に橋本敏春（岐阜）らが選ばれて、山田が閉会の挨拶を行った。

この日を境に、まさに上田の後半生が始まる。上田は、全国自由同和会を舞台に、「政」「官」を巧みに操りながら、ややこしい勢力をうまく捌《さば》きつつ、運動と事業の両立を図るのだった。

第5章 躍進

日本の同和運動を牽引する部落解放同盟は、自民党と不倶戴天の関係になっていた。ここでその「つなぎ役」となったのが上田だった。それを可能にしたのは、上田とツーカーの関係となる野中広務の存在だった。やがて上田は、京都で力を持ちはじめた許永中を牽制するほどの動きを見せはじめる。

同和問題の現状を考える連絡会議にて
（左隣が上杉佐一郎、その隣が上田卓三）

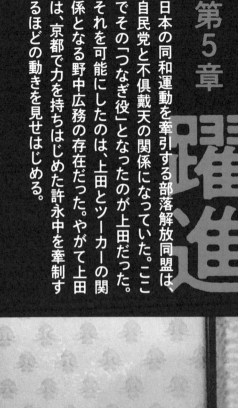

そしてステージは変わった

「全国自由同和会を立ち上げて、地対協（地域改善対策協議会）路線を歩むようになってからステージが変わりました」

上田藤兵衛は、１９８６年7月の結成大会後の人生を、こう表現する。

同和問題に本格的に取り組む同和対策審議会（同対審）が'60年に設置され、その答申を元に、'69年、同和対策事業特別措置法（同対法）は施行された。その結果、住環境などハード面はかなり改善したものの、残事業は多く、就労、教育・啓発などソフト面の課題は解消していないということで、政府は10年の時限立法だった同対法を3年、延長させた。延長期限の来た'82年には、「同和」に限定しない「地域」という意味合いを持たせる時限立法・地域改善対策特別措置法（地対法）を、期間5年で成立させた。

この地対法に沿った同和行政の在り方を審議するのが地対協である。それまでの同和対策協議会は地対協に切り替わり、東洋大学名誉教授の磯村英一が初代会長を務めた。地対法の期限が切れる'87年を前に、自民党は全日本同和会への批判を強める。暴力団など反社会的勢力とのしがらみがあり、それがエセ同和問題を引き起こし、スキャンダルを多発させているとして、自民党が全国自由同和会の結成を促した経緯はすでに詳述した。

結成大会の四つのスローガンのうち、「地対法の充実強化と事業の完全消化」は、地対法の継続を願うその当時での方針だが、残る三つの「行政の主体性の確立」、「相互理解と相互尊重」、「エセ同和行為の排除」は、現在も自由同和会（２００３年に全国自由同和会から名称変更）のスローガンとして残る。上田が会長を務める京都府本部のホームページにも、

1　自由な論議の場を！
2　行政の主体性の確立
3　エセ同和行為の排除

を掲げている。

政府の意見聴取団体は、'87年の段階で自民党系の全国自由同和会、社会党系の部落解放同盟、共産党系の全国部落解放運動連合会（全解連）の三つだった。このうち解放同盟と全解連の抜き差しならない対立は、窓口一本化と後述する矢田事件を契機に始まった。

共産党系は'70年、部落解放同盟正常化全国連絡会議（正常化連）を結成し、それを発展的に解消して'76年に全解連とした。さらに２００４年、部落問題は基本的に解消されたとして終結大会を開き、人権問題に取り組む組織として全国地域人権運動総連合（全国人権連）を立ち上げた。

二つに割れた運動体が、過去のしがらみを引きずり、激しく対立するのは珍しいことではないが、解放同盟は全解連を「差別者集団」と罵り、全解連は解放同盟を「利権暴力集団」と断じて譲らない。その対立は１９７０年頃から半世紀も続くのだから修復不能だ。

両団体が対立構図を抱えるなか、同和行政＝地対協路線に活動方針を沿わせる全国自由同和会は、第３極ともいえる存在として「政府の同和行政は民間運動団体の意見を参考にしている」とい

う〝建前〟を保持するためにも必要だった。

地対法の期限切れを前にした1984年、地対協は中曽根康弘首相に「意見具申」を行った。「同和」から「地域」と名称を変更させるだけの同和対策ではなく、現行事業を抜本的に見直すものだ。一般対策への移行を基本とし、行政が運動体に引きずられることなく主体性を確立し、運動体の行き過ぎた確認・糾弾に苦言を呈し、目に余るエセ同和の排除を求めた。ここでいう「運動体」は、行政に最も影響力を行使する解放同盟を指すのは明らかだった。

地対協は、'86年に入ると「地対法後の在り方」についての審議を重ね、中曽根首相に再び「意見具申」を提出した。政府はそれを踏まえ、12月末、関係省庁の協議を経て、「今後の地域改善対策に関する大綱」として決定する。この間、自民党も堀内俊夫参議院議員が委員長を務める地域改善対策特別委員会が、「地対法後の在り方」について、延べ9回にわたり審議を重ね、関係省庁や自治体との意見交換も行った。

地対協の磯村会長は、'66年にスタートした同和対策協議会の第一期から委員を務めており、同和行政の生き字引的存在だった。また、行政で地対協路線を担当したのは、'59年7月に発足した総務庁地域改善対策室。答申から大綱への流れを担ったのは厚生省出身の熊代昭彦室長だった。

ポスト地対法は、地対協の磯村、地域改善対策室の熊代、地域改善対策委の堀内のトライアングルで進められた。総務庁を中心にした立案作業を経て、'87年3月に「地域改善対策特定事業に係る国の財政上の特別措置に関する法律(地対財特法)」として成立した。5年間の時限立法だが同和対策の最終の特別法で、以降は一般法で対応するという位置付けだった。結果的に5年では済まず、2002年まで継続するのだが、全国自由同和会は地対法路線に沿った運動体として、法案段階から積極的に関与することになった。

だが、解放同盟は対照的な反応を見せた。

1984年の「意見具申」には、〈意見の潜在化傾向については、民間運動団体による行き過ぎたいわゆる確認、糾弾がその原因となっていることは否定できない〉とあった。解放同盟の存立基盤といえる確認・糾弾闘争に対する批判である。しかも成立した地対財特法は「同和対策の打ち切り」を前提とするだけに、激しく反発するのは当然の流れだった。

部落解放同盟中央本部は、地対財特法が成立した直後、雑誌『部落解放』('87年6月号)で、〈「地対協答申の中身は」「法の要否」すら示さず、われわれの運動方針の中心部分にある「確認・糾弾」にケチをつけ、これを取引条件にもちこもうとする反動陣営の意図さえ、うかがわせる状況であった〉と批判した。

ただ、法律の制定自体には、一定の評価をせざるを得なかったようだ。上杉佐一郎委員長は同号の〈「地対財特法」の成立と今後の解放運動の展望〉と題する座談会で、次のように述べている。

〈新法は、われわれが十分満足すべきものでないことは言うまでもないんですが、しかし、今日、政府・自民党が勤労人民、とくに労働組合に民主主義破壊の諸弾圧をかけているというきびしい情勢のもとで、不十分ではあるけれども法制定をかちとったわけです。これは、ひとえに部落大衆の団結のたまものであり、さらには広範な国民大衆を結集した「部落解放基本法」制定運動の成果であるということは言えると思うんです〉

部落解放基本法は、解放同盟が地対法の期限切れを前に'85年から制定運動を本格化させた。憲法の理念を具体化する基本法だ。被差別部落民の人権を守り、改善を重ねさせようとするものだった。この基本法制定のために1000万人を超える署名活動が行われるなどしたが、結局、地対財特法にとどまった。だから「不十分ながら評価」せざるを得なかったのだ。

初顔合わせで団体名を間違える

地対財特法の先に、解放同盟が部落解放基本法を目指すなら、全国自由同和会が求めるのは人権基本法だった。後者は、その時点で20年も同和行政に関わり続けた磯村の持論で、同和問題をできるだけ広い人権問題の観点から捉え直すというものだ。憲法第14条で、〈すべて国民は、法の下に平等であって、人種、信条、性別、社会的身分又は門地により、政治的、経済的又は社会的関係において、差別されない〉ことを定めており、人権を軸にした基本法に同和問題も包含されることになる。

磯村は、地対財特法成立の頃、84歳だった。創設した磯村研究室で同和問題にとどまらず、専門の社会学全般の研究と執筆を旺盛に続けていた。そこに上田ら全国自由同和会の幹部はフリーパスで出入りしていた。

「地対協路線を突き詰めていけば、同和を主語とするのではなく、憲法の基本的人権に適う基本法、人権基本法の具現化に行き着きます。そこはよく理解できたんで、磯村先生に相談を重ねまし

た」（上田）

ただ、人権基本法を成立させるのは大変で政治の根回しが欠かせない。そもそも社会党系の解放同盟が部落解放基本法、自民党系の全国自由同和会が人権基本法と分かれ、共産党系の全解連が解放同盟への反発を隠さない状況では、前には進まない。そうこうしているうち、地対財特法の5年の期限切れが近付いた。「新たな法施策が必要だ」ということで、1991年2月、解放同盟と全国自由同和会が手を結び、「同和問題の現状を考える連絡会議（同現連）」が結成された。

上田は、「双方に危機感があった」という。

「最後の時限立法ということでスタートしていますが、まだまだ差別構造は残っており、地対財特法の延長は欠かせないという認識でした。また、基本法は事業法としての地対財特法以外に、教育・啓発法と人権委員会を設置しての差別解消法という二つの法律を準備しており、互いの立場を超えて手を結ぼうということになったんです」

'91年2月27日、衆議院議員会館で第一回会合が開かれた。全国自由同和会からは山田重則会長、上田副会長以下が出席、解放同盟からは上杉委員長、小森龍邦《たつくに》書記長以下の幹部が並んだ。他に、愛媛県同和対策協議会がメンバーとして加わり、水平社運動の担い手のひとりだった全国隣保館連絡協議会会長の上田音市《おといち》なども参加、主義主張のカベを乗り越えて団結を図ることになった。

第一回会合は、当初、ギクシャクしたものだったという。上田が回想する。

「解放同盟と全国自由同和会の初顔合わせなので、上杉さんから順に挨拶して名刺交換です。正直、上杉さんは名も顔も通ったリーダーで、運動体としての知名度も歴史も実績も解放同盟の方が上。我々の側には怯《ひる》んだような、へりくだったようなところがありました。それに加えて、上杉さんが我々の団体名を間違って、『本日、こけえ（ここへ）集まってくれた、え～全日本～自民党……』と、口ごもる。私は手を挙げて、やんわりとこう言った。『長い間、分断していた運動団体が、それぞれの立場を尊重しながらも法律制定に向けて大同団結する歴史的会合です。上杉委員長が我々の名称もご存じないようでは困ります』。上杉さんの対応はさすがで、間髪入れずに、『ごめんなさい！』と、謝った」

しだいに互いの緊張感はほぐれていった。その後会合を重ね、'91年10月17日には、日比谷の野外音楽堂で1万人集会を開き、行政や政界に大同団結をアピールした。

塩崎潤・総務庁長官は、当初、地対財特法の成立の際の方針が「5年後の一般対策への円滑な移行」であったため、ここで終わらせる方針だった。しかし同現連での運動と働きかけ、地方公共団体への陳情攻勢などもあって、'92年3月、一部を改正して地対財特法の5年延長が決まった。

40歳で結婚

こうした中央での活動の一方、上田は地元の京都では、京都市が部落解放同盟だけを窓口に同和行政を進めていることに抗議し、市会議員、府議会議員などとの懇談を重ねて市政や府政に訴え続けた。だが京都は全国水平社発祥の地でもあり、朝田善之助元委員長が行政の隅々にまで解放同盟の権益を浸透させていた。市職員採用には同和運動団体の特別枠があり、それは「選考採用」と呼ばれたが、最も影響力を持っていたのは解放同盟だった。その体制は堅牢で食い込むのは容易ではなく、結局、全国自由同和会京都府連合会が京都市の正式な対応団体となったのは1997年1月で、設立から10年の歳月が流れていた。

ただ、全国の副会長、京都の会長として自民党系同和運動を進めてきた上田は、中央では自治大臣など要職を歴任した野中広務を始めとした政治家、あるいは総務庁を中心とした官僚に人脈を築き、京都でも市議、府議、歴代の市長、府知事との交流を欠かさず、パイプを年々太くしてきた。上田が言う「同和運動でステージが変わった」とは、そういう意味である。

生活環境も変わった。

20代後半から30代半ばまで、幾つかの事件で服役が続いたこともあって、上田が家庭を持つのは遅かった。それ以前の「無頼時代」は、自分の先行きが見えず、女房子供を持てない、持ちたくない時期だった。運動のために移り住んだ山科の川田で、そこに住んでいた17歳年下の現夫人と出会い、結婚するのは、'85年、40歳のときである。夫人には3歳の女児がいて、上田はいきなり父親になった。翌年、娘が生まれ、'88年、男子が誕生、5人家族となった。

事業の方は、不動産、建設、警備、人材派遣などの上田グループを率い、総売上高約50億円、従業員約500人の規模で、この事業会社が協力金や分担金の形で自由同和会を支えているのは第1章で触れた通りだ。この事業も同和運動と並行している。

その一方、'91年、京都のインフラ工事に地元の中小業者をまとめ、共同受注などの事業展開を目的とした国土建設協同組合を立ち上げた。この組合については、政官界や地元、交通インフラを手掛ける高速道路会社などが関与し、上田の政治的な立ち位置が絡むものだけに後述する。

自民党と解放同盟のつなぎ役

日本の同和運動を牽引してきたのが全国水平社の流れを引く部落解放同盟であるのは論を俟《ま》たない。これまでに紹介した戦前・水平社時代の「天皇の軍隊」との闘い、行政を震え上がらせたオール・ロマンス闘争、暴力団も逃げ出した三井三池闘争など、差別的言動には怯まず対峙してきた。

その戦闘性に疑問符をつけたのが、前述の1984年、地対協が初めて出した「意見具申」であり、'86年の「意見具申」では、さらに具体的な確認・糾弾闘争への批判がなされ、'87年3月、総務庁地域改善対策室が室長通知として「地域改善対策啓発推進指針(啓発推進指針)」を出したことで、解放同盟と同和行政との対立は決定的となる。

一方、全国自由同和会は、同現連のように、自民党・政府と解放同盟との間をつなぎ、同和運動をまとめる方向に動くことで存在感を増していった。

第4章で触れたように野中広務は、「政治生命をかけて同和団体の税優遇を是正する」という思いを持っていた。その野中は自治大臣時代の'94年、上田を自治大臣室に呼び、上杉部落解放同盟委員長との面談を依頼する。野中は、会談の意図を次のように説明したという。

「ここらで、同和問題を発展的に解消して、人権政策に転換するために法律を一本化したいんや」

「それに、国税庁長官通達(第4章で詳述)がある限り、いつまで経っても同和問題は解消せぇへん」

上田は、突然の呼び出しと法律一本化と長官通達棚上げ論に戸惑った。

「先生、うかがっていいですか。人権政策に転換したら、そこにまだ解消していない同和問題を解消するための文言は入りますか。また、長官通達を棚上げしたら、運動団体の体力が落ちますが、どうなんですか？」

野中の返事は明快だった。

「人権法に転換することが、根本的に同和問題を解消する道筋なんや。長官通達に頼らんでも、人権法は（時限立法の地対財特法と違って）恒久的な法律やから予算はつけやすい。運動体が、時限立法にしがみついてどうする。人権政策は民主主義の根幹。この法律がなくて、どこが民主主義やな！」

野中・上杉会談をセッティング

上田は、その勢いに圧倒され、野中の目の前から六本木の解放同盟中央本部に電話をかけた。野中の日程に合わせて、上杉との会談をセッティングしたのだ。そこには上杉の後任委員長（1996〜98年）となる上田卓三《たくみ》元代議士が同席した。

上杉は一本化も国税庁長官通達の棚上げも了承した。ただ、長官通達とそれをもとにした「同和控除」の撤廃に至るのは、その5年後の1999年のことだった。自自公連立政権が誕生（'99年10

月）した直後、解放同盟が総会において、「長官通達7項目合意文書の解消」を決定。これを受けて野中は国税庁にこう指示した。

「きみたちも解放同盟のこの決定を全国に通達しろ。税務署においても今後はそうした特別扱いはいっさいしないということを徹底してくれ」

国税庁は、全国にその通り通達した。

部落解放同盟は、当時社会党に足場を置いており、松本英一、谷畑孝といった組織内議員を擁していた。だが、同和運動に絡む微妙な話には政治抜きの本音のやりとりが必要だった。被差別部落出身の野中だから切り込めたのかも知れないが、解放同盟は同和行政を担う総務庁や地対協と抜き差しならない関係となり、そのパイプが遮断していた。それだけに、双方が上田のような存在を必要としていた。

そもそも行政と解放同盟の関係悪化の決定打は、総務庁地域改善対策室長が1987年に出した「啓発推進指針」だった。第一章には「民間運動団体の行う啓発の問題点」とあり、ズバリこう書かれている。

〈一部の民間運動団体が自他への教育と位置付けている確認・糾弾行為も、被糾弾者を大衆の面前に引き出すことによって、又、時には大勢で激しく非難することによって、被糾弾者のみならず、一般国民に、こわいという意識とともに、接触を避けた方が賢明という意識を助長している傾向が見られる〉

確認・糾弾行為の否定である。さらに、こう続ける。

〈それが始められた頃の社会環境と今日のそれでは極めて大きな違いがあるにもかかわらず、一部の団体においては運動理念及び形態が従来のままであるということに起因するとみられる。同和問題解決のためには、民間運動団体の啓発の在り方についても再検討が望まれる〉

要は、糾弾闘争は古い、水平社運動の頃とは「時代が違う」というわけで、「脅しはやめろ」と宣言しているようなものだ。室長通達というので官僚文書そのものだが、ここまで踏み込むのは珍しい。室長は熊代だが、総務庁の後輩の同和担当者のなかにも、「熊代さんはやり過ぎた。あそこまで踏み込むことはなかった」という意見の者が少なくなかったという。

元役人政治家の勝負

役人らしからぬ熊代は、1963年、東京大学法学部を卒業後、厚生省に入省。国連派遣、年金局資金課長などを経て、'85年8月、総務庁地域改善対策室長に就き、'87年10月まで務めた。'93年7月、厚生省援護局長を最後に政界に転じ、出身の旧岡山1区から出馬、初当選を果たしている。同期に安倍晋三、岸田文雄、田中真紀子、野田聖子などがいる。当選4回で内閣府副大臣などを務めた後、小泉純一郎政権下で郵政民営化に反対して落選。中央政界は引退するものの、2011年、岡山市議選に打って出てトップ当選。「身近なところから改革―70歳元副大臣市会へ」と、評判となったが、80歳を過ぎた今も一人会派「自由と責任の会」で市議を続けている。

東岡山駅に近い後援会事務所で熊代に会った。

役人は2年から3年でポストを異動する。官僚を辞めて長い年月が経ち、かつては中央政界、今は市議会で、さまざまな政策課題に取り組んできたものの、同和対策担当時代の記憶は鮮明だ。

部落解放同盟とは、「ガチンコ勝負」だったと熊代は言う。

「それまでの同和行政（総務庁の前は総理府地域改善対策室で、熊代は総務庁の初代室長）は、表ではぶつかっても裏では手を握ってやっていたんです。でも、私は本音で改革を求め、譲らなかった。

一度、解放同盟幹部の方がキレて、『（ケンカを）やるというなら、やろうじゃないか。目には目を、歯には歯を、だ』というので、『よし、やってくれ、私は（犯罪は法律によって裁かれなければならない）罪刑法定主義だ』と、強く返した。一触即発だったが、後で上田卓三（当時衆議院議員で'96年から部落解放同盟委員長）さんから、『室長、激しくやりあったらしいな。まぁ、給料だと思って我慢してくれ』と、電話がありました」

解放同盟にとって、熊代は敵対する存在となった。税の適正化についても踏み込んだ。

「同和地区の納税者について一般の納税者と異なった配慮をすることは、決して同和問題の解決にはならず、'70年2月の国税庁長官通達（同和控除を認めたような通達）は廃止すべきだ」

また、解放同盟のいいなりになる同和行政を自省しつつも、その前提として「自由な意見交換ができる環境づくり」を提言し、解放同盟には行政を牛耳ろうとする傾向があるとして、「解放同盟は、自らの行動形態や考え方に自信を持って、言論を抑えようとせず、言論には言論をもって、堂々と受けて立ってほしい」と訴えた。

「熊代のいる間は地域改善対策室に行かない」と解放同盟が公言するなど、関係は冷え切った。ただ、役所は人事異動がある。解放同盟がそれを待っていたところ、'87年7月の異動予定は3ヵ月遅れ、10月に延期された。

「熊代は居座るつもりか、と憤激する人がいたみたいで、『熊代は公僕にあるまじき独善者だ』、『啓発指針は熊代の私文書だ』といったウソだらけのビラを作成し、地下鉄（霞ケ関駅）の入り口で配ったり、議員会館に撒いたりしました。心配した警察が、本気かどうか『（自宅に）ポリボックスを置きましょうか』と言ってきたこともありました」（熊代）

それは杞憂だったのかも知れないが、当時の解放同盟が警察も認める「戦闘力」を保持していたのは事実である。ただ、熊代の「折れない」という性格があったにせよ、地域改善対策室の活動は、あくまで地対協の出した方針に沿うもので、流れは'84年と'86年の「意見具申」に書き込まれている。その方針を責任者として打ち出したのは磯村英一地対協会長である。

そこではすでに、行政の「事なかれ主義、運動団体との妥協行政」が、厳しく指弾されており、熊代はその方針に忠実に従ったに過ぎない。また、運動団体の「糾弾など激しい行動形態の見直し」も同様で、熊代が責任者だった「啓発推進指針」はそれを行政としてわかりやすく説明した。糾弾については、「応ずる法的義務はなく、その場に出るか否かはあくまで本人の自由意思。社会的に相当と思われる程度を超えるときは、違法な行為であり、私的制裁以外の何物でもない」と、強く牽制した。

もともと解放同盟は、'84年と'86年の磯村の「意見具申」に反発していた。かつて兵庫や千葉県下の自治体主催の講演会や研修会が相次いで中止になったのは、その象徴的な事例である。

千葉県では、'86年10月、解放同盟との対県交渉の席上、12月の人権週間に開かれる講演会の講師を磯村に依頼していることに解放同盟が抗議、「相応しくない人。反対だ」と申し入れた。磯村は、『朝日新聞』の取材に「発言することは自由だというのが地対協意見の精神で、いわんや同和問題とは違う地方自治の問題の講演まで断ってくるなど、全く許されないことだ」（1986年11月27日付）と、憤りを露《あら》わにした。

兵庫県では、10町で構成される東播町議会議長会が、'86年11月、町議会議員を対象にした講演会を計画した。磯村を講師に「これからの日本と地方自治」というテーマだったが、これも部落解放同盟兵庫県連委員長名で、「即刻研修会を中止されますよう強く抗議いたします」との連絡が入り、議長会で話し合った結果、中止を決めた。

磯村や熊代に対する解放同盟の怒りは、生命線の糾弾闘争を否定されたことにある。'91年刊行の『何を、どう糾弾するか』（解放出版社）の「まえがき」で、当時の上杉委員長はこう書いている。

〈わが部落解放同盟は、これらの差別事件にたいして果敢な糾弾闘争を展開し、差別をした人たちに反省を求め、それを機に人権擁護への取り組みを決意させ、同時に関係機関における人権擁護体制の確立を要求し「差別を許さない勢力」の拡大に向かって大きく前進してまいりました。

この取り組みにたいして政府は「地対協路線」なるものを設け、見当違いの「啓発推進指針」なるものを打ち出して、われわれの「糾弾」にたいする予断と偏見を組織的に拡大させ、わが同盟を弾圧し、糾弾闘争を妨害しようとしています〉

部落第一主義の立場からすれば、差別事件がなくならない以上、最も効果的な啓発方法である糾弾闘争を奪われてはならない。排外主義という批判を受けても、その考えは同じだった。

「アナ・ボル」「中ソ」の派閥抗争と距離

日本の部落問題を語るうえで欠かせないのが共産党との関係で、第2章では全国水平社の創立や朝田善之助への影響をもとに共産党との関係に触れた。2022年で水平社創立から100周年を迎える部落解放同盟は、共産党との関係において、党内の路線対立に一定の影響を受けながらも、最終的には「部落のため、部落民のため」に落ち着き、イデオロギー論争や路線闘争に本格的に巻き込まれることはなかった。

全国水平社は、創立期の1920年代後半、無政府主義のアナキズム派と共産主義のボルシェヴィキ派が激しく争い、「アナ・ボル対立」と呼ばれた時期があった。当初は佐野学の指導があり、組織力に勝るボル派の結集が早く、主導権を握ったものの、官憲による共産党弾圧で、徐々にアナ派が巻き返し、階級闘争を仕掛けるボル派に反対、水平社創立の部落民意識に立った人間主義の集団に立ち返ろうと訴えた。

これに対してボル派は立て直しを図り、水平社の保守派やアナ派を追放、資本主義に対する階級闘争を実現しようとした。だが、結局、アナ・ボルの双方が対立しても部落解放運動は進まない、ということで両派の拠点となった組織は統一され、1920年代末、全国水平社は団結を回復した。

また、前に触れたように、1960年代後半には京都府連の朝田派と三木派の争いもあった。'65年の同対審答申を巡るものだったが、部落第一主義の朝田派が、「毒まんじゅう論」を展開する共産党系の三木派を部落問題の中央センターである文化厚生会館から追い出した。

両派の争いの背景には、共産党内の派閥闘争があった。'63年に締結された部分的核実験停止条約の批准に際して表面化したもので、ソ連との関係を深くする志賀義雄は自民党、社会党に同調して賛成。一方、宮本顕治を始めとする中国との関係を重視する主流派は反対に回り、中央委員会は志賀や鈴木市蔵を除名処分とし、志賀は新たな会派である「日本のこえ」を立ち上げた。共産党は、「朝田派は志賀一派と結びついた反共勢力」として批判した。

大阪選出の国会議員である志賀は、確かに関西を中心に解放同盟内に影響力を行使できる存在だった。しかし、解放同盟がそれに従った様子はない。

例えば、解放同盟大阪府連の上田卓三は志賀の「日本のこえ」に所属し、反共産党ではあったものの、活動歴はほとんど残していない。後に社会党代議士、部落解放同盟中央委員長となる上田だが、最も力を入れていたのは、共産党系の「民商」を参考にした中小企業向け商工団体「大阪府中小企業連合会（中企連）」での「同和控除」だった。朝田同様、「部落第一主義の人」でイデオロギーや路線闘争には縛られなかった。

解放同盟を巻き込むアナ派・ボル派の対立もソ連派・中国派の争いも、被差別部落民のための闘争が、すべてに優先された。

「はね駒」クリスチャンの教え

もうひとつ付け加えたいのは、同和運動に人道主義的立場から関与したキリスト教徒の存在だ。

1961年にスタートした同対審に、最初から加わり、'65年に発表される答申の起草にあたったのは磯村英一だった。当時の総理府宿舎に1週間も缶詰となって起草した答申は、「同和問題の解決は国の責務であり国民的課題である」と高らかに謳い、多方面から差別構造を解消する'69年施行の同対法につながった。

磯村は、1903(明治36)年、東京・芝に生まれた。父は裕福な貿易商で母は報知新聞(戦前の東京5大紙)に勤める新聞記者。福島・相馬に生まれ、仙台のミッションスクール・宮城女学院で英語を学び、上京して結婚、出産を経て新聞記者となった。この母・春子の半生は、'86年、斉藤由貴主演のNHK連続テレビ小説『はね駒《こんま》(おてんば娘)』として描かれた。

明治の意識を象徴するように、磯村が品川小学校に入学した際、担任の教師は、「士族は手を挙げなさい」と、〝身分〟を名乗らせて士族のなかから級長を決めた。その後、「平民」と「新平民」に分けて名乗らせたことで、磯村は初めて新平民という存在を知った。それを春子に伝えたところ、「先生は間違っている。新平民という呼び方はなく、差別してはいけない」と言い聞かせた。春子は敬虔《けいけん》なクリスチャンで、磯村が15歳のとき、41歳で急逝。磯村はその直前、洗礼を受けた。

1923年9月1日、東京帝国大学文学部社会学科1年生のとき、関東大震災を経験する。東大が東京市の救助活動を援助するために本所に「東大セツルメント」をつくると、磯村はそこに居住し、セツラー（居住者）となった。

セツルメントとは社会教化活動を行う拠点で、理想主義的な知識層が、貧民街に移り住んで共同生活で支え合う。イギリスが発祥の地で最初のセツルメントは、志半ばに夭折した経済学者のアーノルド・トインビー（『歴史の研究』を著した歴史家アーノルド・J・トインビーの伯父）を記念して1884年に開設したトインビーホールだった。

日本最初のセツルメントを立ち上げたのは片山潜だった。アメリカに留学し、勤労と学業の両立の末にイエール大学を卒業、神学士の学位を得て帰国した。片山は、1897年、東京・神田に「キングスレー館」の看板を掲げる。

キリスト教徒の賀川豊彦は、1909年、人道主義的立場から神戸の貧民窟に移り住んで、救霊団（後のイエス団）の活動に至る。'13年、スラムで出会ったハルと結婚すると、夫婦で救貧活動に取り組み、労働運動、農民運動、生協運動など幅広く社会活動を行った。その過程を描いた『死線を越えて』（'20年）は、当時として空前の100万部を超えるベストセラーとなった。

賀川は『貧民心理の研究』（'15年）で、被差別部落民を劣等人種であるかのように描いたことから、後に糾弾され、同書は絶版処分となった。しかし社会活動家としての名声はすでに確立されており、全国水平社創立メンバーの阪本清一郎、駒井喜作、西光万吉らは、'19年、賀川のもとを訪れ、消費組合運動、農民運動などについて教えを請うている。阪本らが、水平社創立時に最も影響を受けたのは共産党だが、賀川らにより人道主義の洗礼も受けていた。

磯村が東京帝大入学後にセツルメントでマルクス主義に出会い、傾倒したのは、ちょうどこの時期のことだ。キリスト教的ヒューマニズムは、搾取からの労働者の解放を目指すマルクス主義と同調しやすい。磯村の1年先輩に前述の志賀義雄がいて、セツルメントにおけるマルキシズムのチューター（指導者）役だった。

当然影響を受けたが、非合法の共産主義運動に身を投じられる立場ではなかった。母はすでに亡くなり、父も関東大震災で障害者となって、1925年に56歳で亡くなった。7人兄弟の長男として家長となった磯村は、大学卒業後、東京市役所に職を求めた。

ただ、仕事を通じた社会活動は続けた。『死線を越えて』の愛読者だった磯村は、関東大震災後のセツルメント活動で賀川と出会っている。東京市の職員として根回しし、賀川を市の嘱託として、セツルメントを「隣保館」と名称変更し、地域に根ざす生活・環境改善、啓発教育の場として充実させていった。

磯村は戦後、東京都立大学教授に転じて、社会学の第一人者となり、東洋大学教授、学長として大学運営に当たるが、'61年、58歳で同和対策審議会委員になったのを機に、同和行政にのめり込んだ。そこには学生時代に打ち込んだセツルメント活動の〝名残り〟があったのだろう。

また、総務庁地域改善対策室長として、磯村の地対協が放つ提言や意見具申を法案化で支えた熊代は、キリスト教思想家の内村鑑三が提唱した無教会主義キリスト教徒だった。東大入学後、教養学部で進路指導などを行っていた教官の西村秀夫らが主宰する「柏陰舎《はくいんしゃ》」で聖書講義を受けてきた。内村の弟子で、1961年末に亡くなった矢内原忠雄元東大総長の最晩年にも教えを受けた。戦後同和行政を設計した磯村にしても熊代にしても、ともにキリスト教との関係が色濃いのはどういうわけか。

熊代自身は、筆者に対し「同和行政とキリスト教信仰との間に特に関係はない」といい、「磯村先生と宗教の話をしたことはなかった」と振り返るが、ひとつのエピソードを紹介しておこう。

熊代は、地域改善対策室長から厚生省に戻って人事課長に就くとすぐに『同和問題解決への展望』（中央法規出版）を上梓している。推薦文は堀内俊夫参議院議員が書き、「同和問題の解決にかける情熱については、私も感心しているところであり、（中略）同和問題の理解は通り一遍ではない。今では同和問題が最も分かっている一人」と称賛している。

中身は「同和行政の転換点」が、どうして起こったのか、その内容はどんなものなのかを「答申」などの膨大な資料を使って解説したものだ。

’85年前後、「同和対策を特別法から一般法に移行、部落解放同盟の確認・糾弾闘争に自省を求め、エセ同和を排除、行政も運動体との馴れ合いを避け、自立する」という転換点に立つとき、熊代がかなりのプレッシャーを感じていたのは確かで、著書のなかでも信仰に触れ、心情の吐露も見られる。

暗きの力の　よし防ぐとも
主のみ言葉こそ　進みに進め
わが命も　わが宝も　取らば取りね
神の国は　なお我にあり
（日本基督教団編　賛美歌２６７番）

宗教家マルチン・ルターの歌を載せ、キリスト教改革の口火を切ったルターの気概に触れて、「このルターの歌は、地対室長時代の私が繰り返し歌って励まされた」と、書いている。

八鹿高校事件と『朝日新聞』の「忖度」

共産党を敵に回し、行政に対峙する存在となった部落解放同盟は、部落民に対立する者を差別者とする「部落排外主義」ゆえの強さを持っていた。だが、差別排除を同対審答申で高らかに謳ったヒューマニストの磯村が、その行き過ぎを地対協で強くたしなめ、個人的にも反発するなど、理解者を敵に回し、解放同盟はしだいに孤立していくことになる。

その象徴が、最も激しい確認・糾弾闘争として同和史に刻まれる１９６９年の矢田事件（大阪市）、'74年の八鹿《ようか》高校事件（兵庫県）での法廷闘争だった。民事訴訟で解放同盟が敗れただけでなく、刑事事件では暴行した同盟員の有罪が確定した。

矢田事件発生時から八鹿高校事件の大阪高裁判決が下される'88年3月までの間、裁判所もマスコミも同和問題の糾弾闘争に対して、明確なスタンスは持てないでいた。地裁と高裁の判断が異なり、揺れ動くのは同和問題に限ったことではないが、矢田、八鹿の両事件で裁判所は、糾弾権に踏み込み、その中途半端さが禍根を残すことにつながった。

八鹿高校事件は、兵庫県山間部の養父《やぶ》郡八鹿町（現養父市）で起きた。集団下校する教員47名に解放同盟員らが襲いかかり、暴行を加えつつ校内に連れ戻し、12時間半にわたって監禁。29名に無理やり自己批判書を書かせ、一連の暴行過程で教員の大半が全治1週間から2ヵ月の怪我をしたという前代未聞の集団暴行事件だった。しかし、マスコミは1974年11月に発生したこの事件を、当時ほとんど報じなかった。全国紙はいずれも県版で扱い、全国版での掲載は、事件から数日経って、しかもベタ記事扱いだった。

事件の21年後、『朝日新聞』（1995年7月1日付）は、「戦後50年　メディアの検証　21」というシリーズのなかで「八鹿高校事件」として取り上げた。報道をためらったのはなぜなのか。当時の記者が語っている。

〈神戸支局から原稿を受け取った大阪本社通信部デスク栗本嘉之（六八）〔掲載時、以下同〕は、社会面に出すか、兵庫県内の読者を対象とする県版に出すか、判断に迷った。通信部長古西武史（七一）の指示は、県版、二段。「この種の記事は抑制しよう」と古西は思った。それが編集局の一般的な空気でもあった〉

事件翌日の11月23日、「もみあい10人けが」の2段見出しで兵庫県版に72行の記事が掲載された。その日の北兵庫版トップは「豊岡〔市〕のコウノトリの人工飼育場が一般公開される」というものだった。

一方、共産党機関紙の『赤旗』は、この日「教師に血の集団リンチ」として一面で凄惨な暴行事件を報道。以降、続報が紙面を埋め、共産党は、連日、記者会見を開くのだが、朝日はこれを取り上げない。初めて社会面で長文の記事を掲載したのは、事件から6日後の28日、事件が国会で取り上げられたからだった。しかも事件の背景は、解放同盟の主張に沿ったもので、学内で繰り広げられた暴行事件にはほとんど触れなかった。

一報を県版で処理したことにつき、神戸市局長の永尾辰弥（六七）には、次のようなためらいがあったという。

〈部落解放のための糾弾を普通の暴力事件のように報じたら、「解放同盟イコール暴力集団」という誤解を招きかねない〉

そうした空気は『朝日新聞』の大阪本社全体にあったというのである。

〈「差別に立ち向かうにはある程度激しい糾弾も許されるという考えが、一部に批判もあったが、大阪本社内で強かった」と当時を知るOB、現役記者たちは指摘する〉

これでは、糾弾闘争の激しい実態は伝わらない。『朝日新聞』だけでなく他のマスコミも大同小異だった。解放同盟への忖度により「報道自粛」を行ったことになる。

その前に発生した矢田事件に至っては、解放同盟系出版物と『赤旗』など共産党系出版物が伝えるだけで、事件の詳細はマスコミではまったく報じられていない。発端は、1969年3月、大阪市教職員組合東南支部書記次長選挙において、候補者の共産党員の教諭が出した「立候補挨拶状」だった。

〈組合員のみなさん①労働時間は守られていますか自宅研修のため午後四時頃に学校を出ることができますか。仕事においまくられて勤務時間外の仕事を押しつけられていませんか。進学のことや、同和のことなどで、（中略）またどうしてもやりたい仕事もやめなければならないのでしょうか〉

この後も、教育の正常化に名を借りたしめつけや管理がないか、といった問いかけが続く。これだけ読めば、どこが問題かわからないが、当時、矢田地区では生活の困窮、住環境の劣悪さ、それによる越境入学の常態化などが問題になっており、解放同盟矢田支部を中心に、打開策が模索されていた。

この挨拶文は、そうした解放同盟の取り組みに対する共産党の攻撃だとみなした解放同盟は、これを「差別文書」と断定し、選挙の立候補者と13名の推進人となった教員に対する糾弾活動を行った。

糾弾は、1969年4月9日、解放同盟員が勤務中の3人の教諭を数人がかりで連れ出し、矢田市民館に連れ込んで、午後4時から翌日午前2時50分まで行われた。

1975年6月の地裁判決文によれば、3人を数十人の同盟員が取り囲む形で、次のような激しい言葉が浴びせられたという。

〈差別者に対しては徹底的に糾弾する、糾弾を受けた差別者で逃げおおせた者はない。差別者であることをすなおに認めて自己批判せよ、差別者は日本国中どこへ逃げても、草の根をわけても探しだしてみせる。糾弾をうけてノイローゼになったり、社会的に廃人になることもあるぞ、そう覚悟しとけ〉

大阪地裁は、恫喝、不法監禁した事実を認めたが、起訴された2人の解放同盟員に対して無罪判決を下した。判決は、立候補挨拶状が結果的に差別を助長することにつながる内容を含んでおり、差別に対する糾弾は、「その手段、方法が相当と認められる程度をこえないものである限り、社会的に認められて然《しか》るべきものと考える」というのである。八鹿高校事件で『朝日新聞』が報道を控えた「差別に立ち向かうための糾弾は許される」という発想に通じるものがある。

「被告人両名はいずれも無罪」――この判決に、解放同盟を中心とする傍聴席からは、歓声と拍手が湧き上がったという。「糾弾権の正当性」が認められたのだから当然だが、高裁では逆転する。

'81年3月、大阪高裁は一審判決を破棄、ひとりの被告（もうひとりは公判中に死去）に懲役3月、執行猶予1年の有罪判決を下した。判決では、地裁同様、挨拶文が差別を助長することにつながりかねない内容を包含するとしながらも、次のような理由で有罪とした。

〈被告人らの行為の動機、目的の正当性を十分考慮に入れても、その手段・方法が法的秩序に照らし、相当と認められる程度を明らかに超えたもの〉

〈被告人らの行為は、社会的に相当と認められる程度を明らかに超え、法秩序全体の見地から、い

まだ可罰的評価に値しないとは到底いえない〉

こうして、拉致監禁して集団で糾弾する行為の違法性が確認された。

一方、刑事事件化した八鹿高校事件の場合、矢田事件とは比較にならない規模で暴行が行われた。

関西の各地で行政などに対する解放同盟の糾弾闘争が相次ぎ、兵庫県但馬地方では、兵庫県教組の朝来《あさご》支部長宅に解放同盟が約500人を動員、抗議活動を行うなど、解放同盟と共産党が衝突を繰り返すなか、頂点に達した感のある糾弾活動となった。

きっかけは、県立八鹿高校の生徒が、解放同盟系の「部落解放研究会」を結成しようとしたことだった。職員会議は、すでに「部落解放研究会」が存在しているのに加え、「新たな解放研は外部団体の指導によってつくられたもの」という理由で拒否した。

対立は深まり、解放同盟が学外でのデモや集会を繰り返すなか、1974年11月22日、いったん登校した同校教諭七十数名が、「騒然としていてまともな授業ができない」として、休暇願を出し、隊列を組む形で集団下校した。それを待ち構えていた同盟員が阻止、47名を校内の第二体育館に連れ込んだ。そこであった暴行は、起訴状、公判での証言、検証報道などを総合すると、次のようなものだった。

教師たちに対し、何度もバケツで冷水をかけ、殴る蹴るの暴行を加え、髪の毛を引っ張り、タバコの火を押し付けた。そうして痛めつけ、戦意を喪失させたうえで、監禁から10時間ぐらい経った午後10時頃から自己批判書を書かせ、29名が応じた。解放したのは午後11時過ぎだった――。

解放同盟は、機関誌などで「教師に、『一度もどって話し合いをしよう』と説得した」と言い、もみあいがあったことを認めたうえで、「けが人も出たが、われわれが仕組んだ暴力は存在しない」と否定した。

だが教師側の27名が暴行傷害の被害を受けた事実は動かせず、兵庫県警は12月2日、強制捜査に乗り出し、主謀者の県連支部長以下、13名を逮捕、起訴した。神戸地裁で公判は行われ、'83年12月、13人の被告全員に懲役3年から懲役6月の執行猶予付き有罪判決が下された。'88年3月、大阪高裁は検察、被告の控訴をともに棄却するが、これが糾弾権を認めた判決となっていたことから物議をかもした。

それは、以下のようなところだ。

〈糾弾は、もとより実定法上認められた権利ではないが、憲法一四条の平等の原理を実質的に実効あらしめる一種の自救行為として是認できる余地がある〉

憲法を持ち出して「自救行為」と言っているだけに、解放同盟は「地対協が糾弾を否定する論理を構成するなか、判決の持つ意義は大きい」と評価。マスコミも「糾弾権を認めた判決」として報じた。ただ、判決文は「自救行為」を是認した後、そこにはおのずと限度があり、〈諸般の事情を考慮し、法秩序全体の見地から見て許容されるかどうかを判断すべきもの〉としており、糾弾権を完全に容認したものではなかった。

裁判所は糾弾に至る心情と事情は認めた。そこにはマスコミ同様、解放同盟への忖度があったのだろう。だが、有罪判決という形で糾弾の実行行為は大きく制限した。

法務省は'89年8月、解放同盟の確認会・糾弾会への見解を取りまとめ、各法務局に通知した。そのなかで法務省は、「確認・糾弾会は同和問題の啓発には適さず、出席を要請されても、『出席すべきではない』『出席をする必要はない』と、指導している」と、強調した。「解放同盟を相手にするな」というわけである。

矢田事件と八鹿高校事件は、共産党との争いのなかで増幅していったものだが、法廷闘争での決着を横目に、行政は部落解放同盟と距離を置くようになった。

それは、前述のように同現連の結成や、野中―上杉会談のセッティングなど、同和運動における上田の役割を大きくした。全国自由同和会が自民党と行政に歩調を合わせているのだから当然だが、一方で、上田の力を対解放同盟、あるいは解放同盟と結びついた暴力集団、それを背景にした各種勢力の攻撃から逃れるための「防波堤」に使おうとする者が増え始めた。

許永中と京都

解放同盟が裁判所やマスコミに忖度させるほどの存在となったのは、1969年施行の同対法以降だった。その強さゆえに忌避される'80年代後半までの間は、バブル期に向かって経済が膨張している時期であり、暴力団など反社会的勢力が、その暴力性と、備え始めた経営ノウハウを使って、表社会を侵食している頃だった。

膨張戦略の山口組と違い、京都から出ることなく盆地をガッチリと固める会津小鉄会がそうであるように、バブル期に京都は「侵される古都」となっていた。その侵食した側の代表が、在日韓国人の許永中だろう。

許は、1980年代後半から'90年代前半のバブル時代に、「裏」の権力である暴力団と、「表」の権力である有力政治家の力を使い分けながら、大企業を侵食した大物仕事師だった。

第I章でバブル事件の前史として平和相銀事件をあげた。金融秩序を優先する検察は、同行を支配する4人組の特別背任事件として処理した。そのとき、住友銀行の尖兵として平和相銀の合併工作に尽力したのが、住友銀行出身のイトマン・河村良彦社長だった。

バブル投融資に失敗した河村は、住友銀行に責任を取らされてイトマンから放逐されるのを恐れ、'90年2月、東京・銀座の地上げなどで名を馳せていた伊藤寿永光を常務就任含みでイトマンに招請した。伊藤が手がけるゴルフ場、リゾート開発、都市再開発などで失地回復を狙った。

だが当時、伊藤は株の仕手戦に敗れて失踪した山口組系元組長・池田保次の手形処理に追われており、同じ池田に債権を抱えた許、そして大阪府民信用組合理事会長の南野洋と利害を共にしていた。三人がイトマン再建に取り組む。それが「3000億円が闇に消えた」といわれるイトマン事件の基本構図だ。河村と伊藤、許、南野らは、'91年7月~9月、大阪地検特捜部に逮捕された。

イトマン事件までに許は、仕事師としての実績を積み、関西で名をあげていた。許は、2019年に著した半生記『海峡に立つ』（小学館）のなかで、「京都へ」という章を立てて京都政財界との関わりを明かしている。

1984年9月、東邦生命の太田清蔵社長から要請を受けて、京都の老舗上場企業「日本レース」の取締役支配人として乗り込んで以降、ローカル局のKBS京都、京都新聞、京都銀行と、京都の名だたる企業、マスコミ、金融機関に食い込んでいった。

伊藤寿永光の許を評する造語に「空想のディズニーランドをつくる天才」というのがある。華やかなプロジェクトを次々に立ち上げ、多くの企業、人物を巻き込み、金融機関からカネを引き出し、旋風を巻き起こすが、地道な事業実態を伴わない「空想の産物」で、プロジェクトはやがて雲散霧消。カネは溶かされ、企業も人も散り散りになる。伊藤はそれを「許永中旋風」と呼んだ。

許が、最初に基盤を築くのは同和事業によってだった。

1947年生まれの許は、大学中退後、無頼の生活を経て、東京のフィクサー大谷貴義のもとで秘書を務めて、政治家と経済界と暴力団とのトライアングルを知る。20代半ばでそれを切り上げ、大阪に戻った許は、大淀建設という土建会社を支配した。

そのうえで同和とは縁もゆかりもないものの、「在日」として「差別を受けたもの同士」という理屈で、部落解放同盟西成支部の「支部長付」という肩書を得て、同対法施行後の'70年、大阪に設立された同和建設協会（同建協）の会員となる。やがて大淀地区の同和事業を独占するようになり、予算面で2～3割高の工事を丸投げして利益を得て、電気・ガス・上下水道といった分野にも進出した。

だが、「同和系土建屋の親父」に満足する男ではなかった。彼が京都で巻き起こした旋風により、「陰の支配者」といわれた山段芳春《さんだんよしはる》・京都自治経済協議会理事長、内田和隆・KBS京都社長、白石浩子・京都新聞社会長、福本邦雄・KBS京都社長、そして前出の太田清蔵などが巻き込まれていく。

そんな彼らがこぞって頼った相手こそ、上田藤兵衞だった。

この頃、許は無敵の力を誇った。「同和」と「在日」というマイノリティに基盤を持ち、暴力団社会には西にも東にも兄弟分がいる。大阪ではフィクサー・野村周史、東京では「政界動物園の切符切り」という存在の福本邦雄を通じて、竹下登、渡辺美智雄といった大物政治家にもパイプがある。


京都でこの許に対抗できる唯一の存在が、「政」「官」「財」「暴」に人脈を持つ上田だった。

「太田さんには『日本レースの社長を任せたい』といわれたことがあるし、山段さんにも『自分の後を継いで、御所内、宗像神社の総代になってくれ』と誘われたことがあります。宗像神社は観光業界と銀行業界が信奉し、援助している神社。つまり、京都の二大産業の調整役というわけです。

でも、私は、付き合いはするし、『保険』になってもいいけど、代理・代役は務めない。運動への使命感があり、京都の遅れたインフラを整備したいという気持ちがあるからです」(上田)

京都の「陰の支配者」と呼ばれた山段芳春は、終戦後、17歳で京都府警の警察官になる。ここで公安部に所属、ソ連からの引き揚げ船が入る舞鶴で、引き揚げ者の思想調査をする仕事に就いたことで、情報を集め、それをプールして、必要なときに取り出して企業や官界を差配するという、後のフィクサー業の基礎を身につける。

'50年の朝鮮動乱の前年には舞鶴から京都に戻り、渉外部に籍を置き、進駐軍の施設警備にあたる。このとき親しくなったのが進駐軍通訳で、後に東映プロデューサーとして数々の任俠映画を京都・太秦《うずまさ》撮影所で製作する俊藤浩滋《しゅんどうこうじ》だった。

山段芳春と俊藤浩滋の「裏人脈」

俊藤の娘は女優の藤純子（のちに富司純子と改名）で、内妻は木屋町でバー「おそめ」を経営し、後に銀座にも進出して一世を風靡した元芸妓の上羽秀《うえばひで》だった。「おそめ」の経理全般を任された山段は、ここで人脈を広げる。

俊藤が戦前の賭場で、菅谷政雄《すがたにまさお》や松浦繁明と兄弟分だったことから、山段は「裏人脈」を確かなものにする。「ボンノ」こと菅谷は後に山口組若頭補佐として名を売ったし、松浦組初代の松浦は、神戸の組織ながら関東暴力団と近く、西と東のパイプ役だった。

そのうえで山段は、経理・財務・労務などの知識を生かし、1957年、京都商業経済協議会（のちに京都自治経済協議会に改称）を立ち上げた。情報通の使い勝手がいい世話役に過ぎなかった山段が、京都政財界でそれなりのポジションを確保するのは、京都信用金庫（京信）の後継者問題に関与し、うまくまとめたからである。

1965年、京信の会長はオーナー的存在の榊田喜三で、理事長が大蔵省OBの濱正男、そして副理事長が榊田の次男・喜四夫だった。濱の任期はこの年までだったが、翻意して居座り続けようとしたため、榊田から山段の元に相談が寄せられる。

山段の解決法は、濱にさらなる天下りポストを用意し、同時に大蔵省を説得するというものだった。山段は自らが世話役を務める十六夜会（関西財界人と中央政治家の懇談会）で知り合った福田赳夫蔵相と話し合いの場を持ち、これを見事に解決した。

この功績で京信絡みの損害保険を扱う権利を得て、保険代理業のキョート・ファンドを設立する。さらに労組の強い京都では労務を通じた企業統治が有効だということで、息のかかった職員を動かし、京都信用金庫職員会議を立ち上げさせた。

こうして山段は京信と一体といっていい関係となり、同時に、'71年の京都市長選で当選した市幹部の船橋求己《ふなはしもとき》を支援したことから、その後、京都市政にも関与することになる。

船橋が、市長当選後、外部から右腕として雇い入れたのは息子の同級生の佐藤興憲だった。戦後間もない'50年から知事を続ける蜷川虎三府政は共産党と一体であり、京都市もまた共産党が強かった。同時に、部落解放同盟が行政に根を張り、予算・人事などにも口を出す。その調整役を、寡黙ながら目配り気配りの優れた佐藤に委ねた。

佐藤は市長室のひとつ上の階に部屋を設け、「企画主幹」という形でややこしい陳情を捌いて利害調整にあたり、やがては公共工事の談合も差配するようになった。船橋が3期目の途中で病に倒れ、今川正彦、田邊朋之、桝本頼兼《ますもとよりかね》と市長は代わっていくが、桝本まで4代にわたって裏方を続けた。このあたりに、「余人をもって代え難い」という佐藤の実力者ぶりが表れている。

その佐藤が、市役所外部の「相談役」として頼ったのが山段だった。山段の力は自動的に公共工事にも及ぶようになる。またキョート・ファンドの金融部門としてキョート・ファイナンスが融資業務を行うようになり、バブル景気の波にも乗った。

京都のマスコミは、'46年に京都新聞社長となる白石古京《こきょう》が、戦中から1981年に引退するまで支配していた。後継は息子・英司と定めていたが、世襲には批判もあり、山段はその人事に関与してまとめた。しかし英司は'83年に急逝する。突如、筆頭株主となった英司夫人の浩子が、最も頭を痛めたのが京都新聞グループの放送会社・KBS京都の100億円を超える簿外債務だった。

山段は、この問題を浩子から取り上げる形で、社長の内田和隆に責任を取らせ、京都新聞の力で再建させようとした。これに抵抗した内田が、野村周史を通じて許を頼ったことでKBS京都問題はイトマン事件に連坐し、福本邦雄や竹下登の女婿・内藤武宣を巻き込んだ騒動に発展する。

山段は、いかにも京都のフィクサーだった。人脈と情報の力で、市政、金融、財界、公共工事、マスコミなどのあらゆる分野を掌握した。影響力は京都に限られていたものの、京都府警OBの就職を斡旋することで警察権力とのパイプを保持していたし、終戦直後からの暴力団との付き合いは、その後も続いていた。

俊藤の実弟は京都撮影所を仕切る芸能プロダクションを経営しており、その実弟と会津小鉄会四代目の高山登久太郎が兄弟分であることから、山段は高山と親しかった。山段の盟友・俊藤が最後にプロデュースした任侠映画は、会津小鉄会三代目の図越利一をモデルにした高嶋政宏主演の『残侠』(1999年封切)である。

「手ぶらで帰らん」

これだけ京都に根を張り、怖いものなしの山段に、ストレートで攻め込むのが許の凄さだった。許は、イザとなれば、１８０センチ１００キロの体をかけて凄む。肉体的言語を持つ者は、やはり強い。自伝『海峡に立つ』には、１９８４年春、山段がひとりでいる時間帯の午前9時45分を狙って急襲する様子が描かれている。

「誰の紹介やねんな？」と尋ねる山段に、「誰の紹介もおまへん。ＫＢＳ京都の内田のことで話があってきただけですわ」と、許が答え、緊迫する。

〈「藤田〔許は夫人の藤田姓を名乗ることがあった〕はん。アンタ、ワシのことをわかって来たいうけど、チョット無茶と違うか？」

「いや、理事長。無茶は理事長さんですがな。話がつかんかったら、私はこのまま手ぶらでは帰らんだけの話です。簡単な話ですがな」

完全な脅しである。山段は間を置くようにお茶を手に取り、ゆっくりと飲んだ〉（『海峡に立つ』）

山段は、許に呑まれた。というより、自分の老練なテクニックで、味方にすればいいと思ったのかも知れない。内田を継続して社長に据えることで、山段、浩子、内田の3者は合意し、宴席が設けられた。

しかし、簿外債務を一挙に消す方法として許と内田が選んだのは、ＫＢＳ京都の本社社屋を担保にしてカネを引き出し、ゴルフ場を建設するという乱暴な手口だった。その無茶を通すために、'89年6月、竹下登をバックに持つ福本をＫＢＳ京都の社長に招き、内藤を常務に据えるのだった。

いよいよ山段は、「京都の枠」に収まりきらない許に不安を覚えた。牽制のために山口組五代目の力を借りようと頼ったのが、上田だった。

「山段さんの顧問弁護士で、私も親しくしている先生から電話がかかってきたんです。『すまんけど、一度、神戸（渡辺五代目）に会わしてくれへんか』ということやった。そこで私がセッティングして、先生と山段さん、それに秘書の女性を連れて行きました。神戸の山手にある、渡辺さんがよく使う天ぷら屋です。貸し切りだったんですが、私と先生と秘書は別テーブル。山段さんと渡辺さんは3時間以上、二人で話し込みました」（上田）

京都における山口組対策、許永中対策を相談したのだろう。だが、上田は話には加わらなかった。当事者になるつもりがなかったからだ。前述の宗像神社の話はこの会談の後だったが、「（同和）運動のなかで実現させたいことがあるので」と、断っている。

その上田のスタンスは一貫している。許が、著書の中で「恩人」と書く東邦生命社長・太田清蔵との関係もそうだった。

山科の町内に散髪屋があり、そこの娘が美容グループ「ヤマノビューティメイト」の山野彰英と結婚した。その山野が支配権を握っていたのが日本レースで、その後見人が太田だった。代理人を通じて上田に連絡があり、上田は京都ブライトンホテルで太田に会った。

シベリア開発、朝鮮半島へのトンネル掘削といったスケールの大きな話を次々に繰り出す太田に圧倒されるが、最後に持ち出した「お願い事」が、「日本レースの経営を任せたい」だった。これも断ったが、突っ走る許の防波堤、諫《いさ》め役を期待されたのだろう。

丁重に断ったものの、上田と太田の関係は継続した。上田は太田のスケールに惹かれた若手実業家が組織する「21の会」に参加し、「平安京21の会」の副会長に就いた。

太田は、「太田クリニック」と自称するほど企業再生に力を入れ、それゆえトラブルが発生することもあった。そこから逃れようと太田夫妻が、京都で正月の1週間を過ごしたことがある。上田はスケジュールを立てて、下にも置かぬもてなしをした。

内田、伊藤といったイトマン事件の主役たちに対する対応もそうだ。一流どころで歓待し、祇園で遊ばせはするが、具体的に相談を引き受けることはない。実際のところ彼らも、上田と親しいことが「保険」になればいい。

また、高山登久太郎は1992年3月施行の暴力団対策法（暴対法）に激しく反発し、マスコミへの露出も厭わなかった組長として知られる。暴対法施行直前に著した『警鐘』（ぴいぷる社）のなかで、次のように書く。

〈任侠の人間は〉姿勢を正して任侠の原点に戻って、世論の批判を厳しく受け止めてもらいたい。その一方で、憲法の保障する権利は守り抜き、警察権力の横暴を断固粉砕するつもりだ〉

また、'92年2月、『朝まで生テレビ！〜激論！　暴力団はなぜなくならないか？〜』に出演、現役暴力団トップの出演が話題を集めた。この出演をセットしたのは上田だった。

「稲荷山トンネル」構想

相談には乗るが、同調はしない。この頃、上田が本気で取り組もうと思ったのは、京都のインフラ整備だった。例えば、1992年に発注になった京都高速道路である。

京都市内を縦断し、京都市を抜け、鴨川から稲荷山トンネルを通って山科に至る。それまで京都市中心部と山科を結ぶ幹線道路は、五条通と三条通しかなく、いつも渋滞していた。従って、高速道路が通ることは悲願だったが、革新府政が続いたために権利主張の反対運動が常に起き、前に進まない。

「道路によって、さまざまに状況が変わり、所有権、居住権、営業権などに支障が発生します。それは仕方のないことで、どこかで妥協しいひんといけんのやけど、こうしたインフラ整備の度に、住民が『考える会』を結成したりして、前に進まへんのです」(上田)

困ったゼネコンから相談を受けた上田は、地権者との交渉に当たった。たまたま最大の地権者が「地元の縁がある人」だったこともあり、交渉を進めることができ、案件をまとめた。同種のことが京都中に溢れていた。

蜷川虎三京都府知事は、「虎さん」と呼ばれる庶民性を持ち、東京出身のべらんめえ調で歯切れがいいため人気は高く、府職員・府教組・府医師会の「御三家」に支えられて28年の長期府政となり、安易な開発を許さなかった。

’60年代、’70年代は社会党、共産党の「社共」を軸とした革新自治体が隆盛を誇り、飛鳥田一雄《いちお》横浜市長、美濃部亮吉東京都知事、黒田了一大阪府知事などが誕生したが、人気も支配力も任期の長さも蜷川にはかなわなかった。

開発を嫌い、競争より平等を優先、１９７０年に大成功した大阪万博を「あんなもの資本家のお祭り」と言ってのける蜷川は、「高いビルが建つと大文字焼きが見えへん」という京都の保守的風土に受けた。だが、権利者のひとりでも反対すれば開発行為を認めないという権利擁護は、京都の交通網を始めとするインフラを著しく劣化させた。

その遅れを取り戻すべく、蜷川の’78年の引退以降、自民党政治家はインフラ整備に注力するようになった。その先頭に立ったのが、京都府副知事を経て、’83年、代議士となった野中広務だった。野中は各種公共工事の予算取りに走り、地下鉄東西線、京滋《けいじ》バイパス、京都高速道路などの整備事業を支えた。

上田は、１９９１年設立の国土建設協同組合を軸に京都のインフラ事業に参加する。組合員による工事の共同受注と資材の共同購入によって、助け合って事業展開するのが組合の目的だった。だが大手ゼネコンの下請けに組合が入るには、稲荷山トンネルで地権者の同意を取り付けたような「汗をかく作業」が欠かせない。

そのとき、上田が組んだのが部落解放同盟京都府連合会副会長の村井信夫だった。

第4章で出所後の上田を同和運動に誘った先輩がいる、と書いた。伏見区醍醐の有力者で、部落解放同盟と全日本同和会の双方の辰巳支部を立ち上げた村井秀明である。

解放同盟の方の支部を受け継いだのが親族の村井信夫で、全日本同和会の支部を引き受けたのは高谷泰三だった。上田が尾崎清光とぶつかったプリンスホテル事件に同行した人物だ。上田は、'82年に全日本同和会京都府連洛南支部事務局長となり、プリンスホテル事件の後、山科の川田地区に事務所を設けた。

「解放同盟」村井信夫を通じ行政に足場

その事務所に村井が飛び込んできて、会津小鉄会系組織との間に生じたトラブルの解決を依頼してきたことがある。これが部落解放同盟京都府連合会の幹部だった村井と親しくなるきっかけで、以降、村井が上田にとっての行政への足場となった。

「全日本同和会のときも後続の全国自由同和会であっても、行政は自民党系を相手にしません。それだけ解放同盟の力は強い。村井さんは五つほど年上で、ルートはそれなりに持っていた。彼を窓口にして、役所に足場を築くのが現実的でした」

上田は村井との連携をそう説明する。

京都市役所を仕切る大物・佐藤興憲とのパイプも、こうして開かれた。それでも、最初は利害を異にすることも多く、村井との信頼関係は完全というわけではなかったが、同現連のように法案一本化へ向けて、中央で解放同盟と全国自由同和会が目標をひとつにするようになると、連帯することも多くなった。

やがて野中自治大臣のもとを村井を伴って訪ね、「私のスローガンは『いい郷土つくろう』だ。二人で力を合わせてくれ。応援するよ」という言葉をかけられるに至った。

こうした人間関係のなかで、国土建設協同組合は上田が理事長、そして村井が最高顧問という形で存在感を増し、ゼネコンや阪神高速道路公団（現阪神高速道路）などに頼りにされる存在となる。

例えば、京滋バイパス、縦貫道、第二京阪などすべてをつなぐ久御山《くみやま》ジャンクションである。2003年の供用直前、織田裕二主演の劇場映画『踊る大捜査線 レインボーブリッジを封鎖せよ！』（東宝）のロケ地となった。雄大で規模の大きなジャンクションだが、着工前には、「談合文書」が共産党の手に渡るところとなって大幅の遅延が予想された。そこで対策が図られる。

「久御山ジャンクションの工事が遅延したら道がつながらないので大変なことになります。そこでホテルの会議室を取って、野中事務所、国交省出先機関、公団、メーカー、業者、それに組合の我々が集まって、協議を重ねました。

最終的には、『談合文書』の出所を知る国土建設協同組合が処理することになり、『政治家の利権はなく、暴力団は関与せず、工事に群がる輩《やから》のような連中もなし』ということで共産党にも納得してもらいました。実際、そうした政治家を含む怪しい勢力は、組合の方で排除しました。それでなんとか工事に漕ぎ着けたんです」（上田）

野中の〝お墨付き〟を得た解放同盟・村井、全国自由同和会・上田のコンビで道をつけたことになる。2001年、村井は部落解放京都府企業連合会の理事長になったことで、そちらを優先させるため国土建設協同組合を離れる。

だが、もともと野中ラインは、野中が'94年6月から'95年8月まで自治大臣であった時代に、16回も大臣室に呼ばれた上田のものである。相談や指示の内容は、京都、同和、神戸（渡辺五代目と阪神・淡路大震災を含む）などさまざまだが、なかには「談合のドン」と呼ばれた平島栄の公正取引委員会への告発を、「山口組の力を借りて対処する」というシビアなものもあった。

そうした関係性のなか、野中と上田の連帯感はますます深まっていく。

第6章 連帯

「八条口」と呼ばれた野中広務の事務所は、京都での土建業界の談合調整の場でもあった。関西談合のドンと呼ばれた平島栄が、談合告発を行ったが、やがて「手打ち」がなされ、告発は取り下げられた。この不可解な事件の背景には上田や渡辺・山口組五代目、さらには野中広務などの人脈が蠢いていた。

自治大臣室で野中広務・元自民党幹事長と
（野中は引退後、自由同和会顧問に）

代議士になったのは57歳と遅咲きながら、自治相、内閣官房長官、自民党幹事長と瞬く間に権力の座へ駆け上がった野中広務は、2003年9月9日、政界引退を表明した。

12日後に開かれた自民党総務会に出席した野中は、堀内光雄会長に挙手のうえで発言を求めた。以下は、ジャーナリストの魚住昭が野中に迫った労作『野中広務――差別と権力』(講談社文庫)の一節である。

〈立ち上がった野中は、

「総務会長、この発言は、私の最後の発言と肝に銘じて申し上げます」

と断って、山崎拓の女性スキャンダルに触れた後で、政調会長の麻生〔太郎〕のほうに顔を向けた。

「総務大臣に予定されておる麻生政調会長。あなたは大勇会〔旧河野洋平派。麻生が継承して志公会〕の会合で『野中のような部落出身者を日本の総理にはできないわなあ』とおっしゃった。そのことを、私は大勇会の三人のメンバーに確認しました。君のような人間がわが党の政策をやり、これから大臣ポストについていく。こんなことで人権啓発なんてできようはずがないんだ。私は絶対に許さん!」

野中の激しい言葉に総務会の空気は凍りついた。麻生は何も答えず、顔を真っ赤にしてうつむい

たまま だった〉

野中が被差別部落出身の政治家であることは政界で周知の事実だったが、そこに正面から切り込んでいったのは、2004年6月に上梓された魚住の『差別と権力』が初めてだった。野中は京都府議会や部落解放同盟の集会などで、部落民として差別を受けたことを明かしたことはあるものの、党の会合とはいえこれだけ明確に、最大級の怒りをもって特定の個人に対し、その差別発言を追及するのは初めてのことだった。

野中は、〝間合い〟を読むのが得意なプロの政治家である。普段は小柄な体に穏やかな表情を浮かべているが、怒りに火が付くと額に青筋を立てて、舌鋒《ぜっぽう》鋭く攻撃する。当選回数がものをいう時代の自民党にあって、当選5回で自治相に就くなど要職を歴任、政界にひと時代を築くことができたのは、先を読み緩急自在の対応をしてきたからだった。

その野中が、引退の直前まで被差別部落出身であることを公的には秘していたのは、日本には根強い差別感情が残っているという読みであり、公言することによる家族、親族に及ぼす悪影響ゆえだったろう。

野中は、1925(大正14)年、京都府船井郡園部町(現南丹市)に、北郎・のぶ夫妻の長男として生まれた。約4反の田を持つ自作農で、貧しい小作農が多かった被差別部落のなかでは、例外的にそこそこの暮らしができる家で、父・北郎は農業のほかに郡役所で給仕として働いていた。野中は当時としては珍しく幼稚園に入り、旧制園部中学に進み剣道に打ち込むことができた。

初代園部藩主は、大坂夏の陣・冬の陣で徳川方として戦った小出吉親《こいでよしちか》である。小出家はもともと大坂・岸和田の城主で、支藩として但馬国出石《いずし》（現在の兵庫県豊岡市出石町）を所領としていた。だが徳川幕府は、西国強化のために豊臣家にゆかりのある小出家の直系、吉親の兄・吉英《よしひさ》を岸和田藩から支藩の出石城に移封。それに伴い次男の吉親は、新たに出石城から丹波国園部に移され、１６１９（元和５）年、２万９０００石を与えられて園部藩を立藩した。

この小出家の移封に伴って、皮革などで武具を生産する部落民も園部に移動した。第２章で京都産業大学の灘本昌久教授が述べた「戦国大名に抱えられた武具専門業者としての『かわた（皮多、皮田、川田）』」に重なる。

小出吉親は、園部の小麦山周辺に居宅を構え、園部陣屋とした。本来なら園部城と呼ばれてしかるべきだが、３万石以下は無城主格であるために城は持てず、陣屋である。ただ「帝都御守衛」という名目で１８６８（慶応４）年に許可を得て、小出家最後の藩主（藩知事）英尚《ふさなお》は、櫓門《やぐらもん》と櫓からなる悲願の園部城を築城した。

現在、城内には野中が通った府立園部高校が建ち、城門は校門として利用されている。その北に南丹市役所がある。旧園部町役場だ。かつて野中はここで町議（１９５１～５８年）、町長（’58年～’66年）を務めた。園部町は、野中が政界を引退した後の２００６年１月、八木町、日吉町、美山町との４町合併により南丹市となる。その時点で人口は約３万６０００人で面積は約６１６km²。主な産業は農業で、著名観光地として日本の音風景１００選の「るり渓」があり、ひなびた田園風景の拡がる落ち着いた町である。

町長の後、府議会議員となって当選３回（’67年～’78年）、それから副知事を拝命。’83年に代議士となってからは、内閣官房長官、自民党幹事長などを歴任した。麻生発言にあるように、２００１年４月の森喜朗首相の退任に伴う「ポスト森」に名前が挙げられたこともあった。野中は「(首相など) ２００%ない」と否定したものの、マスコミは信じなかった。

著書『老兵は死なず』(文藝春秋) のなかで、野中はこう困惑してみせる。

〈たとえば「幹事長をやめてから五、六キロ太った」と洩らすと、「野中元幹事長、首相の座に向けて体調の良さをアピール」と書かれる。

地元の京都新聞主催の講演会で日米安保条約に触れ、

「日米安保条約があっても日米平和友好条約なしに来ている現状はおかしい。そうした議論がなされて然るべきだと思う」

と話すと、「総裁選に向けての意欲を示す発言」と書かれてしまう〉

だが、「私にふさわしいのはナンバー２で上の人間を助ける仕事である」という野中の言葉通り、'01年４月の総裁選では、所属する平成研究会からは領袖の橋本龍太郎が出馬。小泉純一郎と戦って敗れた。

利益誘導より福祉施設

「叩き上げの大物」にありがちな利益誘導の形跡は、野中の地元・園部町に残ってはいない。

１９８３年の衆議院補欠選挙に、町長時代から世話になった田中角栄の田中派から出馬した。角栄は野中の師であり、戦後、全国で活発だった青年団活動時代からの付き合いである竹下登は兄貴分にあたるが、角栄の新潟、竹下の島根のように、「地元が公共工事で潤い、他県より環境整備された」という印象は園部町にはない。

役場の近くにあった自宅は区画整理事業で取り壊され、隣接地にあり応接室代わりに使い、野中の憩いの場でもあったという喫茶店も今はない。「野中広務生誕の地」という記念碑を建てようという話はあったが、「それを望む人ではなかった」という声で沙汰止みとなった。

逆に「野中らしさ」を伝えるのが、政界引退後も地元で、亡くなるまで福祉に関与し続けたことである。

日本には成人の最重度身体障害者の施設がなかったため、カトリック障害者・病者の会「子羊会」が提唱して運動を始め、園部町に日本初の療養施設「こひつじの苑」が開所された。京都府副知事時代に施設を訪れた野中は、入園者が働く場所の必要性を痛感し、1980年、作業所と授産施設（就労・技能習得のための施設）を備えた社会福祉法人「京都太陽の園」を創設した。「最も援助を必要とする最後の一人への尊重」が基本理念。園部と舞鶴、宮津に施設を持つ。

創設以来、法人の全役職を務め、現在、理事長を務める内藤政博が振り返る。

「忙しい身でありながら、野中理事長は2ヵ月に一度、施設で開かれる理事会に参加されました。経営状態のチェックだけでなく、入所者とも交流され、周年記念のような行事にも参加していました。'91年の5月、天皇皇后（現上皇上皇后）両陛下が視察されたときも、理事長が案内役を務めています」

銅像や記念碑、あるいは記念館のような類を持たない野中だが、唯一、残されたのが40年近く「京都太陽の園」理事長職にあったことを顕彰する〝小ぶり〟の胸像である。事務所入り口の正面で訪問者を迎えている。

重度障害者やハンセン病元患者など社会的弱者に寄り添う姿勢を見せる一方、永田町では「政界の狙撃手」という異名を持つこわもてとして知られた。だがそれは「つくられたイメージです」と言うのは、甥の野中一秀である。

「本人は凄く物静かです。ふだん家にいてもしゃべらないので、いるかいないかわからない。政治家にはむしろ向いていなかったと思うんですよ」

野中の男兄弟は、長男が広務で次男が園部町長を務めた一二三《かずみ》。そのさらに下の弟が一秀の父・定雄だ。定雄は政治に関与しなかった。子の一秀は「地域から日本を変えたい」と、園部町議、南丹市議を経験のうえ、2018年、'22年には南丹市長選に出馬したが、ともに落選している。

野中の長男は早世した。ひとり娘も女婿も野中の選挙地盤を継ぐ気はなかったが、野中自身も身内を政治家にする気はなかった。

甥の一秀は園部のしがらみのなかで生きていくことを嫌い、高卒後、一度は米国に渡りシカゴで暮らしていた。しかし、「外から見た日本の良さ」を改めて知り、園部に戻ると、父の旅行業を手伝いつつ政治家となる。しかし野中は、一秀が地方議員選に出馬すること自体、反対だった。

「最初、園部町議になるとき、伯父に相談に行ったんですよ。すると、こう言われたんです。『俺は前尾繁三郎先生（大蔵官僚を経て政治家となり、通産相、法務相、衆院議長などを歴任し

1981年に死去）に地盤を譲っていただいて、今こうして仕事をさせてもらっている。身内に（地盤を譲る）ということをしないのは俺も同じ。身内からは後継者を出さん。それだけはお前、理解しといてくれ』」

それでも一秀は「地方政界」への思いを捨てきれず、町議となった。南丹市議を経て2018年4月の市長選に出馬する際には、野中はさらに反対の意見を強めたという。同年1月に野中が92歳で亡くなる直前のことだった。

「『お前は甘い』と言いよるんです。『お前はわかってへんと思うけど、俺と一二三の陰も陽も、えとこも悪いとこも背負ってお前は出なならん。市会議員の選挙やったらええわい。でも首長はひとり決めんや。そういう時は必ず利害が出てくるんや』と言うんです。そのねたみひがみは私に集中する、と。だからそんな苦労をせずに、（一秀の父）定雄の会社を継いで、幸せになれというんですね。弱々しい声でした……」

そのとき、野中が政界から引退して15年が経過していた。年相応に弱気となっていたのはわかるが、'94年、自治大臣兼国家公安委員会委員長に就いて以降の、与野党を問わず、策士たちと丁々発止のやりとりをしていた頃の野中とは、イメージが重ならない。'03年10月に引退するまでの約10年間の野中の活躍は、それほどまでに華々しかった。

小沢に「ひれ伏してでも」自自公連立

初入閣は1994年6月、68歳のときのことだった。自民党・社会党・さきがけ連立の自社さ政権で自治大臣兼国家公安委員長に指名された。社会党の村山富市首相は、安保・自衛隊などさまざまな課題を抱えていたが、野中の担当分野でも松本サリン事件、阪神・淡路大震災、地下鉄サリン事件など重要問題は多かった。

'96年1月、政権が派閥領袖の橋本龍太郎に移ると幹事長代理として支え、未曽有の金融危機に臨んだ。同年10月の総選挙で自民党は半数近くを制し、社さは閣外協力に転じた。だが、'98年7月の参院選で財政再建路線に転じた橋龍・自民党は惨敗する。

責任を取って退任した橋本に代わって首相に就いたのは小渕恵三だった。小渕は「任にあらず」と固持する野中に、深く頭を下げ、内閣官房長官を依頼した。兄貴分の竹下登からの「助けてやれ」という電話もあって野中は引き受けた。

野中は官房長官就任に際し、自由党党首の小沢一郎に対して、「ひれ伏してでも、小沢さんには国会審議にご協力いただきたい」と述べた。かつてその政治手法を批判し、「悪魔」とさえ呼んだ小沢への、リアリストの野中らしい発言だった。官房長官として最優先する課題は政権基盤の安定に尽きた。そのためには参議院が過半数割れの少数与党のままでは政権を維持できない。亀井静香の仲介で小沢に会い、こう頭を下げた。

「私はいろいろ今日まで発言してきて、こんなこと言えた立場じゃありませんけど、ぜひ国難を救うためにお願いしたい」

小沢は、「そんなこといいよ。それより国家が大事だ」と返した。その後協議を重ね、公明党も参加し、小渕政権発足から1年2ヵ月後の'99年10月、自自公連立政権がスタートした。

小渕政権は安定した。「仕事師内閣」と呼ばれ、懸案事項を数多く片付けた。なかでも野中が注力して通した法案が「国旗は、日章旗とする」「国歌は、君が代とする」という二条で構成される国旗・国歌法案だった。

自叙伝『老兵は死なず』のなかで、野中はこの法律の制定を決意させた「一つの胸が痛む出来事」について触れている。1999年2月、卒業式の前日、「何が正しいのか分からない」という走り書きを残して自殺した石川敏浩・広島県立世羅高校校長のことである。

石川校長は、国旗掲揚と国歌斉唱を求める県教育委員会と、それに反発する教職員組合などの団体との狭間に入って悩んでいた。部落解放同盟広島県連は「君が代は天皇制という身分差別を助長する歌だ」として、文部省が求める日の丸掲揚や君が代斉唱に、教職員組合と連携しながら激しい反対運動を展開していた。

自殺後、広島県教育委員会が発表した「調査報告書」には、石川校長の深い孤立感と無力感が浮き彫りにされていた。報告書は、世羅校職員や他校校長ら約20人から聞き取った内容や石川校長の日記に基づいてまとめられたもので、自殺3日前の2月25日の様子は次のようなものだったという。

その日、尾三《おさん》地区（尾道・三原地区）校長会と部落解放同盟県連南部協の話し合いが行われた。解放同盟側は県教委が示した「君が代」にかかわる見解についての認識を校長らに質し、県教育長らに抗議文を書くように求めた。しかし校長会は、県教委の見解に従って日の丸・君が代を実施せざるを得ないと回答。その後の校内での職員会議では教職員から「強制は絶対に許さない」などと言われ、昨年通り日の丸は三脚で掲揚し、君が代は実施しないことになった——。

野中は、「板挟みにあって苦しんできたのは常に現場の管理職の方々だった」と言い、特に広島は被爆都市として戦後出発し、教職員組合への部落解放同盟の影響が強いことから「日の丸」「君が代」をめぐって激しい対立があったとしてこう書く。

〈そのなかでついに死者がでた。

私はもういいのではないか、という思いであった。米ソ冷戦が終結してから一〇年近くがたった。戦後の課題をこれ以上持ち越さない。このへんで堂々めぐりとなっているこの問題にある決着をつけるべきではないか、と考えた。

問題は、国旗掲揚と国歌斉唱には法的根拠がない、という点であった〉

こうして法案に取り組むことを決めた野中は、小渕を説得し、反対論の根強い公明党に根回しすることで、義務規定も罰則規定も盛り込まない二条だけの「国旗・国家法」を成立させた。

「後継森」を決めた密室の5人組

自自公連立政権は安定をもたらしたものの、小沢の〝要求〟に振り回される形で小渕と野中の葛藤は続いていた。2000年3月、「自民党と自由党を解党、大保守連合をつくろう」と小沢が呼びかけたところで、両者の溝は決定的となった。4月1日、小渕は小沢との会談後、「これ以上、自由党と連立を継続することは不可能だ」という言葉を発し、自自公連立は解消した。小渕が脳梗塞で倒れるのは、その翌日だった。

病状は重く、首相代理は野中退任の後を受けた青木幹雄官房長官で決まっていたが、後継の決定を急がねばならなかった。

小渕入院に際して、赤坂プリンスホテルに集まった森喜朗幹事長、亀井静香政調会長、村上正邦参院自民党議員会長、青木官房長官、そして野中幹事長代理の5人が後継を話し合った。村上が森にかけた「あんたがやればいいじゃないか」のひとことで「森首相が決まった」という。以降、「密室で小渕後継を決めた5人組」と批判されることもあった。森首相のもと、野中は幹事長を務め、ますますその力を確かなものにする。それゆえに「ポスト森」に擬せられた。

だが、自分には「ナンバー2が相応しい」という自覚には、「麻生発言」に見られるような野中に対する潜在的な「部落民批判」をはね除《の》けなければならないことへの〝煩わしさ〟もあったのではないだろうか。

野中が公開の場で初めて被差別部落体験を語ったのは、1973年3月7日、京都府議会本会議のことだった。大阪鉄道局を辞職して政治家を志した理由を、野中はこう述べている。

〈私は一週間、泣きに泣きました。私に目が三つあるわけではない。皮膚の色が違うわけではない、口が二つあるわけではない、耳が四つあるわけではない。何も変わらないのに、そして一生懸命がんばるのに、自分が手塩にかけたそういう人たちに、なぜそんなことを言われなくてはならないのだ（中略）。大阪へ出て部落の出生であることを言いふらそうとも、隠そうとも思ってなかったけれども、自分の環境から逃げ出していい子になりすぎておった。やっぱりまっすぐ自分を育んでくれた土地へ帰ろうと〉（『差別と権力』）

大阪鉄道局を辞めるきっかけは、自分の下宿で寝起きさせて、面倒を見ていた後輩が「野中さんは、園部に帰れば部落の人だ」と、発したひとことだった。

目が三つ、口が二つ、といった比喩は、その後、野中が好んで使う言葉だった。順調に出世していた国鉄での職を捨て去るほど衝撃は大きかった。だが園部に帰り、町議、町長を経て府議となっても、野中が部落解放同盟的な直接行動を起こすことはなかった。

むしろ野中は、差別をバネに強い力を持つ解放同盟の利権を牽制した。先の府議会で差別体験を語った後、こう続けている。

〈あなた〔蜷川虎三府知事〕がやってこられた同和行政は、子どもがアメが欲しいといえばアメをやり、ゼニが欲しいといえばゼニをやって、黙らせる同和行政です〉（『差別と権力』）

この京都府議時代の野中の発言は、蜷川府政において、自民党は野党だったという背景もあろう。ただ、国会で野党時代も、あるいは自治相としてポストを得てからも、同和団体への「税優遇（同和控除）」を徹底して批判し、見直しに導いたのを見てもわかるように、野中は一貫して「逆差別」を生む同和利権に批判的だった。

それは、上田藤兵衛との関係にも表れている。

野中が有力代議士になるのに合わせて、自民党系同和団体を引っ張る上田との関係が深くなった。だが、はじめは警戒感を露わに見せた。最初の出会いは、上田がまだ全国自由同和会に加わる前、全日本同和会で青年部長だったときである。府内上下水道などのインフラを握る京都府副知事の野中に陳情に行ったが、深い人間関係を結ぶには至らなかったという。

「その後、全国自由同和会が堀内（俊夫・自民党地域改善対策特別委員会委員長）先生の根回しで立ち上がり、約束通り、我々は自民党の友好団体として認知され、全日本同和会に代わって意見聴取団体となります。

全国大会は自民党本部ホールで行われ、中央本部も自民党政務調査会の配慮で、党本部のある平河町に置かれました。堀内先生が清和会に所属していたこともあり、我々は派閥領袖の安倍晋太郎先生への報告と挨拶を欠かさんかった。野中先生にすれば、はじめは他の派閥の同和利権と思いはったかも知れません」（上田）

実際は全国自由同和会として特定派閥に肩入れすることなどなく、安倍晋太郎と並ぶ大物の竹下登・経世会会長への接触も重ね、パーティーなどでは挨拶、手紙などでの報告や陳情も欠かさなかった。

やがて竹下事務所から「京都の窓口は野中事務所で」という形で振られたことが、野中と上田の〝仕切り直し〟となって関係が深まっていく。

では、野中と上田が連帯感を強めるなか、同和運動はどのように進んでいったのか。

磯村英一・地域改善対策協議会（地対協）会長の理念のもとに生まれ、全国自由同和会が提唱した人権基本法案は、事業法、教育・啓発法、差別解消法の三つに分けられている。

このうちの事業法が「地域改善対策特定事業に係る国の財政上の特別措置に関する法律（地対財特法）」で、これは１９９２年に延長が決まった（当初５年の予定がさらに５年延長で２００２年まで存続した）。延長のために全国自由同和会と部落解放同盟が結成した「同和問題の現状を考える連絡会議（同現連）」は目標を達成した。

だが、教育・啓発法の成立は、２０００年の「人権教育及び人権啓発の推進に関する法律」としての成立を待たねばならず、差別解消法については、'02年、人権擁護法案として国会に上程されるものの、廃案となりいまだ最重要課題のままである。

ただ、差別解消への取り組みそのものは進んでおり、野中は熱心に取り組んできた。

国連採択から30年、１４６番目の加入国

人権擁護の起点となったのは、野中が中心メンバーとなっていた「与党・人権と差別問題に関するプロジェクトチーム（与党プロジェクト）」が、1995年6月に提出した「中間意見」である。中間とはいえ、'94年12月の組織化以降、14回の会合を持っており、ここでの合意事項が、国連採択の「人種差別撤廃条約」への'95年12月の加入につながった。

「中間意見」では、次のような認識が示された。

〈今日、人権実現へ向けた国際社会の要請は日増しに大きくなっている。日本国憲法の制定、世界人権宣言の採択から半世紀となる今日、改めて人間の尊厳に関わる問題として人権と差別問題を認識し、人権実現社会の構築を図らねばならない時期にきている〉

そのうえで4項目の具体的合意をまとめており、その第一が、〈政府においては「あらゆる形態の人種差別撤廃に関する国際条約」を年内のしかるべき国会において批准する必要がある〉というものだった。

部落解放同盟の長く激しい運動の歴史から、人権擁護の法的整備は進んでいると思われがちだが、日本は世界各国に比べて取り組みは遅く、整ってもいない。

国連総会は、1965年12月、ネオ・ナチズムなどの差別の台頭を未然に防ぐことを目的に、人種差別撤廃条約を採択した。'95年11月の時点で145ヵ国が締結していた。日本が遅れたのは、「差別宣伝や差別扇動」を犯罪と見なして処罰することを求めているからで、表現の自由、結社の自由に抵触する恐れがあるとして条約締結に至っていなかった。

だが、条約の第一条にある「差別の定義」が、狭義の人種差別だけでなく、「皮膚の色」「世系

（家柄、家格、地位）」「民族」「種族」まで含むもので、「差別は犯罪」と世界が認識することで、幅広く人種差別を解消するという共通認識に至り、146番目の条約加入国となった。

その結果、被差別部落民やアイヌ民族、在日韓国・朝鮮人を始めとする在日外国人に対する差別なども この条約の対象となった。また、条約加入を受けて、'95年12月の閣議で総理大臣を本部長とする「人権教育のための国連10年推進本部」の設置が決まった。主たる目的は「あらゆる場を通じた人権教育」の推進だった。重要課題として、女性、子ども、高齢者、障害者、被差別部落民、在日外国人、刑を終えて出所した人などが含まれる。第8章で詳述する包摂（インクルージョン）につながる概念だ。

こうした動きを受けて、全国自由同和会は地対協への働きかけを強めてきた。当時、地対協では'93年10月に開かれた総括部会第1回会合以来、月に一度のペースで総括部会を開き、「国際的な潮流や人権問題全般も視野に入れつつ、同和問題の早期解決に向けた今後の方策の在り方」について論議してきた。

野中が属する与党プロジェクトとの連動で上田もこの部会で何度もヒアリングを受けてきた。上田の主張は、人権基本法の制定とそれにまつわる法整備だが、'96年3月28日に出された地対協総括部会最終意見に対し、全国自由同和会は次のような見解を明らかにした。

〈我々が総括部会で主張した内容が寸分の狂いもなく明記されており、高く評価するとともに、歓迎するものである〉

翌29日、上田など全国自由同和会本部3役は、自民党幹事長代理の野中と面会した。冒頭、上田が「我々の訴えが最終意見に反映されました。この最終報告が出るまでの間、野中先生にはたいへんなご理解、ご協力をいただいた」と、謝意を述べた。野中は、「これがすべてではない。これからも頑張りたいし、頑張っていただきたい」と答えた。

野中の「鶴の一声」

全国自由同和会の結成から10年が経っていた。自民党系同和団体として、党・行政と、歯車が噛み合ってきたということだろう。

運動による法整備はさらに進んだ。1996年5月、総括部会最終意見を踏まえて、地対協は橋本龍太郎総理大臣に「同和問題の早期解決に向けた今後の方策」についての「意見具申」を行った。また与党プロジェクトは、①教育・啓発の推進に関する法的措置、②人権侵害による被害救済のための法的措置、③地域改善対策特定事業に関する法的措置について合意した。

こうした合意に基づく与党プロジェクトからの申し入れを受けて、'96年11月からの第139臨時国会で人権擁護施策推進法が提案され、制定された。まさに人権擁護を推進するための5年の時限立法で、法律に基づき人権擁護推進審議会が設置された。ここでも上田は、意見聴取団体として審議会のヒアリングに呼ばれ、意見表明している。

こうした運動の成果として、人権教育啓発推進法などは制定されたが、上田が「これを仕上げたら自由同和会の役割は終わり。会は解散します」という人権擁護法案は、なかなか成立しない。これについては、次章で詳述したい。

野中と上田の連帯は、中央での運動の進展とともに京都でも深まっていった。

地対協総括部会最終意見に、全国自由同和会の要望が大きく反映された'96年、自民党京都市議会は全国自由同和会を正式に対応団体とするようになり、双方、「覚書」を交わした。その背景には「いい加減に全国自由同和会と一緒にやれ」という野中の「鶴の一声」があったという。

上田は、部落解放同盟と野中の間をつなぎ、地対協と一体化することで、野中の目指す「利権に走らない同和行政」に連帯しようとしたが、一方で、その行動力に期待したゼネコンの意向を伝える役回りも果たした。

野中は、園部町長時代から東京・目白の田中角栄邸に出入りし、若くしてその手腕を認められた政治家である。田中は1918年5月生まれで野中の7つ年上。年齢では「兄貴分」だが、二人が初めて会ったとき、39歳の田中はすでに郵政相として初入閣を果たしており、格も実績も違う。

野中は、'83年8月の衆院補選で、前尾繁三郎の地盤を譲ってもらい、初当選を果たした。このとき、約200人の「田中秘書軍団」の支援を受けており、田中は野中の中央政界での「生みの親」だった。

田中角栄は、近年、その骨太の土着政治が愛すべきキャラクターとともに、再評価されている。失脚の原因は巨大航空利権のロッキード事件であり、政治資金作りのための信濃川河川敷の土地転がしだった。その体質は、「田中金権政治」として厳しく批判された。だが田中だけでなく、田中派を割って出て創政会（後に経世会）を立ち上げた竹下登、その後見役だった金丸信、そして金丸が後継と見定めた小沢一郎は、いずれも地元に「土建支配」のシステムを築いた。バブル経済に重なる'80年代後半から'90年代初頭まで、「金・竹・小」と呼ばれる三人は、日本の権力機構のトップにいた。

田中に生んでもらった野中だが、竹下が1985年2月、田中派を割って創政会を結成すると、昭和20年代の青年団時代から縁のある竹下に付き従った。府議、副知事と地方政界でキャリアを積む間に、京都の土木・建設を仕切るに至った野中の動きは、田中・竹下の歩んできた動きと軌を一にする。

それは、旧田中派の利権政治を継承するというより、「カネと票」を最も握っている建設業者を通じて選挙区を掌中に収め、選挙を安定して闘うための手法だった。自民党保守政治家としての宿命のようなものだろう。

野中は、'83年12月、2度目の衆院選に勝利し、'86年7月に3選を果たす頃には、「京都の建設業者は押さえた」と、豪語するまでになっていた。

その布石として、野中は建設の族議員となっていった。族議員となることは、政治家のステップアップには欠かせない。ここで行政と業界に睨《にら》みを利かせられる存在となってから、さらに業界の範囲を広げ、有力政治家となっていく——これが中選挙区時代の自民党政治家のセオリーだった。

野中は、衆院建設委員会、逓信委員会に所属し、建設業界と郵政・通信業界に基盤を築いていった。

だが、これは後述する「金・竹・小」の支配体制とは少し違う。

京都選出の有力政治家として、京都駅近くの八条に事務所を設け、やがて野中事務所は「八条口」と呼ばれるようになった。そこには公共工事のあらゆる情報が入ってくる。その情報を求め、場合によっては口利きを期待した関西のゼネコン幹部や京都の建設業者が日参するようになった。だが、'94年6月に自治相となる前の一時期、野中がこう切れたことがあるという。

「やってられへん。(事務所の秘書に)おい、いっさい、(談合から)手を引け。(公共)工事には触らんとけ！」

「八条口」と呼ばれた野中事務所

上田がこう振り返る。

「野中先生の名前を使って工事の受注を仕掛けたり、野中事務所の名刺で利権漁りをする者がいたりして、もうイヤになったみたいです。

当然(土木・建設の)現場は混乱します。ゼネコン関係者などが20人ぐらい集まって打開策を話し合った。といっても、野中先生に翻意してもらうしかない。『藤兵衛さん出番です！』とか言われておだてられ、私が先生に会うことになりました」

ゼネコンや地元建設業者では露骨な陳情になり、野中がますますヘソを曲げる可能性がある。野中は、有力政治家として公共工事の調整作業を続けることに疲れていたようだ。だから業者に会いたがらない。そこで直接、事業をしているわけではない上田に白羽の矢が立ったということだろう。

「永田町・議員会館近くのホテルにみんなが集まりました。意見をまとめ、改善点はなにか、先生への要望はなにか、など5項目ぐらいをまとめて紙にして、議員会館の先生の部屋に向かったんですわ。『藤兵衛さん、きてもろたら困る。あまりに（建設業者の）行儀が悪いし、ワシ、体がもたへん』と、先生は言いはった」

上田は、こう返した。

「先生、引くのはいいけど、現場が混乱しとる。どうしたらいいんや」

以降、談合が成立しないような面倒な案件は「八条口」には持ち込まず、「野中先生に迷惑をかけない形」での調整は続き、上田が「八条口」に行く回数は増えた。

政治家の「天の声」のイメージといえば、以下のようなものだろう。

ゼネコンの「業務屋」と呼ばれる談合担当が、過去の経緯や実績などをもとに調整して受注業者を決める。揉めたときには、公共工事のシステムを理解し、業界が認める有力政治家に頼り、その政治家が「天の声」を発する——。

実際は、談合といっても地域によるし、政治家の力量や談合組織の強さによって形態はさまざまで、一概には言えない。「どうしても（受注を）取りたい」という業者の意向を受けて政治家が強引に業者を決定することもあれば、地域の「談合のドン」の力が強く、政治家がまったく口を出せないこともある。

その政財官一体の談合の温床——「ゼネコン資本主義」が、検察の摘発や、談合を「非関税障壁」といって批判する米国政府などの〝外圧〟で危機を迎えることになる。

山梨の「まんじゅう代」

自民党副総裁として権勢を誇った金丸が失脚するのは1992年8月、第1章で述べた東京佐川急便事件が引き金となった。東京佐川急便からの5億円のヤミ献金が発覚し、東京地検特捜部は、その追及過程で約10億円の脱税を把握、'93年3月、金丸を逮捕・起訴した。この捜査の過程で「山梨土建業界ルート」が暴かれた。

山梨県建設業協会に加盟している業者は、'93年3月末時点で約600社あった。そのうちの実に約9割が、金丸の選挙集票マシンである「建信会」に所属していた。「建信会」とは、読んで字の如く「建設業界の信ちゃん会」である。盆暮れになると、企業規模に応じて、50万円から500万円の上納金を出す。幹事会社がこれをまとめて金丸か、あるいは金庫番の生原正久《はいばらまさひさ》秘書に届けた。選挙の際には「応援名目」で別途カネが徴収され、1億円以上のヤミ献金となっていた。

山梨の土建業界には、「コーヒー代」「まんじゅう代」という隠語があった。「コーヒー代」とは談合経費のことで、1社あたり数万円の経費を落札企業が負担する。「まんじゅう代」は、談合の際の金丸や金丸周辺企業へのバックリベートとなる。1個100万円を意味し、まんじゅうを何個出したかが、落札企業の〝決め手〟となった。

このシステムをまとめていたのが、金丸の地元後援会「久親会」の幹部である山梨県建設業界の重鎮たちで、頭文字を取って「ＹＫＩ３人衆」と呼ばれた。金丸が代議士になったのは、１９５８年5月の第28回衆議院議員総選挙だった。山梨全県区でトップ当選を果たした。同期に竹下登、安倍晋太郎がいて、特に竹下とは肝胆相照らす仲となり、長男・康信が竹下の長女・一子と結婚したことから、両家は親戚関係となった。

ただ、昭和の自民党政治家は当選回数がモノをいう。建設相、国土庁長官、防衛庁長官を経て有力政治家となった金丸が土建支配システムを築くのは、'79年、山梨県知事選において望月幸明副知事を支援し、4選を狙った現職・田辺国男を破ったときのことだった。以降、中央のゼネコン業界に影響力を発揮するのはもちろんのこと、山梨県では「金丸土建王国」を確立した。

金丸同様、竹下も島根県に「王国」を築いていた。中心となるのは後援会組織の「きさらぎ会」。島根で「だんさん」と呼ばれる日本一の山林王・田部《たなべ》長《ちょう》右衛門《えもん》との関係において大きくなっていった。

田部家は、歴代、長右衛門の名を継ぐ。竹下より18歳年上の23代長右衛門が、竹下を「登」と呼んで可愛がり、自民党県連会長として１９５８年の衆議院選に出馬した竹下を後押しした。

竹下が代議士になると、長右衛門は翌'59年の県知事選に出馬して県知事となり、'71年に退任するまで、「田竹体制」と呼ばれる支配体制を確立した。もちろん力のあるのは「田」の方だったが、竹下は'71年、長右衛門の引退に伴う県知事選で副知事の伊達慎一郎を擁立した。反竹下派の推す候補を僅差で破ったこのときから、「田竹体制」は「竹下体制」へと変化した。

県知事を押さえるということは県庁幹部職員を味方につけるということである。竹下事務所は公共事業関連の事業情報や入札予定価格などを入手しやすくなった。談合に欠かせない情報である。県内の有力土建業者は竹下事務所に取り込まれ、後援会である「きさらぎ会」に入会するようになった。

島根県の土建業者は、その実績と事業規模により、特AからDランクに分けられていたが、小は数百万円から大は数十億円の規模に至るまで、受注業者は業者間の話し合いで決まった。談合場所は、昼は県内各地の建設業会館、夜は業界御用達の料亭だ。竹下事務所が関与するのは特Aクラスの県内大手が受注する工事で、入札情報が竹下事務所からもたらされ、それをもとに談合が行われる。

談合組織は「研究会」と呼ばれ、県内大手建設業者がまとめ役となり、竹下事務所および「きさらぎ会」と連携する。こうした支配体制は、'89年4月に竹下がリクルート事件で首相を退任、表舞台を降りるまで続いた。工事額の規模にもよるが落札金額の1〜3%が「きさらぎ会」にもたらされたという。

金丸、竹下に倣って、小沢一郎もまた岩手県の公共工事を次のように支配していたという。

〈岩手県下の公共工事については、遅くとも昭和50（1975）年代の終わり頃から、小沢議員の事務所が影響力を強め、前記談合において、小沢事務所の意向がいわゆる「天の声」とされ、本命業者の選定に決定的な影響力を及ぼすようになった〉

これは、2009年に小沢の政治団体「陸山会」の会計責任者である大久保隆規を政治資金規正法違反容疑で逮捕・起訴した検察が、裁判の冒頭陳述で述べた言葉である。

業界サイドを仕切っていたのは大手ゼネコン・鹿島の東北支店副支店長だった。経験豊富で過去の受注経緯（業者間の貸し借り）を知る副支店長が、小沢事務所の了解をもらいながら談合を差配するという構図だった。

この事件は、西松建設のダミーの政治団体から小沢の政治団体が違法献金を受け取っていたというもので、同社の外為法違反事件が端緒になった。ただ、これで事件が終わることはなかった。陸山会が世田谷区の土地を購入する際、政治資金収支報告書に虚偽記載したという疑いで特捜部が再捜査を開始し、ゼネコン、サブコン、地元業者などから徹底的に事情聴取した。その結果、準大手ゼネコン・水谷建設の会長と社長から、「'04年、小沢事務所の石川知裕秘書に5000万円、'05年、大久保秘書に5000万円を渡した」という証言を引き出した。

検察は2010年2月、悪質性が高まったとして両秘書と私設秘書の3人を政治資金規正法の虚偽記載罪で起訴した。小沢については嫌疑不十分で不起訴処分とした。小沢は、'11年1月、検察審査会の「起訴議決」により強制起訴されたものの、無罪判決が下され、秘書3人については有罪が確定した。

「ジャパン・アズ・ナンバーワン」の反動

「金・竹・小」が日本の政治権力中枢にいたのは6〜7年のことで、それほど長期間にわたるものではない。ただ、バブル経済に日本が潤っている時代である。日本企業は、その溢れる資金で1986年の米ニューヨーク5番街のティファニービルを皮切りに、アルコ・プラザ、エクソン・ビルなど資本主義の象徴的建造物を次々に買収した。米国の社会学者、エズラ・ヴォーゲルの『ジャパン・アズ・ナンバーワン』がベストセラーになり、日本はユーフォリア（幸福感）に酔いしれていた。

バブル景気のはじまりは、プラザ合意だったといわれる。'85年、G5の米、英、独、仏、日の5ヵ国が集まって、為替市場への協調介入でドル高を是正することが決まった。このとき日本の蔵相は竹下だった。

日米の相互依存が深まるなか、日本の輸出超過と米国の輸入超過という貿易不均衡は、日米経済摩擦につながっていた。プラザ合意の結果、日本は輸出が伸び悩み、円高不況に陥ったものの、それでも米国の対日貿易赤字は解消しなかった。

貿易不均衡は、日本の社会制度、契約慣行、閉鎖市場などにあるとして、その解消が強く求められるようになる。結果、日本の経済構造に対する改善要求が生まれ、それは'89年から'90年にかけて行われた日米構造協議へと発展する。これに対応したのは、'89年6月の竹下退陣を受けて登場した宇野宗佑《そうすけ》内閣だったが、宇野は女性スキャンダルによりわずか69日で退陣したため、8月に発足した海部俊樹《かいふとしき》内閣が引き受けた。

このとき、自民党を仕切っていたのは47歳で幹事長となった小沢だった。アマコスト駐日米国大使は、竹下派主導で発足した海部内閣には権力がないことを見越したかのように、自民党の小沢のもとを頻繁に訪れて、「系列」「談合」などによって縛られた日本の構造改革を要求した。また、内需主導経済にすべきだと、10年間で430兆円の公共投資を行う合意を引き出した。

このとき日本は、有力政治家と、話のわかる行政と、「カネと票」を提供する業界という三者が一体となって国家を運営する「ゼネコン資本主義」のまっただ中にあった。

その談合という互助システムに支えられた「金・竹・小」が、ジョージ・ブッシュ（父）政権の外圧により、日本を変えねばならなくなったのは皮肉だが、流れは変えられない。世界で金融自由化は進み、カネは自在に国境を越え、グローバル化が進んでいた。

米通商代表補代理のグレン・S・フクシマは、『朝日ジャーナル』（1991年9月27日号）に投稿した「日米経済摩擦の政治学」のなかで、新関西国際空港について触れていた。

〈「日米建設問題」は、当初、「新関西国際空港問題」として始まった。（中略）

一九八五年四月に私がUSTR（米通商代表部）に勤務しはじめる前に、私の後の上司であるマイケル・B・スミスUSTR次席代表は、この問題にすでに注目していた。彼はその年の春、松井和治《かずはる》運輸次官に書簡を送って、新関西国際空港プロジェクトの入札にあたっては、外国企業にも日本企業と平等な機会が与えられるよう、要請した〉

運輸省航空審議会は、1974年、関西の浮沈をかけた関西国際空港の候補地を「泉州沖」とする答申を出した。関空に難色を示す革新の黒田了一府知事を、関西財界は'79年の府知事選で一丸となって追い落とし、保守系で推進派の岸昌《さかえ》に替えた。

日米構造協議に先立つ個別要請として米政府は、'86年、関空プロジェクトへの国際競争入札を要求した。要望を入れる形で空港ターミナルビル南ウイングには、竹中工務店を中心とするジョイントベンチャー（JV）に米オーバーシーズ・ベクテル、北ウイングには、大林組を中心とするJVに米フルーア・ダニエル・ジャパンが参加した。

日米構造協議やそれを引き継ぐ'93年からの日米包括経済協議などで日米が緊張を高めるという大きな潮流のなか、上田が図らずも関与した出来事がある。

京都「崇仁再開発」と米企業の触手

ひとつは、京都最大の同和地区である「崇仁《すうじん》再開発」への米国企業の参入希望だった。

JR京都駅の東に位置する崇仁地区は、全国でも最大規模の同和地区として知られている。地区内を南北に河原町通が、東西に塩小路通が貫いており、京阪七条駅にも近い交通至便の土地である。面積は約27万4000平方メートルと広大だ。

長年、差別を受けてきた同和地区として、京都の人々から避けられ、人口は減少を続ける一方だった。2019年時点での人口は約1300人。寂れる一方だったこの街は、2023年に京都市立芸術大学が移転する計画が立ち上がり、いま工事が急ピッチで進み、大きく変わろうとしている。

崇仁地区には、被差別部落の住民によって設立された日本で唯一の銀行である柳原銀行（1927年に倒産）の建物が、京都市登録有形文化財に指定されて残されており、この地区の歴史・文化・生活を伝える「柳原銀行記念資料館」となっている。

同館が伝えるところでは、室町時代（16世紀前半）に六条河原が処刑場となり、河原者が刑務を行っていたところから崇仁地区の歴史は始まる。やがて皮革産業などを起こしながら人口を増やしていった。差別小説として糾弾を受けた雑誌『オール・ロマンス』に掲載された「特殊部落」の舞台となったことが証明するように、住環境は悪く、世帯収入は少なかった。'69年から始まった同和対策事業で市営住宅などが建設されて住環境は整ったものの、地区外の差別意識は変わらず、昭和50年代に入って、「成長から完全に取り残された街」となっていた。

地区の一部の材木町を中心に、再開発計画が立ち上がったのは、昭和50年代後半に入ってからのことだ。準備会を経て、1985（昭和60）年、崇仁協議会が設立された。この協議会の初代会長に就いたのが、全日本同和会京都府連合会副会長で洛南支部長の高谷泰三だった。

上田の同和運動の活動家としてのスタートは、この全日本同和会洛南支部事務局長としてのものだったし、高谷とは第I章の「プリンスホテル事件」を経験した肝胆相照らす仲である。

本来、崇仁再開発は全日本同和会が高谷のもと事業参画する予定だった。しかし当時、高谷が体調を崩していたうえ、上田は堀内俊夫参院議員に一本釣りされる形で全国自由同和会の立ち上げに関わり多忙だった。全日本同和会から分派して、全国自由同和会を立ち上げるのは'86年7月のことである。

上田は崇仁再開発から手を引く。上田が関わったのは、高谷から事業を引き継いだ形の藤井鐵雄・崇仁協議会委員長の関連会社が、中核部分の寺社の底地を購入する際、その売買に関与しただけだった。

崇仁協議会の地上げ資金は、サラ金「武富士」から出ていた。潤沢な資金を利用した地上げが行われた。そのため資金を巡って暴力団組員らによる複数の射殺事件が発生した。さらに不動産業者に対する銃撃・襲撃事件も起きたため、「崇仁・材木町」は「魔窟」と呼ばれ、同和地区再開発に悪いイメージを与えてしまった。

驚くべきことに、この複雑な地に、同和問題の複雑さを知らない米資本が国策として乗り出し、しかも上田が「水先案内人」を依頼されるという希有な出来事があった。

「1988年に同和問題を所管する総務庁のキャリア官僚から、依頼がありました。行くと大会議室が用意されていて、外国人が30人ぐらいいたでしょうか。『崇仁地区の再開発をしたい。ついては解放同盟を含めた運動体をまとめてほしい』というのです。名刺は、全員、関空ターミナルを受注したベクテルのものでした。ただもう一枚、名刺を持っている人もいて、それはCIA（米中央情報局）の名刺でした」

ベクテル――米カリフォルニア州に本社を置く総合建設業者。3兆円近い売上規模もさることながら、米政権との深い結びつきで知られる。'80年代前半のレーガン政権発足にあたっては、社長のジョージ・シュルツが国務長官に、副社長のキャスパー・ワインバーガーが国防長官に指名されていた。

中東石油国のインフラ整備に力を発揮し、湾岸戦争後のイラク復興事業を手がけるなど常に米国政府とともにある企業だ。日本でも関空だけでなく、青森県六ヶ所村の六ヶ所再処理工場、羽田空港ターミナルビル、東京湾横断道路、アジア太平洋トレードセンターなど重要インフラ関係を次々に受注している。

だが崇仁地区は、さすがに〝米国の威光〟が通用するほど簡単な場所ではない。ベクテルの参入は絵に描いた餅に終わったが、上田に「国策」の意味を考えさせる結果となり、それは後の「平島問題」で生きた。

五代目からの電話

「おい、藤兵衛よ。『親分の名前を出さんことにはアカン。日本が大変なことになる。国を救ってくれ』とか言うのやけど、そんな話さっぱりわからん。普段は、獅子身中の虫みたいな扱いを受けて叩かれてばっかりや。本当に、これをやって、社会が認めてくれるんか？」

山口組五代目の渡辺芳則から、怒り半分、困惑半分の、そんな電話が上田の携帯にかかってきたのは、1997年2月下旬だった。受けたのは京都・祇園四条の南座前の路上である。1時間も続いたという相談の内容は、次のようなものだった。

「談合のドン」と呼ばれる平島栄・西松建設相談役が、関西談合の実態を公正取引委員会に告発した。それを撤回させようと、自薦他薦のさまざまな勢力がゼネコンの意向で動いているが、多すぎて収拾がつかない。「ここは山口組組長の意向を示してもらって、交通整理をするしかない」というゼネコン筋からの申し入れがあるが、それは正しいのか——。

平島の告発は、ゼネコン業界のみならず、そこに支えられた政界や、業界と政界をつなぐ官界にも衝撃を与えた。政官財が三位一体となるゼネコン資本主義の実態は、「金・竹・小」の事例で見てきた通りである。野中もまた、その枠のなかにいる。

崇仁再開発でのベクテル体験以降、米国の対日圧力が年々高まっているのは上田も実感していた。ゼネコン談合の表面化は、米国の攻勢をさらに強めることになろう。上田は渡辺に「どう対応すべきか。政治家などの意見を聞いてみます」と断って電話を切った。相談相手は野中である。

野中は、日米摩擦、貿易協議の難しさを語りつつ、言葉を選びながらこう述べた。

「日本がひっくり返ってしまう。(平島の告発を)なんとかならんか」

上田は、談合告発が持つ意味と、それが公になったときのインパクト、日米に与える影響などを渡辺に伝えた。

結論だけ言えば、1997年3月11日、平島は突如として告発を撤回。「告発は新しい談合組織を公正取引委員会に調べてもらうための方便」だったと苦しい〝言い訳〟をした。告発の2月19日から撤回の3月11日までの19日間に何があったのか。

平島は、'97年6月に西松建設を退任した。その後も「必要悪としての談合」について語ることはあっても、告発を撤回した理由を明かすことはなかった。ただ、「闇の世界から使者がやってきた」と漏らしたことはある。

そもそも平島栄とは何者か――。

平島は旧制商業学校を卒業後、戦中の1942年、大林組に入社する。出征し、'48年に復員すると会社に戻り、土木営業畑を歩んだ。談合担当を「業務屋」と呼ぶが、平島は'60年代には業務屋となる。他の会社の業務屋が転勤や担当替えで外れていくのに、平島は居心地がいいのか居座った。やがて平島は「ドン」となった。

土木談合の世界を仕切ることになった平島は、組織の名を「土木栄会」「清和クラブ」「ディー・エス・ケイ(DSK)」と変えていくが、「平島が仕切る談合組織」という実態は変わらない。「ドン」となる条件は、過去の経緯(受注の際の貸し借り)を知り、メンバーに不満が出ないように公平に割り振り、口が堅く、抜群の記憶力で証拠を残さない、などがあるが、そのすべての条件を平島は満たしていた。大林組で常務になっても業務屋を続け、他社のメンバーとは親子ほどの年齢差があるので誰も逆らえない。だが、大林組内での専横が目立つようになったとして切られ、'93年、西松建設に移籍して仕切り役を継続した。

関西では政治家も官僚も口を出せない世界を築いた平島にとって、最大のプロジェクトが関西国際空港だった。1984年10月、関西国際空港株式会社が発足し、初代社長に元運輸官僚の竹内良夫が就くやいなや、平島は10名ほどのゼネコン役員を引き連れ、竹内の元でこう切り出したという。

「関西のことですから、こちらで仕切らせてもらいます」

無礼な申し出を竹内は一蹴した。だが、怒った平島らは大挙して上京し、金丸信、安倍晋太郎、藤尾正行らに陳情する。「平島が口を利けば、パーティー券が数千枚は捌ける」という実力者の怒りを、大物政治家も無視はできない。「おい、どうなってるんだ。地元の声を聞いてやってくれ」と竹内のもとに連絡が入り、業者の仕切りは平島に委ねられた。

野中にも「こちらで仕切る」と高飛車

その行き過ぎが告発され、公正取引委員会が動いたこともある。平島が会長を務める海上埋立土砂建設協会では、納入する空港用土砂の出荷量と価格を取り決めていた。1989年9月、公取委が排除勧告を出し、課徴金を科した。だが、平島の地位は揺るがなかった。

平島は野中にも相対している。平島のＤＳＫには大阪に本支社を置く約120社が参加しており、ここの網をくぐることなく工事を受注することはできない。'90年1月、京都市で地下鉄東西線の工事が始まるとき、京都の大物政治家で談合にも通じた野中を平島も無視できなかった。平島は、'89年秋に野中のもとに挨拶に出向くが、「こちらで仕切らせてもらいます」と、そこは高飛車だったという。

関空、地下鉄、高速道路……。ビッグプロジェクトはすべて自分の前を通る快感に、いつしかタガが外れたのだろうか。平島は「ドン」の要件である公平さを失い、西松建設に有利なように取り計らうようになった。それどころか、他社の社長のクビまで飛ばしてしまった。神戸港の震災復興事業で見積り通りに落札した佐伯建設工業が「談合破りを行った」として、'96年、平島と側近たちが社長を大阪に呼んで責め立て、退任に追い込んだのだ。

「平島のおっさん、もうあかんで」

'97年1月、主要25社の談合担当者が大阪市内のホテルに集まって、平島抜きの新談合組織を立ち上げた。察知した平島は反撃に出るが果たせず、2月19日、公取委に自ら告発した。大手ゼネコンを含む155社が、談合による落札業者や受注価格等を決めていたとされる証拠（工事一覧表、担当者の氏名・役職、談合メモ）を持ち込んだのである。

超弩級の資料である。それにすべてを握る「ドン」の証言付きだ。それだけに、建設業界も官界も政界も揺らいだ。

建設省は、一連の問題が報道された3月中旬から、平島や大手ゼネコンなど約40社の幹部を呼び、事情聴取を進めた。反平島で集まった25社の新談合組織についても調べを進めた。

しかし3月11日に平島が告発を撤回。4月11日、亀井静香建設相は、記者会見で調査結果を発表し、「指摘されたような談合の事実は確認できなかった」とした。告発者である平島自身が「（提出した）受注工事一覧表に基づく公共土木工事の談合は、事実ではない」と、述べたのだからどうしようもない。だが、調査が〝お手盛り〟であったのも事実だろう。

〝手打ち〟の裏はだれも知らず

では、平島が証言を覆した「闇からの使者」とは何か。

こうした業界を揺るがすトラブルの際、業界の側に立って、自薦他薦のフィクサー、事件屋、仕事師が、「私が間に入りましょう」と、登場してくる。平島を説得できた場合の貢献度は高く、できなくとも当たり前。平島に対しても、いろんな形のアプローチが続いた。渡辺五代目への依頼は、北陸地区の山口組最高幹部によるものだった。当時はまだ談合システムのもと、捌き（地元調整）を行う暴力団とゼネコン・土建業者が密接に結びついており、この最高幹部はそうした業界に顔が広かった。

そこでゼネコンサイドの相談を受けた最高幹部は、「日本最大の暴力団組織の組長が、その〝意向〟を示すことで他を引かせよう」という作戦を立てた。確かに渡辺がクビを縦に振れば、それは「山口組の決定事項」となる。それに逆らう勢力はなかろう。

「そうすることに何の意味があるのか」という屈託を持った渡辺だが、国家的観点から対処を求めた上田の助言やゼネコン業界の真摯な申し入れもあり、「五代目の意向」を示した。その結果が、平島の告発取り下げだった。具体的な〝手打ち〟に至る交渉は、上田も知らされていないし、平島も亡くなるまで口にすることはなかった。

田岡一雄山口組三代目の時代から、国家は暴力団に対し常に敵対し、勢力拡張を許さなかった。

田岡に対しては「頂上作戦」で兵糧攻めにしたうえで「頂上（田岡）逮捕」を狙った。渡辺五代目の時代には、暴力団を指定したうえで、高利金融、債権回収、みかじめ料徴収、地上げ、株の買取要求などあらゆるシノギを封じ、企業や役所に組の名前を使って接触することを禁じた暴力団対策法を施行した。

反発した暴力団側からは、会津小鉄会四代目の高山登久太郎会長が、マスコミに登場して「任侠の論理と役割」を訴えた。マスコミへの接触を禁じる山口組は、1992年11月26日、暴力団指定の取り消しを求めて提訴した。ヤクザが国を訴えるなど前代未聞のことだ。山口組は、直系組長123人全員の証人尋問を求め、'95年1月18日には、宅見勝若頭と岸本才三総本部長の尋問が予定されていた。だが、前日の17日、それどころではない事態が関西を襲う。マグニチュード7・3の阪神・淡路大震災である。

山口組の提訴取り下げ

死者・行方不明者6437人、負傷者4万3792人を出した地震の惨劇はいうまでもない。ただ、神戸市内の多くの建物が倒壊するなか、山口組本部と隣接する本家は建物に亀裂が入ったぐらいで無事だった。なにより幸いしたのは、前年の1994年11月、まるで地震を予見したかのように敷地内に井戸を掘っていたことである。通信、道路、電力、ガス、水道などすべてのインフラが使えなくなるなか、水は必需品だった。地震直後から、若い衆は地下水と本家の大型冷蔵庫にあった食料品を持って、近所を一軒一軒、回った。渡辺の指示だった。

「自分たちは無事だった。でも、多くの方が被災し、たいへんな目に遭った。少しでも被災した人のお役に立てれば、と思うとる」

渡辺は、取材する実話雑誌記者らにこう語った。山口組には井戸があり、行けば分けてもらえるという話は瞬く間に伝わり、本家前には長蛇の列ができた。本家前での水や食料などの物資配布は1月29日に終了し、一日で約4000人、延べ5万人に提供された。続いて、東灘区の「さかえ公園」などに山口組ボランティアが屋台村を開設し、ラーメン、焼きそば、うどん、おにぎり、味噌汁などの炊き出しを開始した。それは電気・水道などのインフラが復旧する3月15日まで続けられ、一日平均3000食が提供されたという。

ボランティアの先頭に立った渡辺は、こうも答えている。

「困っている人を救済するのは、任侠道や義侠心以前の問題やね。人間としての当然の使命や。たまたまうちにそれだけの力があっただけのことや。褒めようと誹《そし》ろうと勝手や。看板外してやっとるんや」

そして、この未曽有の危機に裁判どころではないと、訴訟を取り下げた。

渡辺には暴力団もまた、国家・住民との関わりのなかで生きてきたという自負がある。大震災や平島の談合告発では、それなりに貢献して見返りは求めなかった。

第4章で「本家責任者」だった原三郎が、「ゼネコン内の揉め事を収めたときには『ゼネコンが、何十億とか持って来る』という話がありましたが、親分は『いらん』いうて」と発言しているのは、そういう意味だろう。

だが、平島の告発を潰しても、一時しのぎだった。「みんながメシの食える談合」は、「和」を重んじる日本の風土に合っていたかも知れないが、繰り返される米国の「外圧」もあって、検察・警察による談合摘発は続いた。

金融環境も変わった。弱小金融機関の船足に合わせ、「一行も潰さない」という旧大蔵省の護送船団方式は、金融自由化の流れのなかで終わった。1997年11月の三洋証券以降、山一証券、北海道拓殖銀行、日本長期信用銀行、日本債券信用銀行と経営破綻が続き、野中は自民党幹事長代理、官房長官として処理に奔走した。

談合に関しては、規制のための法整備が進み、2005年4月、独占禁止法が改正され、課徴金減免（リーニエンシー）制度が導入された。「談合があった」と自主申告すれば、課徴金を減免される。最初の通報者は100%の減免だ。いわば「談合破り」の奨励である。当初は「協調社会の日本で、密告する会社はそれほど多くない」という観測だったが、'06年1月に施行されると、大手から中小まで公正取引委員会への通報が相次いだ。

ゼネコン業界は、そうした流れを見極めて、独禁法改正施行前の'05年12月、まず鹿島、大成建設、清水建設、大林組などのスーパーゼネコンが、談合担当を配置換えするなどしたうえで、「脱談合宣言」を行った。

平島問題の封印は、日本の政界と官界にとって、さらなる「外圧」を防ぎ、日本主導で競争社会を築くのに必要な時間的猶予措置だった。米政府は、「脱談合宣言」と独禁法改正を受けて、'06年末、対日圧力とされる「年次改革要望書2007」のなかで、談合根絶へ向けた日本政府の積極的な取り組みを評価している。

そうした大きな日米政府の思惑と攻防のなか、上田は渡辺五代目という「裏権力」を後押しすることで〝国益〟に貢献したのかも知れない。「表」は同和運動で手を結び、「裏」ではトラブル処理で連帯したわけである。

引退後も「同和利権」批判を続ける

野中は、本章冒頭の激しい怒りを麻生太郎にぶつけた後の2003年10月、政界を引退する。その後の肩書は、全国の土地改良事業をまとめる全国土地改良事業団体連合会（全土連）会長が主なものだ。日曜朝の長寿番組『時事放談』（TBS系）にたびたび出演し、切れ味鋭い解説を行い、政府に厳しい注文をつけ続けた。そして京都では、社会福祉法人「京都太陽の園」理事長であり、自由同和会京都府本部最高顧問だった。

ただ、野中のスタンスは差別撤廃のための同和運動であり、同和利権は厳しく批判した。そこは「同和控除」を廃止に導き、逆差別を批判した現役時代と変わらなかった。被差別部落出身者であることは隠さなかったが、それを前面に打ち出して運動に結びつけるようなことはしなかった。

2006年、奈良市の部落解放同盟の要職にある男性職員（当時42歳）が、病気休暇と休職を繰り返し、5年9ヵ月でたった8回しか出勤していないにもかかわらず、給与が満額支給されていることが発覚した。このとき野中が、『週刊ポスト』(2006年11月10日号)のインタビューに応じ、厳しく批判した発言が話題になったことがある。

男性職員は、家族が経営する建設会社への口利きを繰り返し、奈良市発注事業を'05年度に36件受注し、自宅ガレージにはポルシェ、セルシオ、フォルクスワーゲン、フェラーリが並んでいたという。

〈この事件は、新たな差別を生みかねないという意味で非常に重大な事件ですよ。「どうして同和だけそんなことが許されるのか」という反発を招くからです〉

野中はこう切り出し、国鉄大阪鉄道局での野中に向けられた差別発言を機に政治家を志し、税優遇(同和控除)の撤廃に取り組んだこと、それを成し遂げ、33年間に16兆円を投じた同和対策事業に終止符を打たせたこと、「やるべき仕事は終わった」と弱肉強食の小泉純一郎政権での引退を決意したことを明かした。そのうえで唯一、やり残した仕事として人権擁護法案をあげた。

〈私は、同和対策事業特別措置法に代わって、厳然として残る差別をなくすために人権擁護法案を用意しました。だが、我々使命感を持つ政治家が引退すると、たちまち宙に浮いたような形になってしまった〉

その後も野中と上田は、「メディア規制につながる」といった人権擁護法案に対する反対論を突き崩せなかった。

野中は、2018年1月26日、京都市内の病院で死去。92歳だった。葬儀は親族だけで行われたが、4月14日、京都市内のホテルで「お別れの会」が営まれ、安倍晋三首相ら3000人が故人をしのんだ。

自由同和会京都府本部は、2020年1月15日、京都市内のホテルで、好例の「新春懇親会」を開催した。主催者挨拶で上田は、野中についてこう触れている。

〈最高顧問であられた野中広務先生の生前の言葉まで蘇ってくるのであります。野中先生は、「誰しもが、差別されず、差別に泣き寝入りするような社会であってはならず、そのためには「人権擁護法案」を成立させせなければならない」と、遺言として、私どもに託されております〉

門川大作京都市長、二之湯智《にのゆさとし》参院議員、木村やよい総務大臣政務官、山本恵一京都市議会議長などからの来賓挨拶、安倍晋三首相などからの祝電披露の後、甥の野中一秀が乾杯の音頭を取った。一秀が振り返る。

「そうそうたるメンバーやし、『鏡割りの後、乾杯の音頭をやってください』というので『勘弁してください』というたんやけど、『もう決まってますんで』と。

それで考えたんですよ。野中広務やったらどういう挨拶したかなと思って。で、やっぱり（上田）会長さんがいわれた『人権擁護法案の成立』やろな。伯父がよく使っていた言葉があるんですよ。『愛なき人生は暗黒なり、汗なき社会は堕落なり』です。

でも、伯父は絶対、表に出さへんかったんですけど、心のなかにしまっとった続く言葉があるんです。それをいいました」

一秀の実際の挨拶はこうだった。

――「愛なき人生は暗黒なり、汗なき社会は堕落なり」は、伯父・野中広務が好んだ言葉ですが、続きがあります。「共に祈りつつすべての人と親しめ。わが住む郷に一人の争う者もなきまでに」と、続くのです。それが伯父の政治理念の原点でもあります。人権擁護法もまったく同じ考えでありまして、地域に一人の争う者がなきまでに、という平和の礎を築くためにも、この人権擁護法というものが大事になってくる。私もそう願うひとりであります。

これらの言葉は、1906年、社会教育団体「修養団」を創設した蓮沼門三《もんぞう》（1882～1980）のものだった。「天下を動かさんとするものはまず自ら動くべし」と、理想を掲げ、行動を重んじた。

差別への怒りとその解消が政治家としての原点であり、だから弱者への目線を忘れなかった野中の思いを、上田はどう継承していったのか。

第7章 苦境

渡辺五代目の山口組組長引退で、上田藤兵衛との〝蜜月〟は終わりを告げた。山口組が京都に入り込んできたことで、山口組と会津小鉄会の緊張は高まり、やがて上田は弘道会の高山清司若頭を恐喝の容疑で刑事告訴。高山若頭は服役することになる。一方、「同和利権」の存在に対する世間の反発は、日に日に強まっていった。

人権擁護法案成立に尽力した野中広務、古賀誠両元自民党幹事長と

2005（平成17）年は、上田藤兵衞にとって「転換点」となる年だった。この年、「郵政民営化」の是非を争点にした総選挙で小泉純一郎首相が率いる自民党が296議席を得て圧勝、海外では、英・ロンドン、エジプト・シャルムエルシェイク、インドネシア・バリ島などでイスラム過激派による爆弾テロが相次いでいた。

上田の起点は1983（昭和58）年だった。バブル紳士の早坂太吉、エセ同和の尾崎清光によって〝簀巻き〟にされて暴行を受け、それが逆に功を奏して自民党に認知され、同和運動への歩みを確かなものにした。それから22年後の'05年は、上田がそれまでに築き上げてきた「枠組み」がいったん外れる年となった。最も大きな要因は、「お前はその道で男になれ」と、同和運動への道を歩み始めた上田を認めてくれた五代目山口組組長・渡辺芳則の引退である。

同和対策事業と「同和控除」に代表される税優遇は、同和利権を生んだ。その結果、同和団体に暴力団など反社会的勢力を誘引させることになった。「エセ同和行為の排除」をスローガンに掲げる全国自由同和会（現自由同和会）をスタートさせた上田が、暴力団との間に「相互不可侵」の関係を築くことができたのは、渡辺の存在ゆえだ。山口組幹部らが、「上田さんはウチの親分が大切にしている人」という共通認識を持つ意味は大きかった。

渡辺五代目の後は、名古屋で弘道会を立ち上げた司 忍《つかさしのぶ》（本名・篠田建市）が六代目として継承した。そのナンバー2である若頭の髙山清司が、傘下組織・弘道会系淡海《おうみ》一家総長・髙山義友希《よしゆき》を窓口にして「上田囲い込み」を図った（義友希は髙山登久太郎・会津小鉄会四代目の実子で、髙山清司若頭との間に姻戚関係はない。以後、「髙山」は清司若頭を指し、髙山父子は基本的に父を「登久太郎」、子を「義友希」と表記する）。

これはすでに恐喝事件として終結している。その過程は後述するが、神戸刑務所から始まった上田と渡辺の「信頼」を基調とした人間関係は、〝余人〟には理解しにくかった。髙山と義友希は、上田を渡辺五代目の「企業舎弟」と見ていた。だから高圧的に上納金を要求し、それが事件につながった。企業舎弟でないのは、第4章で渡辺の秘書役だった山健組系今倉組二代目の原三郎が語っていた通りである。

また検察・警察といった「秩序側」は、渡辺との人間関係や過去の犯歴から上田を「グレーゾーンの人種」と見ていた。ところが、代替わりによって山口組から企業舎弟扱いを受けた上田は、警察に身を委ねて刑事告訴した。当然、当局は国税なども含めて上田を徹底調査する。その結果、「グレーの疑いは晴れた」と上田は言う。

「過去ある人生」ゆえに自民党に選ばれて歩み出した'83年が一度目の転機なら、その過去を拭い去ることになった'05年は二度目の転機と言えるかも知れない。

渡辺引退の原因は何だったのか。山口組の公式見解としては、「組長に対する連帯責任を回避するための『執行部の合議制による集団指導体制』への移行」だった。

引退前年の'04年11月28日、神戸の総本部に全直系組長が招集され、「臨時組長会」が開かれた。

その席上、岸本才三総本部長がこう述べたという。

「親分は、これまで16年間にわたって組織運営に腐心してこられたが、親分の立場を守るために、今後は執行部で組織運営をやっていくことになった。親分はこれから長期休養に入る」

この「親分の立場」というのが、組長会の直前、11月12日に下された上告審判決である。

1995年、京都市内で山口組の三次団体組員に、対立抗争の組員と間違えられて警察官(当時44歳)が射殺された事件があった。遺族である妻と3人の子どもが、実行犯とともに渡辺の使用者責任を求めて約1億6400万円の損害賠償訴訟を起こした。最高裁は組長側の上告を棄却。それにより「抗争は組の事業である資金獲得活動(シノギ)と密接に関連しており、組長には使用者責任がある」とした大阪高裁の判決が確定し、約8000万円の賠償が決まった。

暴力団の使用者責任は初判断であり、暴力団社会に衝撃を与えた。判決は、誤射行為を「実行犯の私的行為ではなく抗争。抗争は、暴力団の基本的事業もしくは密接に関連する行為」と認定した。抗争が事業ということになれば、二次団体、三次団体であっても、すべての行為が一次団体である山口組組長の事業ということになり、使用者責任が成立する。

渡辺引退は「それを避けるためだ」という。その理屈は成り立つが、そうなれば暴力団組長はすべて責任を取らされることになる。それを避けるためには「休養」するしかないが、それでは盃で結ばれた組織の連帯感、一体感はなくなる。実際、この判決以降、他の組織でも組長に使用者責任は及んだが、引退や休養などはなかった。

渡辺芳則の生体肝移植

実はこのとき、渡辺は肝臓癌で生体肝移植の手術を受けていた。海も山も好きなスポーツマンで、酒をたしなまず、頑健な体を誇った渡辺だが、60歳を過ぎてから腰痛、糖尿病と持病を抱えるようになり、C型肝炎の治療もうまくいかなかった。その過程の定期検査で肝臓癌が発見される。治療法を巡って、渡辺は京大医学部など医学界にも人脈のある上田に相談していたが、やがて上田の意見を聞かなくなった。上田が述懐する。

「渡辺さんぐらいになると、体に不調があれば方々からいろんな治療法が持ち込まれる。一度、『風邪もひいてられへん』と愚痴をこぼしたのを聞いたことがあります。くしゃみをすれば、クスリがどっさり届けられる状況とか。肝臓癌が発見されたときも、(臓器提供の)ドナー付きで移植手術を受けられるという話があるというので、『体への負担が大きいし、別の治療法のほうがいいんじゃないですか』と、渡辺さんに言ったことがあります。でも、渡辺さんは生体肝移植を選択した」

移植手術そのものは成功した。京都市内の病院で、生体肝移植ではトップレベルの医師が執刀。手術前のことは組織内の人間には知らせず、上田にも秘して、手術のためのチームが編成されたという。

手配したのは、高野山の高僧で「炎の行者」「永田町の怪僧」という異名を持つ池口《いけぐち》恵《え》観《かん》の弟子筋で、京都の医療関係に幅広い人脈を持つ人物だった。「100万枚護摩行」を達成し、「宿老」という高野山最高位に上り詰めた池口だが、清濁併せ呑む人物で、安倍晋三など大物政治家と付き合う一方、渡辺だけでなく他の山口組幹部とも親しい関係にあった。池口は京都で弟子筋や信者を集めた「恵観塾」を定期的に開催。そんな関係で上田とも親しかった。

渡辺が「休養宣言」を行ったのはそうした事情からだった。ただ、術後の経過は良くなかった。肝臓癌ではなく糖尿病が悪化したうえ、手術前からその兆候が見られた認知症が進んだ。そのせいか突如、怒り出すなど感情の起伏が激しくなった。

渡辺が山健組組長時代から引退後の2012年12月1日に亡くなるまで仕えた山口組三次団体元組長の原三郎が、次のように振り返る。

「手術で2ヵ月ぐらい不在にしていたでしょうか。帰ってきて、精彩がなくなりました。一方で、お客さんのいる前で声を荒らげるなど、気持ちが不安定になっていきました。もともと、16年も組長を務めて疲れていたんは確かやし、引退のときは（組長の上の名誉職的な）総長などの身分を持たず、さっと身を退く覚悟は決めていました。それで復帰しないまま、当代（組長）を名古屋の司（忍）さんに譲ったんです」

伏線はあった。山口組最高幹部の中野太郎若頭補佐が、1996年7月、京都・八幡市内の理髪店で会津小鉄（'86年から'98年までは会津小鉄。その前と'98年以降は会津小鉄会）系ヒットマンに銃撃される。その〝返し〟として'97年8月、中野会は宅見勝若頭襲撃事件を引き起こす。

会津小鉄の行った襲撃の報復を、組内ナンバー2の若頭に向けたところに、山口組という大組織に特有の複雑な内部事情があった。渡辺がトップとして治めきれなかったことが、その後の渡辺の求心力低下にもつながった。

中野襲撃事件は、白昼堂々と行われた。'96年7月10日正午頃、会津小鉄系中島会の幹部ら7〜8名が車2台で乗り付け、理髪店の外側に扇形に並び、散髪中の中野に向けていっせいに拳銃を発射した。

中野会は、山口組有数の組織で全国に1000名を超える組員を擁し、会津小鉄が縄張りとする京都を侵食していた。小規模な抗争は絶えず、自らへの襲撃を予知したように、中野は行きつけの理髪店の窓ガラスを防弾に替えさせていた。それが功を奏して銃撃を免れ、逆にヒットマン2名が店内と店外にいた中野会のボディガードの逆襲にあって射殺された。

当然、抗争事件へと発展するかと思われた。「喧嘩太郎」の異名を持つ中野は、「(拳銃による威嚇の)ドア撃ち、窓割り」などを報復として認めず、タマ(命)を取る襲撃を配下に命じる過激さで知られた。酒が入ると凶暴になり、「殺してまえ!」が口癖だったという。そんな中野の気性を知るだけに、京都府警は1500名の警官を動員、厳戒態勢に入った。

中野は1936(昭和11)年生まれ。41年生まれの渡辺の5歳上だが、渡辺と中野は同じ'63年に初代山健組組長・山本健一の盃をもらっている。表に出るのが苦手ですぐに手が出るタイプの中野は、度胸は据わっているのに人当たりがいい渡辺を見込み、右腕として支える覚悟を決めたという。以降、渡辺が山健組内に健竜会を起こすと相談役となり、山健組組長、山口組若頭、山口組組長と、渡辺が山口組で出世していくのに合わせ、補佐役として仕えた。「喧嘩太郎」ではあっても稼業の決め事はキッチリ守るタイプで、渡辺の前に出ると正座、直立不動だった。

会津小鉄は「詫料」数億円で手打ち

それだけに渡辺は、中野襲撃に激怒した。ところが会津小鉄は和解に動き、宅見勝若頭からなる山口組執行部は、これを受け入れた。事件当日の深夜、会津小鉄若頭の図越利次・中島会会長ら最高幹部が、山口組総本部を訪れ、事件の経過を説明するとともに、数億円といわれる「詫料《わびりょう》」を渡した。図越は指を詰めていたという。

「おんどれ、指一本、詰めて終わりかい！　ザコ、寄こしやがって。トップの高山（登久太郎会長）が来んかい！」

渡辺は、こう荒れたという。だが渡辺は、結果的に宅見執行部の和解方針に従った。山口組組長は日本の暴力団の象徴的存在であり、権威である。「神輿《みこし》」といっていい存在で、権力を握るのは若頭の宅見である。1989年7月、48歳と若い渡辺が五代目体制を発足させるのに最も功績があったのは、「渡辺支持」で組内をまとめた5歳年上の宅見だった。宅見の決定には逆らい難く、さらに中野会と会津小鉄の抗争は泥沼化しており、どこかで手打ちをする必要があった。

もともと山口組と会津小鉄は、第3章で述べたように、木屋町事件をきっかけに山口組の田岡一雄・三代目と会津小鉄会の図越利一・三代目との間で、山口組は京都に進出しない「京都不可侵」の〝黙契〟があった。だが、現実問題として「利権」があれば取り込みに入るのが暴力団である。

なかでも京都駅前の崇仁地区は、同和運動関係者に暴力団が複雑に絡んで「魔窟」と化しており、1990年代に入ると、中野会と会津小鉄の抗争の場となった。

'92年、'93年、'94年と、中野会を中心とした山口組が、崇仁地区の権益を巡って同和団体のバックについた会津小鉄との間で、殺傷事件を繰り返した。それが嵩《こう》じたのが'95年のことで、6月には双方が14件の発砲事件を引き起こし、中野の自宅や同和団体幹部宅への発砲、放火事件が発生した。

同年8月、中野会組員が同和団体幹部を射殺。それを受けて京都府警は、いっそう厳戒態勢を強めていた。その厳戒態勢のなか、会津小鉄系組織の前に動員されていた警察官を山口組系三次団体の組員が誤って射殺した。これが、先に触れた渡辺が使用者責任を問われた事件だった。

'96年2月、泥沼化する抗争に終止符を打つ意味もあって、渡辺の後に山健組を継承した五代目山口組若頭補佐の桑田兼吉、会津小鉄若頭の図越利次、広島最大の暴力団・共政会会長の沖本勲《いさお》の三人が兄弟盃を結んだ。この時点で、次期山口組組長の有力候補だった桑田と、会津小鉄会三代目の実子で五代目が確実視された図越は「兄弟」となった。渡辺が、「これ以上、京都で抗争を広げたくない」と思うのも無理はない。

「宅見が会津にやらせよったんや」

だが、襲撃を受けた中野はそうはいかない。「武闘派」「喧嘩太郎」としてのプライドもある。「返し」は行わなければならない。では、それがなぜ会津小鉄ではなく宅見だったのか。一晩で和解を受け入れたのは宅見だが、それを承認したのは、「親がクロといえばシロでもクロだ」という価値観を持つ中野にとっては絶対的存在の渡辺だった。

この複雑さを一言で言い表したのは、盛力健児《せいりきけんじ》である。山健組で渡辺が若頭時代、若頭補佐として支え、田岡三代目を銃撃したベラミ事件では抗争相手の松田組傘下組織の報復に先陣を切って赴き、懲役16年の服役の後、山口組直参となった。2009年2月、六代目山口組を除籍となるが、'13年9月、自叙伝『鎮魂』(宝島社)を上梓。「さらば、愛しの山口組」という副題の通り、山口組直参としての半生を、愛憎とともに語っている。この本のなかで、中野が宅見を攻撃した理由をこう解説した。

〈その頃の中野いうたら、山口組のなかでも五代目以外、誰もモノが言えんぐらいビビッとったんだから。おまけに中野は(山口組の若)頭《カシラ》補佐や。その中野を弾《はじ》いた(銃撃した)らそれこそ、山口組と(会津小鉄と)の戦争になるがな。

にもかかわらず、なんで会津は中野を弾いたんか、さらにはなんで山口組は、頭補佐がやられたのに報復《かえし》もせんと、弾かれた本人である中野の意向も聞かんと、会津とあっちゅー間に手打ちしたんか……。

それは山口組が(中野襲撃を)了承しとったからですよ。あの散髪屋の(中野襲撃)事件は、宅見が会津にやらせよったんや。宅見が仕組んだんですよ〉

その背景には、渡辺と宅見の確執があったという。権威の渡辺と権力の宅見。神輿として担がれたままでは面白くない渡辺は、宅見の力を奪おうとしていた。それを察知した宅見が、「渡辺を排斥して自分の言うことをきく桑田（兼吉・若頭補佐）を六代目に据えて、自分は総裁の立場でコントロールする」というクーデター計画を持っていた、というのが盛力の〝見立て〟である。その最大の障害が渡辺に絶対服従の武闘派・中野なので、まず中野を排除しようとしたというのだ。

そうした〝暗闘〟の末、宅見若頭が、ヒットマンによって銃撃され、意識不明の重体のまま亡くなったのは、1997年8月28日のこと。襲撃された場所は、JR神戸駅前の新神戸オリエンタルホテル4階ロビーのティーラウンジだった。

午後3時20分、ボディガードを少し遠ざけ、宅見若頭と岸本才三総本部長、野上哲男副本部長の三人が談笑していたところ、青い作業服にサングラス、野球帽をかぶった4人組の男らが駆け寄り、10発以上の銃弾を宅見に浴びせ、うち7発が命中して、神戸市内の病院に緊急搬送されたものの、1時間後に絶命した。岸本と野上は無事だったが、流れ弾一発が、隣のテーブルにいた芦屋市の歯科医の側頭部に当たり、意識不明の重体となった後、9月3日に亡くなった。

巻き添え死で「破門」が「絶縁」に

渡辺は現場から山口組本部にもたらされた電話で事件を知る。本部とつながる本家で植木の手入れをしていたが、「(若)頭がやられました！」と、息せききって駆け付けた本部秘書役の報告に、こう問い返した。

「どこの頭や？」

「宅見の頭です！」

「何やと！　どないなっとるんや！」

組をあげての情報収集が始まり、その日のうちに「中野会の仕業」という声が有力となった。

「中野を呼べ！」と、渡辺は命じた。その日の夜、中野はまず本部に行き、執行部のメンバーに「ウチはやってないが、改めて確認する」と説明。その後、本家にあがって渡辺と面談し、「ワシは、ゴルフをしておりました。うちはやってまへん。もし、自分とこの人間がかかわっていたら、ワシは腹を切ります」と言明したという。

中野は否定したものの、新神戸オリエンタルホテル内の防犯カメラに中野会若頭補佐に酷似する人物が映っていたこと、事件後、犯人グループが逃走に使った車両が中野会関係者の所有車だったことなどから、本人否認のまま執行部は中野の「破門」処分を決めた。「破門」は復帰の可能性を残しており、そういう意味では甘い処分だったが、9月3日、歯科医の巻き添え死が判明したことで、暴力団社会からの追放を意味する「絶縁」となった。絶縁は、中野会及び中野太郎との関係を続けるなら、山口組と抗争になることを意味する重い処分である。

中野会はその後も一本独鈷の組として存続した。だが、警察の捜査と山口組の報復の双方で追い詰められていく。兵庫県警は、1999年3月、「中野会の組織ぐるみの犯行」と断定し、実行犯3人を逮捕し、ひとりを指名手配した。同年9月1日、中野会ナンバー2の若頭で山重組組長の山下重夫が射殺された。それから2年半後の2002年4月20日、中野会副会長の要職にあった弘田憲二・弘田組組長が、逃亡先の沖縄・那覇市の国道を走行中、信号待ちの間に射殺された。いずれも宅見組系のヒットマンの仕業で、親分の仇を取った。

渡辺にとって右腕といっていい存在の中野太郎が、五代目体制を支えた宅見勝を襲撃して殺した──。「親分の力量」が試される展開だったが、渡辺がうまく〝裁いた〟という印象はない。流れに任せており、若頭は不在のままナンバー3の岸本才三・本部長が、形式的に若頭を兼務した。中野太郎は組の看板を下ろすことはなかったが、2003年1月、京都府八幡市の自宅で脳梗塞に倒れた。命に別状はなかったものの、存在感を失っていく。

宅見若頭射殺事件を受けた警察の「新頂上作戦」が始まった。配下の護衛に拳銃を持たせていたという銃刀法違反容疑で、司忍・弘道会会長、滝澤孝・芳菱会《ほうりょうかい》総長、桑田兼吉・三代目山健組組長が逮捕・起訴され、長期の社会的不在を余儀なくされた。

三人は組を支える若頭補佐だっただけに、五代目体制を支える人材が不足した。渡辺自身の健康不安もあって、'04年11月に長期休養宣言する頃には、山口組の内部は相当に揺らいでいた。それを立て直すのは司だった。組織掌握力のうえでも資金力のうえでも、「司しかいない」というのが、衆目の一致するところだったという。

司は'05年3月、弘道会を高山清司若頭に譲って、自分は弘田組組長を名乗った。ひとつの組からはひとりの直参しか出せないという慣例に従ったもので、髙山を直参に昇格させる布石だった。そのうえで司は5月に開かれた定例会で、宅見事件以来8年間空席だった若頭に就いた。続いて7月29日、最高幹部会が開かれ、渡辺が司を山口組六代目に指名し、自らの引退を表明した。

司は、前述の銃刀法違反で逮捕・起訴され保釈中の身だった。収監が迫っていたことから、長期不在に備え、髙山を若頭にして後を託した。髙山はこのとき直参となって4ヵ月、若頭補佐となってまだ2ヵ月だった。司は'05年12月に収監され、以降、6年を刑務所で過ごすことになった。

崇仁抗争で厳戒下の中野太郎邸へ

1992年3月に施行された暴力団対策法は、改正を重ねて、暴力団のシノギを厳しいものにし、司ら3人の最高幹部を、「ボディガードが持っていた拳銃の共謀共同正犯」とするなど、暴力装置としての牙を抜いていった。最高裁が2004年11月、「組長の使用者責任」を認めたように、ピラミッドであることが強みの組織が、もはやトカゲの尻尾切りを許されず、かえってトップが狙われることになった。企業社会を見舞ったコーポレートガバナンス（企業統治）やコンプライアンス（法令遵守）を重視する流れは、社長も組長も結果責任を問われるようになったという意味で、同じピラミッド構造である暴力団社会にも及んでいったわけである。

その変化は、上田と渡辺との関係にも影響を与えた。

崇仁地区を原因とする会津小鉄と中野会との抗争は、一般市民、警察官まで巻き込むものとなったため、上田は同和運動が絡むこともあって、中野太郎の狙いと思惑を聞く必要に迫られた。そこで、渡辺の口利きで機動隊が取り囲む厳戒態勢の中野邸を単身、訪れたことがある。'96年7月の中野襲撃事件の前のことである。

「殺傷事件が続く異常事態です。『親分（渡辺のこと）から電話があった。信頼して、相談に乗ってくれという話やった』ということで、中野さんもフランクに話はしてくれました。

正直、利権と人脈の絡みが複雑過ぎて、解きほぐすのは容易じゃない。ただハッキリしているのは、抗争を続けるのは、崇仁地区にとっても同和団体にとっても山口組にとってもいいことじゃない。それは理解してくれたんですわ。銃声や殺傷はいったん収まり、その後お礼の意味を込めて、解放同盟の村井（信夫・第5章に詳述）と一緒に、もう一度中野さんの自宅に行きました」（上田）

前章で述べた〝国益〟に沿った「政治」と「業界」と「暴力」による談合のドン・平島栄の告発封じ込めが行われたのは、'97年3月のことである。上田と渡辺の〝連帯〟が、うまく機能していたのはこの頃までで、'97年8月の宅見銃撃事件以降、反社封じ込めの流れは加速し、渡辺との個人的な関係は続いたものの、手を結ぶような関係は薄れていった。

会津小鉄四代目の息子からの電話

２００４年11月、渡辺が出した「休養宣言」は、上田と山口組との関係がいったん終了することを意味した。１９８０年代前半、神戸刑務所で出会った二人の個人的関係に依拠するものだったたからである。だが、そう見ない人たちがいた。渡辺五代目体制を継承することになった司忍が率いる弘道会である。

蠢きは、'05年7月の渡辺引退の前から始まった。

最初は、同年3月、弘道会系淡海一家・高山義友希総長から上田にかかってきた一本の電話である。

「滋賀県で仕事をしていませんか」

「いや、してませんけどね……」

こんなやりとりがあった。高山義友希は、上田が子どもの頃から親しんだ会津小鉄四代目・高山登久太郎の実子である。

登久太郎は、跡目を図越利次に譲って1997年に引退するが、2003年6月15日に亡くなる直前、上田を呼んで「義友希を頼む」と託すような間柄だった。義友希もまた、登久太郎の葬儀の後、上田を祇園の料亭に招き、「父から話は聞いています。これから藤兵衛さんにいろいろと相談しますので、宜しくお願いします」と頭を下げた。

義友希は、東海大学では空手で鳴らし、大学卒業後、京都へ戻って、不動産、金融などを手掛けていたが、登久太郎引退後は、会津小鉄との関係が良好とはいえなかった。

そこで父の死後、高山清司が率いる弘道会に加入し、滋賀県大津市に淡海一家を起こして総長となった。弘道会での役職は舎弟頭補佐である。稼業の道を選んだ以上、「縄張り」は守らねばならない。京都は会津小鉄会だが滋賀は自分のもの。上田への電話で義友希は、「滋賀県は私が守らなアカンから、仕事をするときは、私とこ通してください」と続けたという。

といっても上田に覚えはなかった。その後、義友希から同様の電話が2回あり、「やってないですけどねぇ」と答える。さらに上田と親しい不動産業者からも「滋賀で仕事をしていませんか？」という電話が何度も入った。「やってないけどなぁ」と上田は繰り返した。

これが山口組若頭で弘道会会長の髙山が、淡海一家・髙山義友希総長を窓口にして、上田から4000万円を恐喝したという事件の起点となった。

恐喝事件の詳細は後述するが、「滋賀県で仕事をしていませんか」という電話の後、上田を取り込もうとする淡海一家の攻勢が激しさを増し、たまらず上田は京都府警に告訴した。府警の捜査が始まって、'10年11月に髙山清司若頭は逮捕された。司六代目が出所するのは'11年4月なので、その直前だった。

京都地裁で公判が始まり、髙山の弁護人は「上田から金員を脅し取ることを企てたことも、義友希らと共謀したことも、上田に脅迫文言を述べたこともない」と一貫して犯行を否認し、本人もそう証言した。

しかし、京都地裁は'13年6月、懲役6年の実刑判決を下した。髙山は控訴したものの、'14年2月、大阪高裁は棄却した。同年5月、髙山は上告を取り下げて実刑が確定し、同年12月、府中刑務所に収監された。

この恐喝事件により、山口組ナンバー2の若頭が長期不在となり、その間の'15年8月に山口組は六代目山口組と神戸山口組に分裂した。そういう意味で、暴力団社会に大きな影響を与えた事件だ。その真相は、時系列で正確に辿ってみたいが、その前に確認すべきは、神戸の山口組とは別の統治手法を持つ名古屋の弘道会とはどんな組織か、という点である。

襲撃事件で懲役13年

弘道会を組織した司忍は、１９４２年１月、大分県大分市に生まれた。'60年に地元の水産高校を卒業し、一度は大手水産会社に就職するものの、血気盛んでサラリーマン生活に収まるタイプではなく、すぐに退社した。

そのまま大阪に出て、山口組三次団体で〝修行〟する。ところが、「大阪にいては山口組同士で食い合うだけ」と名古屋に移り住み、山口組系鈴木組内弘田組の組員となる。20歳のときだった。

鈴木組は名古屋港の港湾荷役を「業」とする組織だったが、当時の名古屋は暴力団が群雄割拠していた。企業の債権回収、芸能や相撲の興行、飲食や風俗のみかじめ、名古屋競輪など公営ギャンブルのノミ屋など、主だった暴力団のシノギは地元組織に押さえられ、鈴木組は伸び悩んでいた。

司は若頭の弘田武志に盃をもらっていたが、組の本業の港湾荷役には手を出さず、キャバレーの興行や飲食店の経営などに〝才〟を発揮し、'64年、弘田組内に司興業を旗揚げした。

当時の山口組は港湾荷役と興行の２本柱で全国制覇に動いていた時期だ。その伸長を嫌った警察当局は、'64年２月「組織暴力犯罪取締本部」を設置し、田岡三代目を「頂上作戦」で狙った。実業を重んじた田岡は、生き残りのために港湾荷役を甲陽運輸に、そして興行を神戸芸能社に分離、配下組織にも「組の事業と港湾事業の分離」を指示した。

このとき組長の鈴木は引退を決意する。若頭の弘田は弘田組として組を存続させて山口組直参となり、司は弘田組若頭に抜擢された。直参の若頭として最初に直面したのが東陽町事件である。弘田組若頭補佐の神谷光雄は名古屋市中区東陽町で金融業を営んでいたが、組員の移籍をめぐって大日本平和会系山中組とトラブルとなり、'69年5月、山中組の襲撃を受け、2人が即死した。

「返しをしなければ菱の代紋に傷がつく」と、司は弘田組で襲撃チームを編成、'69年7月、大日本平和会最高幹部を刺殺した。この事件の殺人教唆で司は懲役13年の実刑判決を受けて服役。このときのチームの一員が、弘田組系佐々木組の組員だった髙山清司で、懲役4年の実刑判決を受ける。

山一抗争で弘道会を立ち上げ

髙山は、1947年8月、愛知県津島市に生まれた。高校時代は野球部に所属していたが、中退して無頼の道に入り、20歳のときにスカウトされる形で弘田組若頭補佐の佐々木康裕組長が率いる佐々木組に入る。東陽町事件は21歳のときのことであり、懲役を終えて佐々木組若頭となった髙山は、司が13年の務めを終えて、'82年に弘田組若頭に復帰すると、弘田組若頭補佐として司を支えた。

田岡三代目の死をきっかけに山口組で跡目争いが起き、'84年6月、跡目を取った竹中正久に反発した山本広が一和会を結成、「山一抗争」が起きると、山本との縁が深かった弘田組長は一和会に行こうとした。

しかし司が「山口の代紋を捨てたのは山広さんの方です」と、押しとどめた。板挟みとなった弘田は引退を決意、組を引き継いだ司は、「弘」の名を残して'84年6月、弘道会を立ち上げた。

山口組直参となった司は、組織運営も資金的背景も抜群の髙山を弘道会若頭にした。司が山口組若頭補佐となり、山口組本部の仕事が忙しくなると、弘道会の運営と名古屋の仕切りは髙山に委ねた。その髙山が確立したのが「弘道会方式」である。

情報を徹底的に収集して厳重に管理する。それをもとに、組内では内部統制を厳しくし、組外では敵と味方を峻別して素早く対応する——。

そのために組織化された部隊が「十仁会」だった。系列組織から知力と体力に優れ、しかも前科前歴がなく、対立組織や警察にマークされていない優秀な「若い衆」を集め、盗聴、尾行などで情報収集させる一方、海外での武器訓練などを通じて鍛え、実戦部隊とする。かつては組織図に「十仁会」とその名が記されていた。

その後、組織としての「十仁会」はなくなったようだが、情報収集のノウハウは受け継がれ、弘道会の「三ない主義」を支えている。「警察に情報を売らない、付き合わない、事務所に入れない」というのが「三ない主義」だ。

警察と徹底して距離を置くのは情報を握っている強みであり、対立組織の所在地、電話番号、幹部らの自宅住所や立ち寄り先から行きつけの店までを押さえており、それは愛知県警幹部にまで及ぶものだった。首都圏にあって、警察当局の管理監督下に置かれてしまう関東の組織とも、オープンな関西の商都において、警察や他の組織にもどこか馴れ合う関西の組織とも違う。

２００９年9月、安藤隆春警察庁長官は、「弘道会の弱体化なくして山口組の弱体化はなく、山口組の弱体化なくして暴力団の弱体化はない」と宣言し、「弘道会壊滅作戦」を指示した。暴力団への締め付けが強化されるなか、情報統制を強め、厳しい上納金の取り立てによって離反を許さず、結束力の堅さを求める弘道会方式は、暴力団の延命策としては当然の統治かも知れない。「司不在」の山口組を託された髙山は、弘道会方式できつく統制しなければならなかった。

だからこそ上田への攻勢は激しいものになった。２００５年3月から始まった淡海一家総長・髙山義友希サイドの上田への圧力は、7月末頃から実力行使となっていった。以下の記述は、公判での「上田の供述概要」をもとにしている。裁判所は判決文のなかで、「その他の弁護人の主張を踏まえ検討しても、上田証言は基本的に信用できるものと認められる」と「小括」で述べた。


まずは時系列を辿ろう。

淡海一家で「滋賀県問題」を担当する相談役の配下が、上田の会社に直接押しかけて面談を求めたのは２００５年7月のことだった。やむなく上田は、7月30日、「義友希の兄弟分」を名乗る相談役と京都市内のホテルで面談する。前日の29日には、山口組総本部で司忍の六代目就任が発表されていた。実力行使の原因のひとつだろう。「滋賀県の仕事」とは、県下日野町の清掃工場のことだった。

「ワシがやっている仕事をお前が潰した。ワシの利益を取った。本来、命もらわなあかん話やけど、関係者もおろし取った分の利益は持ってこい」

相談役は、こう激しく責めたという。続いて8月5日、同じホテルで相談役との再交渉が行われる。ここで上田は、人間関係が構築できていない相談役との単独交渉を避け、義友希との窓口となることを期待し、旧知の不動産業者に同席を依頼した。だが、その業者にも厳しい言葉を投げかけられた。

「義友希さんが前もって電話してるのに応じひんから、こんなことになったんやで。時代も変わったし、軍門に下ったらどうや」

上田は、相談役と不動産業者に調査を約束し、「そのうえで、もし関与しているようならカネを払う」と言明した。以降、上田は8月から9月にかけて調査をし、「なんぼ調べても覚えがない」というのだが、窓口となった不動産業者は納得しない。

「証拠はあるんや。何を今更、言ってるねん。逃げられへんで。義友希さんと一緒に、ともかく仕事をやってくれたらええんや」

山口組ナンバー3に仲介を頼む

義友希サイドとは話が嚙み合わないし、何を言っても認めてくれないので、上田は山口組内の別ルートに救いを求めた。序列でいえば山口組ナンバー3の入江禎《ただし》総本部長である。旧知の山口組直参に仲介を頼んだ。

入江は1997年に中野会に射殺された宅見勝若頭の右腕だった。事件後、宅見組を継承して二代目組長となって直参に昇格。司六代目体制のスタートとともに総本部長の要職に就き、関西の実情や山口組執行部の内情を知らない髙山若頭をサポートした。

入江は武闘派ではなく智将といったタイプだけに、相談はしやすかった。2005年9月29日、上田は入江と京都市内の料亭で会い、一連の淡海一家のクレームを伝えて仲裁を依頼する。入江は「淡海は京都を取るものと見える」「頭も出張って何でもしようと思ってる」「なんで頭はそんなに焦ってるのやろ」などといい、仲裁を了解した。

この頃、暴力団を取り巻く環境は、コンプラ重視の流れのなか企業社会が接触を避けるようになるなど様変わりし、シノギは細くなる一方だった。会津小鉄会の図越利次五代目会長は、抗争による疲弊を避ける意味もあって、山口組の司忍六代目組長と盃を交わし、代紋違いの舎弟となった。弘道会が淡海一家を前面に、京都を侵食する環境は整ったといえよう。その動きを入江は冷静に判断していた。その入江との面談の1週間後、上田は偶然、髙山と接触した。10月5日、祇園のクラブで、義友希が髙山を接待している現場に居合わせたのだ。義友希に髙山若頭を紹介された上田は、「こんばんは。ようこそいらっしゃいました。上田藤兵衞です。京都まで来ていただいてありがとうございます」と挨拶した。「どうも、髙山です」と髙山は短く返した。挨拶だけに終わったが、3月から揉めている清掃工場の件もあり、義友希らの支払いは上田が持った。

「たん熊」接待は企業舎弟の儀式

同月中旬、義友希から電話があった。

「藤兵衛さん、頭が一席設けるというてるから日程が欲しい」

祇園のクラブの返礼かと思い、上田は軽い気持ちで受ける。場所は京都市内の老舗料亭「たん熊」で、日時は10月26日午後6時と決まった。高山と義友希だけでなく、「滋賀問題」で窓口となった不動産業者が同席した。上座に座ったのは髙山と義友希で、下座に上田と不動産業者。髙山は、義友希と不動産業者を指し、「日頃、これらがお世話になってる」「今後も仲良くしてやってくれ」「仕事も力合わせてよろしく頼む」と言った。髙山サイドとしては、この会合は上田を企業舎弟にする儀式のつもりだったようだ。

彼らは、この日を境に上田を「企業舎弟」と認定した。義友希とその窓口の不動産業者からは上田に「みかじめを持ってこい」「1000万円以上や」といった強圧的な連絡が入るようになる。仲裁を依頼した入江に相談すると、「京都ルール」を設定すると請け合った。

京都の土木建築業者が京都で仕事をするときには、会津小鉄会とその関係者に地域対策費などを支払えば仕事に介入しない、というのが京都ルール。その代わりに滋賀県は淡海一家が取り仕切る。

図越が司の舎弟だとはいえ、京都は本来、会津小鉄会の縄張りである。この時点で淡海一家は弘道会の傘下であり山口組の三次団体に過ぎない。「京都ルール」は、「京都は会津小鉄会のもの」という縄張りを改めて確認するものだった。その確立のために入江が汗をかいてくれたというので、11月14日、上田は大阪ミナミの宅見組本部に赴き、入江に挨拶して謝辞を述べた。

京都ルール「堅気に関係ない」

これで解決できた、そう思う間もなく淡海一家の窓口の不動産業者から電話が入った。

「藤兵衛さん、京都ルールはあくまで筋もん同士の話や。堅気の藤兵衛さんは関係ない。藤兵衛さんの貫禄やったら1000万円以上、持ってきてくれ。頭に届けるカネや」

上田は「でけたルールで解放されたというか、要求はないものと思ってたんですけど、またいうて来ました」と入江に報告した。入江は「ルールはルール。決まった通りや」と繰り返すものの、動こうとはしない。

入江が動かないとなれば、自分も会社も組合も、弘道会をバックにした淡海一家から攻撃を続けられ、終わりが見えない。不安にかられた上田は、このまま年を越したくないという思いで、窓口の不動産業者に1000万を渡すことを決めた。12月30日、市内のホテル喫茶室で、紙袋ごと1000万円を渡すと、業者は中身を確かめることもなく、「確かに預かりました」と言って受け取った。

だが、2006年になっても要求は続いた。むしろ要求は高まった。2月8日、会社にやってきた不動産業者は、こう切り出した。

「今日、山口組としての決定事項を伝えます」

決定事項は以下の三項目だという。
一　藤兵衛さんのやっている仕事は淡海を窓口として通してほしい。
二　京都市内のさばき（地元調整）の仕事のカネは、淡海がさばくから、こちらに持ってきてほしい。
三　全国で手掛けている仕事も淡海に報告すること。筋もんのさばきも淡海がする。
さらに付帯として、「盆暮れも、淡海を通して餞別を頭に届けてほしい」という条件も入っていた。

混乱した上田は、使者となった業者が帰った後、すぐに入江に電話をする。入江は翌日、京都にやってきて「（髙山）若頭への確認」を約束した。そしてその日のうちに、「山口組決定事項は（淡海一家が）勝手にやったこと。京都は京都、大津（淡海一家）は大津というルールの通りや」という連絡があった。

だが、淡海一家の攻勢は収まらない。2月28日には騒動のきっかけをつくった淡海一家相談役が来社し、回りくどい表現で、「上納」を強要した。この日の会話は録音され、裁判での有力な証拠となった。

〈上田さんの保険屋は、神戸〔山口組のこと〕が保険屋になってね。保険がかかっとるということで、仕事についてはやね。要は淡海が窓口やと〉

〈道中でこのあいだ聞いたら、滋賀は淡海で、京都は〔会津小鉄会の〕金子さんとこで、んでその他はまああの、ミナミのえらいさん〔入江〕というふうに話聞きましたんやけどね〉
〈保険はかかっとるけど保険料金おさめていないわな、というのがワシの印象ですわ〉
〈そんなもん上から何もの落ちてくるやら、表出たいうて車飛んでくるやらね。何が起きるやらワケのわからん世の中やのに、そんなんワシのせいにされてもかなんしね〉

大阪地裁は、こうした相談役の発言を、「淡海一家が面倒を見ることになっていたのに、滋賀は淡海、京都は会津小鉄会、大阪は宅見組となっていったことに不快感を示し、保険料（みかじめ）を淡海一家に支払わなければ、上田の生命、身体に危害を加えかねない旨の暗示」と判断した。

実際、上田は相談役の来訪以降、命の危険を感じ、それまでの出来事を「遺言書」と題する文書にまとめていた。

そのうえで、

1　引き続き入江に仲裁を依頼すること
2　警察に飛び込むことを入江に伝えて弘道会を牽制すること
3　弘道会の要求を呑んで一時金を支払うこと

の三つを決めた。

2006年3月10日、まず入江に「警察に飛び込む覚悟」を伝えた。入江は「そんなこと言わんとき。ワシも頑張るから」と上田をなだめたという。

また、同年8月、淡海一家相談役から「8月に入ったんで、（盆暮れに頭に届ける）枕

（1000万円）以上持ってこい」という連絡を受け、8月9日午後、相談役が待つ市内のホテル喫茶室に向かい、2000万円を紙袋ごと渡した。相談役は中をのぞき、「確かに預かりました。頭に届けます」と言った。

その頃から入江の態度が変わり、よそよそしくなった。12月に入ると、また相談役から「12月に入った。枕以上、持ってきてくれ」と言われ、12月18日、市内のホテル喫茶室で待つ相談役に1000万円を届ける。「確かに受け取りました。頭に届けときます」と同じセリフだった。

企業舎弟扱いは収まらず、仲裁役のはずの入江が間に入るつもりがないことがハッキリしたうえ、これまで上田が築いてきた資金も尽きた。上田は京都府警への告訴を決めて告訴状を提出した。

公判で髙山は、犯意がないのはもちろん、恐喝行為があったこと自体を知らなかった、と主張した。問題となった2005年10月26日の「たん熊」での会合は、義友希から「上田と一度、食事でも」と、誘われたからだといい、淡海一家と上田との関係についても、入江から「頭、淡海に堅気の人間をつけていいですか」といわれ、「好きなようにして」といっただけだという。また、堅気の上田に淡海一家が「山口組決定事項」を伝えたとされることについては、「なんやそれ、漫画みたいな話だな」と一笑に付したという。

しかし地裁判決文は、次のように髙山の犯意を認めたのだった。

〈被告人は、遅くとも前記「たん熊」での会食の開始時においては、義友希らに加担して上田からみかじめ料名下に金員を脅し取る意思を抱き、義友希らと共謀を遂げたものと認められる。そして、その後のN〔本文実名・相談役〕やH〔同・窓口の不動産業者〕による上田に対する恐喝行為に関して、どの程度被告人が認識し、関与していたかは必ずしも明らかではないものの、少なくとも、その恐喝行為が、かかる共謀に基づき、被告人の意向の範囲のものとして行われたことは、前記の通り、優に認めることができる〉

ただ、地裁は「たん熊以前〔'05年10月〕」の恐喝行為については、〈〔髙山若頭が〕犯行に関与していることをうかがわせる的確な証拠は存在せず〉として、共同正犯を認めなかった。

さらに髙山は1981（昭和56）年以降、禁固刑は受けていないこと、本人の体調が芳しくない面があること（椎間板ヘルニア）などを考慮して、'13年6月、検察側の求刑10年に対し、懲役6年の実刑判決を言い渡した。前述のように髙山が上告を取り下げ、府中刑務所に収監されたのは'14年12月である。

服役中の六代目への手紙

約10年にわたった攻防は終わったものの、渡辺芳則五代目との信頼関係によって始まった山口組との関係が、こうした形で「決裂」して終了するのは、上田にとって望ましいものではなかった。「敵」と認定されたままでは、トラブルの再発もあり得る。そこで上田は、少しでも「心情」を理解してもらおうと、府中刑務所に収監されていた司忍六代目に手紙を書いた。

日付は2011年3月2日。司が未決勾留8ヵ月、服役期間5年4ヵ月で出所するのが同年4月

9日なので、その直前のことだった。時候の挨拶から始め、身に覚えのない要求を受けて苦しんだことを記したうえで、渡辺との関係を次のように書いた。

〈私が政府と関係しておりますので、そこでの人脈から国家的な行事や犯罪で治安が乱れた時にはお願いに上がり、ご協力を賜わったことがありまして、このような私と渡辺さんとの関係は公的に認めて下さっているところでありましたが、あくまで個人的な人間関係の責任の範疇でありました。

ですから、渡辺さんも山口組の国家に対する忠誠の精神に沿えるものであったので個人的にご協力して下さったんだと確《かく》信頼もして来たものであります〉

渡辺との人間関係が、髙山や義友希はもちろん、暴力団稼業の人間には理解しがたいことを承知のうえで、〈山口組組員でもない私に山口組通達事項を持ち込まれて、組織決定したと宣言された苦しみを司に伝え、〈グループのみんなは普通の庶民であり、市民でありまして法と秩序を守る国民としても立派にあります。どうかこの者達が安全安心に社会生活が出来ますよう失礼をも省みずお願いしたく筆を執りました〉と結んだ。

人権擁護法案の上程

一方、人権運動は、自由同和会京都府本部最高顧問の野中広務が「最後のやり残した仕事」という人権擁護法案の成立に、全力で取り組んだものの、反対多数で前に進んでいかなかった。

そもそも人権擁護法案とはどのようなものか。

法案は、まず法務省の人権擁護推進審議会が人権擁護のための具体的な審議を行い、人権尊重の理念に関する国民相互の理解を深めるための教育及び啓発、人権救済制度の在り方、人権擁護委員制度の改革、といった答申にまとめた。法務省は、これらの答申に基づき、国内人権機構の地位に関する原則（パリ原則）なども踏まえて、人権擁護法案としてまとめ、2002年の通常国会に上程した。

パリ原則は、1993年の国連総会によって採択されたもので、各国内に①人権侵害の救済、②立法・政策提言、③人権教育——という三つの機能を持つ、政府から独立した機関を設置すべき、とした。世界ではII0を超える国や地域に設置されているが、日本には人権を守るための機関がまだない。

人権擁護法案は、世界の趨勢に合わせた「人権擁護機関による救済制度の確立」という意味合いを込めたものだった。

法案の第一章は総則。その第一条で「目的」が定められている。

〈この法律は、人権の侵害により発生し、又は発生するおそれのある被害の適正かつ迅速な救済又はその実効的な予防並びに人権尊重の理念を普及させ、及びそれに関する理解を深めるための啓発に関する措置を講ずることにより、人権の擁護に関する施策を総合的に推進し、もって、人権が尊重される社会の実現に寄与することを目的とする〉

「パリ原則」に沿った「目的」だといえよう。そのうえで第二条は「定義」を定めている。「人権侵害」「社会的身分」「障害」「疾病」「人種等」を、具体的に指し示す。例えば「人権侵害」とは、〈不当な差別、虐待その他の人権を侵害する行為をいう〉とあり、「人種等」とは〈人種、民族、信条、性別、社会的身分、門地（家柄、家格、門閥など）、障害、疾病又は性的指向をいう〉とある。

第三条が、「人権侵害等の禁止」であり、〈何人も、他人に対し、次に掲げる行為その他の人権侵害をしてはならない〉として、差別的取り扱い、差別的言動、優越的立場を利用した虐待、不特定多数の者に対する差別的取り扱い等を禁じている。

そのうえで、第四条で「国の責務」を定めている。

〈国は、基本的人権の享有と法の下の平等を保障する日本国憲法の理念にのっとり、人権の擁護に関する施策を総合的に推進する責務を有する〉

この総則を具体的に執行するための機関として第二章に「人権委員会」が定められた。

この人権委員会の存在こそ、人権擁護法案の「要《かなめ》」である。だが同時に、国家行政組織法の三条委員会として、公正取引委員会や国家公安委員会などと同じ強い権限を持つことが、反対派に嫌われた。

人権委員会の任務の幅は広い。法務省の外局と位置付けられるため、全国の法務局を手足に、最大2万人の人権擁護委員を指揮することになる。人権擁護委員は、人権尊重理念の普及と人権擁護運動の推進を行い、人権相談に応じて情報を収集、人権委員会に報告する。

それを受けて人権委員会は被害を救済し、予防を図るための適正な措置を講ずるわけだが、人権委員会に「差別」と認定されれば、裁判所の令状なしに家宅捜索を受け、資料を押収され、出頭命令に従わなければ罰金刑が科せられる。あまりに人権委員会の裁量が広く、権限が強すぎるとして反対が多かった。

人権擁護法案は、1969年に同和対策事業特別措置法（同対法）から始まった同和対策が、生活改善から始めて教育・啓発環境を整えた後、救済措置を備えた人権擁護の最後の法案と位置づけられるものだった。

だが、なかなか理解を得られない。

まず2002年の国会審議のスタート時点で躓《つまず》いた。この年の5月、名古屋刑務所において複数の刑務官が受刑者に暴行を加え、死に至らしめたことが発覚した。さらに9月には、受刑者に開腹手術を要する重大な傷害を負わせた事件も発覚。その過程で、過去に刑務官が保護房内で臀部に消防用ホースで高圧の水を噴射、直腸を損傷させ、死亡させていたことが明るみに出た。いずれも許しがたい残虐な行為であり犯罪だが、名古屋刑務所は「自傷による死亡事故」で片付けていた。

人権擁護法案では、人権委員会は法務省の外局として設置され、三条委員会となることが明記されていた。であれば、法務官僚と同省OBが全国の事務局を実質的に差配し、人権擁護委員の人選などにも関与することになる。「刑務所内で虐待が横行していた事実を隠蔽する法務省に、人権救済機関を委ねるわけにはいかない」という声が大きくなった。

また、マスコミも人権委員会の「特別救済手続」に、取材活動による人権侵害が含まれていることを恐れた。第四章「人権救済手続」のなかの第三節「特別救済手続」には、〈放送機関、新聞社、通信社その他の報道機関又は報道機関の報道若しくはその取材業務に従事する者がする次に掲げる人権侵害〉が挙げられている。

具体的には、犯罪行為を行った者、犯罪行為の被害を受けた者、その配偶者や親族などに対して行われる「つきまとい、待ち伏せ、立ちふさがり、見張り、居住地や学校、勤務先などに押しかけること、あるいは電話をかけ、ファクシミリ送信すること」などが含まれていた。

人権侵害を受けたと感じる者は、人権委員会の救済措置の対象となる。人権委員会は当該事案を調査し、「調停」「仲裁」「勧告」「公表」を行うことができ、人権を侵害されたとする人の訴訟援助ができる。

過剰取材やプライバシー侵害に当たるか否かの判断は、人権委員会に委ねられるわけで、「直撃取材」を最終手段と考え、そう教育されてきた記者や編集者にとっては、それまでの常識を覆されかねない法案だった。また、法案成立によって、汚職・贈収賄などの権力犯罪、背任・粉飾・相場操縦などの企業犯罪、詐欺・出資法違反など一般大衆を狙った犯罪の当事者が、「人権」の向こう側に逃げ込むことを恐れた。

廃案後、野中の執念で再提出

2002年3月、小泉純一郎内閣によって上程された人権擁護法案は、法務省の外局という位置付けに対する名古屋刑務所事件を一因とする反発、さらにあらゆる人権が委ねられた人権委員会の独立性に関する疑義、報道の自由・取材の自由を侵されることへのマスコミの反対などがあり、'03

年の通常国会でも審議されたが成立せず、廃案となった。

しかし野中広務の執念もあって、再び法案は復活した。マスコミの反発にも考慮し、報道機関を特別救済手続の対象にしないといった修正を加えたうえで、'05年の通常国会に上程する方針が決まった。

'05年1月、京都市内のホテルで開かれた「自由同和会京都府本部・新春懇親会」で、野中は次のような〝秘話〟を明かしている。

〈新聞報道で「人権擁護法案は民主党との折り合いが合わないので今国会には提案しない」という報道がなされました。

私は、びっくりして「一体どうなっているんだ」と、自民党のある先生に電話をしましたら、すぐにその人から電話を頂きまして、「野中先生、おそらく怒っておられると思います。そんな馬鹿なことはさせません」と言われたので、「そうだろうね。民主党との調整がつかないから法案を出さないのなら、予算案を含めて全部そうではないか」などといいながら怒っておりました。

そしたら、「いやそうであろうと思って、担当者である古賀誠元幹事長にお願いをして、公明党の草川〔昭三〕参議院会長等を含めて、必ずや今国会において成立させるということを確認しましたので、あの報道は誤っておったということを是非、先生にだけはお話ししておきたいと思います」と言ってくれました〉

実際、このとき古賀誠は法案成立へ向けて、かなり強引に立ち回っていた。人権擁護法案は自民党法務部会と人権問題等調査会の合同会議となり、侃々諤々《かんかんがくがく》の議論を繰り返してきたが、'05年4月

21日の会議で人権問題等調査会長の古賀が立ち上がり、こう宣告した。
「もう6回も議論し、論議は出尽くした。反対論も聞きました。今後、国会での議論で修正すべきところは修正できるから、一任をお願いします」
隣に座っていた法案推進派の二階俊博とともに立ち上がって頭を下げると、部屋を出て行ってしまった。反対派は平沼赳夫が会長となって設立した「真の人権擁護を考える懇談会」で、平沼が古屋圭司座長とともに反対論を展開していたが、古賀の独断に反発し、法務部会長に詰め寄って、留保を取り付けた。

古賀は幹事長、総務会長、政調会長の自民党三役に「一任は取り付けた」と根回しし、上程は既定路線となった。ところが、平沼、古屋らの法案反対派はさらに巻き返し、城内実《きうちみのる》、衛藤晟一《せいいち》らがそれに同調した。『産経新聞』、月刊誌の『WiLL』、『正論』、日本文化チャンネル桜などの保守系メディア、それに櫻井よしこ、西尾幹二ら保守系文化人らの言論による反対表明も相次いで、政府・自民党は7月までに断念を余儀なくされる（議案として受理されたものの、議会には付託されなかった）。

小泉政権が郵政民営化法案を最優先したという事情もあったが、古賀、二階の法案推進派は頑強な反対派を突き崩せなかった。反対派の主流は、「草の根保守主義」を標榜《ひょうぼう》する日本会議の中心メンバーと重なっていた。反対の論拠を、日本会議系・美しい日本の憲法をつくる国民の会共同代表の櫻井よしこは、「日本を蝕む人権擁護法案」（『危ない！　人権擁護法案』に収録）のなかで、概略、次のように述べている。

法案の欠陥は主として三点にまとめられる。第一は「人権」及び「人権侵害」の定義が極めて曖昧で、その結果、恣意的解釈が可能となり、悪用される恐れがあること。第二は、人権救済機関となる人権委員会に付与される強い権限は、それが独立して行使されるとき、司法権の不当行使につながりかねず、憲法違反の恐れがある。不当に人権を侵害したと疑われた人への保護も不十分である。第三の欠陥は、人権擁護委員に国籍条項がなく、委員の選任の過程や基準も極めて不透明であることだ――。

こうした保守系文化人の反対などのカベを突破できないまま、野中の法案成立への願いは叶わず、「遺言」として残された。

牛肉偽装で「食肉の王」逮捕

国会で人権擁護法案が論議されている最中、同和関連の不祥事が相次いだ。

ひとつは国のBSE(牛海綿状脳症)対策事業に絡む牛肉偽装事件で、「食肉の王」と呼ばれたハンナングループの浅田満が、詐欺や補助金適正化法違反などの罪に問われ、逮捕・起訴されたことだ。

国はBSE対策として、2001年10月17日以前に屠畜《とちく》解体された国産牛肉を隔離して焼却処分することを決めた。国の予算総額は約293億円だったが、その窓口となったのが全国同和食肉事業協同組合連合会(全同連)や大阪府食肉事業協同組合連合会(府肉連)だった。浅田は全同連専務理事、府肉連副会長という立場を利用し、助成金約50億円を不正に受け取ったとされた。

浅田は逮捕から2週間後の'04年5月3日には、大阪地検の捜査検事にこう供述した。

「私は今回の逮捕勾留の事実の通り、（ＢＳＥの）狂牛病騒動の最中、制度を悪用し、牛肉などをすべて国産と偽り、売却金額をだまし取りました。私は肩書こそ全同連の専務理事や府肉連の副会長ですが、事実上はトップの立場にあり、組織を動かしていました」

潔く罪を認めたことで、浅田以外の逮捕・起訴者は12人に及んだが、いずれも執行猶予付きの有罪判決にとどまった。浅田は'05年5月27日の地裁判決で、被害額が詐欺については9億６０００万円、補助金適正化法についてはと6億円と大幅に減額されたものの、懲役7年の実刑判決（高裁で6年8月に減刑）を受けた。

大阪地検特捜部と大阪府警の捜査によって、タブーとされていた浅田の牛肉における「同和利権」の実態が明らかとなった。浅田はかつて部落解放同盟大阪府連向野《むかいの》支部副支部長に就いていたことがあり、１９７０年、解放同盟支援のもと同和食肉を設立、これがその後の躍進のきっかけとなった。事件の時点で、ハンナングループは３０００億円の売上高を誇る一大企業グループとなっていた。

浅田もまた暴力団との関係が深かった。「食肉の王」の浅田満は浅田家の次男で、三男は山口組系白神組内に浅田組を結成したヤクザだった。'84年の山口組と一和会の抗争（山一抗争）で引退する。四男もまたヤクザで、山口組系山健組内に浅田会を結成していた。四男も山一抗争の頃には引退しているが、兄が同和運動を担い、弟2人が暴力団という浅田家の履歴は、ハンナングループを長くアンタッチャブルの存在にするのに役立った。

２００６年5月、大阪市の財団法人「飛鳥会」を巡る業務上横領及び詐欺事件で逮捕された小西邦彦もまた、部落解放同盟大阪府連飛鳥支部長を40年近くも務めた活動家にして、山口組系金田組の幹部という「裏の顔」も持っていた。小西の場合は、暴力団の方が先である。終戦時に12歳。被差別部落に生まれ戦後ヤミ市を腕力と嗅覚で生き延びた小西は、青年に達する頃は刑務所通いの常連となり、ついには東淀川区飛鳥地区を縄張りとする金田三俊の盃をもらってヤクザとなる。

そこは覚醒剤売買が横行する環境劣悪な場所で、'60年代に入って高まりを見せた同和運動に飛び込んだ小西は、謄写版でビラを刷って配り、地域住民活動を始める。「暴力団との二股」は、最初、冷ややかな目で見られたということだが、しだいに運動家としても認められ、「いっぺん、やらしてみたらどうや」という解放同盟幹部の声掛けもあり、'69年、飛鳥支部長となった。

大阪市幹部接待の飛鳥会摘発

事件の舞台となったのは、地下鉄御堂筋線高架下の西中島駐車場だった。テキ屋が占拠、屋台の集積地となっていた場所を、テキ屋の親分と話ができる小西が、大阪市土木部の人間に頼まれて撤去させた。１９７４年、ここを駐車場にして小西が支部長を務める飛鳥会が、同和対策事業の一環として、大阪市の外郭団体と独占的な業務委託契約を結んだ。小西の罪は、売り上げを過少申告して横領していたというものだった。

摘発した大阪府警の狙いは、同和運動家である小西の詐欺・横領を暴くだけではなかった。部落解放同盟出身の政治家、官僚OBの代議士などへの支援の痕跡は残っており、大阪市の助役、局長、部長クラスの幹部職員が、就任、退任の際には小西のところに挨拶に行くのは慣例化していた。彼らが来れば小西は北新地の高級クラブで接待していた。そんな人間関係の実態を摑み、どんな「貸し借り」があるのかを調べる目的もあった。

一方で小西は、小指を落として金田組を引退していたものの、'85年1月に射殺された竹中正久・山口組四代目の殺害現場となったマンションの名義人となるなど、暴力団との関係は続いていた。宅見勝若頭を射殺した中野会の中野太郎が脳梗塞で倒れると、中野を引き取り、面倒を見ていたのは福祉施設を持つ小西だった。

同和地区に保育園や老人施設を持つ社会福祉法人代表という「表の顔」を持つ小西は、一方で現役を退いても「裏の顔」を捨てられなかった。小西の逮捕劇には、双方で力を持ち続ける小西を放置できないという警察当局の思惑もあった。

浅田と小西——。部落解放同盟、同和運動に足場を持つ〝大物〟の2004年から始まった摘発は、改めて「表」と「裏」が渾然一体となる同和運動の一面を浮き彫りにした。それは、1969年から始まった同対法によって33年間で16兆円が投じられ、住居・教育環境の改善という「功」の一方、同和利権という「罪」もあったという証明だった。

2002年の同対法体制の終焉から連続出版された『同和利権の真相』(宝島社)は、その赤裸々な記述により、同和利権を語ることがタブーではなくなったことを知らしめたが、検察・警察による摘発は、同和利権の実態を「事実」として国民に突きつけるものとなった。さらに全国水平社以来、同和運動をリードしてきた部落解放同盟に、改めて「同和利権からの決別」を迫った。

一連の不祥事を受け、部落解放同盟は組織再生へ向けての提言をまとめるために、15人の識者によって「提言委員会」（座長・上田正昭京都大学名誉教授）を設置し、'07年3月から京都会館を主会場に議論を重ね、同年12月、「部落解放運動への提言」をまとめた。一連の不祥事の背景を分析し、部落解放運動再生への道などA4判用紙24枚に及ぶ内容は、かなり手厳しく、実現には相当の覚悟と真摯な取り組みが求められるものだった。

第8章 天智

同和運動が停滞を見せはじめると、解放運動はおろか同和行政すら批判するグループさえ登場し始めた。それに対し、上田はどう応えるか。上田は新たなステージを迎えた同和＝人権運動に引き続き傾注する。

自民党政経文化懇談会（2022年6月）で安倍晋三元首相、西田昌司自民党府連会長と

同和運動の停滞

同和運動が停滞している。２００２年に同対法（同和対策事業特別措置法）体制が終焉を迎えた以上、宿命的な流れといえるが、善くも悪しくも、部落解放同盟が荊冠旗（荊の冠をデザインした水平社以来の団体旗）を押し立てて糾弾活動を行い、差別した企業、団体、行政、マスコミを畏怖させた頃の勢いはない。

差別のない平等な社会を求めて、部落解放同盟の前身の全国水平社が創立されてから１００年。創立大会のあった京都市で、'22年3月3日、「全国水平社創立１００周年記念集会」が開かれた。約１０００人が参加し、インターネット上に絶えない差別を助長する書き込み問題への取り組みが確認され、マイノリティの人権確立へ向けた法整備を実現させるという決意が表明された。

１９２２年3月3日、岡崎公会堂で約３０００人を集めて開かれた創立大会で、創立メンバーの駒井喜作は「水平社宣言」を読み上げた。〈人の世に熱あれ、人間に光あれ〉という言葉で結ぶと、〈三千の会衆皆な声をのみ面を俯せ歔欷《きょき》〔すすり泣き〕の声四方に起る〉（機関誌『水平』第１号）という状態だったが、今その熱はない。

むしろそれは当然で、同和運動団体が闘いの熱を失っていくのは、差別環境が改善されていくのと比例しており、差別解消のための団体の究極の目標は、団体が存在意義を失って解散することであろう。

政府が同和問題の意見を聴取する3団体のうち、旧社会党との関係から現在は立憲民主党との関係が深い部落解放同盟は、「今後も差別をなくすための法整備、生活改善と差別教育、冤罪事件の狭山闘争（殺人犯とされた石川一雄の再審を訴えている）の三つを主なテーマとする」（片岡明幸・部落解放同盟中央副委員長）という。

全国水平社を同根としながらも、同対法体制への取り組みの違いから'70年を境に袂《たもと》を分かち、以降、解放同盟とは犬猿の仲といっていい存在の共産党系団体は、全国部落解放運動連合会（全解連）を発展的に解消し、2004年の段階で団体名から「部落」を外し、全国地域人権運動総連合（全国人権連）としている。「以降、自然環境、福祉や介護など地域社会の人権と、障害者、女性、外国人など個別主体の人権の双方の問題に取り組んでいる」（新井直樹・全国人権連事務局長）という。

そして自民党系の自由同和会は、上田藤兵衞中央本部副会長が「最後の仕事」と位置付けるのが、これまで触れてきた人権擁護法の制定である。上田が言う。

「同和問題に特化した部落差別解消推進法（部落差別の解消の推進に関する法律）が'16年末に成立し、第六条に規定された部落差別の実態調査によって、今や同和問題が解決の過程にあることが証明されました。我々はこの法律の有効活用で完全解決につなげたいのですが、気がかりな点があります。それは理念法で救済措置が明記されていないこと。それに対して人権擁護法案は、人権救済を図る目的で人権委員会を設置し、人権侵害に苦しむ人たちが委員会に救済を求めることができる。それにより泣き寝入りさせず、早期に人権問題を解決できると信じています」

部落差別解消推進法は、自由同和会が自民党の二階俊博幹事長の相談に応じた後、委員会が立ち上がって法案作成に取りかかり、与野党賛成多数で可決された。その第一条に「目的」として、部落差別が存在することを認識のうえ、〈国及び地方公共団体の責務を明らかにするとともに、相談体制の充実等について定めることにより、部落差別の解消を推進し、もって部落差別のない社会を実現すること〉を挙げている。

国と地方公共団体の責務とした点は大きいが、上田のいうとおり理念法に過ぎない。国と地方の「責務」は決められていても、目標であって罰則はなく、救済措置もない。こうした個別法での対応は、政府の方針に沿ったもので、当時、障害者差別解消法、児童虐待防止法、高齢者虐待防止法、いじめ防止法、男女共同参画社会基本法、ヘイトスピーチ解消法のような形で制定されていった。

しかし、そこには含まれない被害者救済を図ることを目的とした人権擁護法案は、今も成立していない。

ネット上で増えた「旧同和地区」暴露

では、部落差別解消推進法が定めた実態調査によって判明した「解決過程」とは、どのような状況か。

この実態調査は、以下の四項目について行われ、2020年に公表された。

1　法務省の人権擁護機関が把握する差別事例
2　地方公共団体が把握する差別事例
3　インターネット上の部落差別の実態
4　一般国民に対する意識

1については、人権相談の件数（調査は2015～17年）は年間400件前後、人権侵犯事件（'13～'17年）は年間100件前後で横這い。ただ、部落差別関係は人権相談件数の0・2％前後、人権侵犯事件の0・5％前後と、全体のごくわずかだった。問題とされたのはネット上の差別事案の増加であり、その大半が識別情報の摘示（旧同和地区の表示）だった。

2については、相談件数は調査期間（'13～'17年）中、毎年2000件強で推移、類型別では、差別表現が最も多かった。'13年の440件が'17年に582件と増加し、ネットへの書き込みが増えている。かねてから問題とされてきた結婚・交際に関する相談は、最も高い年が'15年の103件、最も少ない年が'17年の40件だった。

3のネット上の部落差別の実態では、部落差別関連ウェブサイトを閲覧したことが確認された人のうち、1万117人に対してアンケート調査を実施し、875人から回答を得た。そのうち「部落差別」「部落問題」という言葉を聞いたことがあるという人が大半で、ウェブサイトを閲覧したきっかけについて尋ねると（複数回答）、自分や身内の引っ越し先、自分や身内の交際相手や結婚相手、近所の人の出身地など、差別的な意図が疑われる動機が24・0％にのぼった。

4の一般国民に対する意識調査では、日本国籍を持つ人のなかから1万人を抽出し、調査員が調査票を配布・回収する方法で実施され、６２１６人の有効回答を得られた。調査内容は多岐にわたるが、興味深いのは「旧同和地区出身を気にするかどうか」という設問だろう。「近隣住民としてどうか」については４・５％が気になるとし、79・８％が気にならない、残る15・７％がわからないか無回答。「交際相手・結婚相手」については15・８％が気になるとし、57・７％が気にならない、残り26・５％がわからないか無回答。「求人の応募者・職場の同僚」では、４・７％が気になるとし、81・０％が気にならない、残り14・２％がわからないか無回答だった。差別相談や人権侵犯に結びつく事案は減っているものの、心理面の偏見や差別意識はいまだに残っているということだろう。

住環境・就労などハード面は改善

同和問題に関する全国調査結果が公表されたのは、27年ぶりのことだった。前回は、総務庁地域改善対策室が１９９３年度に行ったもので、同和地区関係者６万世帯を抽出して行い、ほぼ１００％の回収率だった。この時点で、同対法施行から24年が経過し、かなりの予算措置が講じられていることもあって、ハード面の対策は進んでいることが証明された。

なかでも、住宅や道路などの物的基盤整備事業は、「一般地域との格差はほぼなくなった」という結論が出ていた。高校進学率では少し差があったものの、一般が96％であるのに対し同和地区が91％で５ポイント差。就労面では「常雇用」が一般の65％に対し56％と、こちらは少し差があった。今回の部落差別解消推進法における調査は「意識」に限り、実態調査は行っていないが、その差はさらに縮まっているだろう。

いずれにせよ、住環境、就労・教育環境は改善しても、社会に「差別意識」は残っている。それにどう取り組むか。

部落解放同盟の片岡副委員長は、2002年に同対法体制が終焉してから'16年の部落差別解消推進法の制定までに「15年の空白」があり、それが国民の意識を変えたという。

「学校の授業で部落問題が取り上げられることも少なくなって、部落問題そのものを知らないという若い世代が増えているのは事実です。ただ、知らないことが、差別がなくなっていることにはつながらない。鳥取ループ（本名・宮部龍彦、『全国部落調査』復刻版を出版しようとして解放同盟と係争中）を先頭に、ネットではネガティブ情報が溢れていて、そういうもので初めて部落問題に触れた若い人たちは『差別をしてどこが悪いんだ』と反応する。それが調査結果にも出ています。またネットでの情報拡散が、結婚や就職差別にもつながっています」

運動方針にも変化が生まれた。かつての糾弾闘争をやめたわけではないが、糾弾して詰めていくのではなく、紳士的な理詰めの対応が多くなった。そこには解放同盟支部員の減少（かつての18万人が6万人に）、高齢化（平均年齢60歳）といった組織弱体化の問題もある。

だが差別という現実があり、身元調査のような事件はいまだに絶えない。また、50年近く続く狭山闘争は今も再審請求で闘いを継続しており、差別解消のために更なる法整備も必要だと片岡は言う。

「人権侵害救済法というか、人権委員会の設置によって、現在の人権擁護委員会制度を変える。なんの権限もない相談所ではなく、相談を受けて調査し、人権侵害をした相手に一定の指導をする制度にすることは必要だと思っています。それは部落問題に限ったことではありません。

反対が多く実現は難しいでしょうが、人権侵害救済法を実現させたい。部落解放同盟は、人権問題に１００年の歴史を刻んだ団体ですから、社会のさまざまな人権侵害、差別、虐待に悩む人や団体に呼びかけ、そうした運動の牽引車になれると自負しています」

一方、共産党系の全国人権連は、２００４年の段階で「社会問題としての部落問題は解決の見通しが立った」として全解連を解消して発足した。国民の側の「人権」を擁護・伸長する運動であることを鮮明にするため、組織の名称に「人権」を冠して、地方と個別の人権に取り組むようになった。部落差別が解消するなかで被差別部落出身者のみで組織する運動体では、旧身分の固定化につながり、部落問題を引き延ばすだけだという立場であり、それは現在も変わらない。

新井直樹事務局長は、部落問題の現状について次のような認識を示した。

「(部落差別解消推進法に基づく)法務省の調査によっても、部落差別に関する人権侵犯件数は減少傾向にあり、結婚差別や就職差別がほとんど見られなくなったのは確かです。

ただ、ネット社会となり、情報の量は膨張し、いじめや自殺、犯罪も引き起こされている。(旧同和地区)識別の指摘も含め、部落に関する情報も増えています。しかし、それが実生活でもネット上でも公然と支持されるような状況ではない。識別情報が差別の理由にならず、人権侵害の反映が限定的なのは社会的には前進ですし、そうした環境を醸成することが大切だと思っています」

共産党系人権連は「三条委員会に反対」

全国人権連は、部落差別が解消しているという認識のもと、部落差別解消推進法の制定、人権委員会のような厳しい規制につながる政府からの独立のない三条委員会の設置に対して、反対の立場をとる。

「部落差別の解消を名目に暴力的な糾弾闘争や歪んだ人権教育を行う行為を、我々は部落民以外を除外し、双方に溝をつくってしまう『部落排外主義』と呼んで批判してきました。部落差別解消推進法といいつつ、国や自治体に必要な施策を求め続けるのは、『部落』と差別の固定化や永久化につながりかねない。

また、人権擁護法案は人権や人権侵害の定義が不明確で、禁止の対象となる人権侵害行為がどのようなものかもあいまいです。そういう状況下で三条委員会の人権委員会を発足させ、そこに人権擁護委員として同和団体が組織維持を狙って入り込んできたら、部落排外主義が繰り返されることになります。

そこで我々は、法整備に頼ることなく、地域社会の人権問題に焦点を当て、貧困・格差、高齢化・単身化、外国人の三点を中心に活動する方針です」（新井）

部落解放同盟は、部落差別解消のために差別についての教育を継続、法整備など環境改善の活動を続けるという。一方、全国人権連は、差別解消の現状を無視して運動を継続、法整備を行うことは、部落差別を知らない、あるいは意識していない人に、むしろ部落差別を認識させることにつながって、差別解消にはならないと主張する。

この両者は、議論がまるで噛み合わない。解放同盟にとって全国人権連とは、「解放同盟に反対することを存立基盤とする組織」であり、全国人権連からすれば解放同盟は、「解放運動を部落民ではなく、組織のためにやっている組織」なのである。

では、自民党系の自由同和会はどうか。「同和問題が最終段階にある」という認識では全国人権連に近い。だが、差別された者を救済するために人権擁護法は必要だという意味においては解放同盟と同じだ。ただ、たとえ人権委員会のような救済機関が生まれても、荊冠旗は降ろさず組織は継続するという解放同盟に対し、「法整備されれば解散する」(上田)と、そこはハッキリとしている。

前章で、人権擁護法案の概略と、野中広務元自民党幹事長の強力なプッシュでも成立に至らず廃案となり、受け継いだ古賀誠が強引に上程を目指したものの、自民党内外の反対のために潰された経緯は述べた。ではその後、「最後の課題」にどう取り組んだのか。

人権擁護法案の国会への再々提出の動きが見え始めるのは、2007年末頃からである。人権問題に取り組む自民党人権問題等調査会は、初代会長を野中が務め、その後を古賀誠が受け継いだものの失敗。その後をさらに継いだのは、古賀と同じ福岡が選挙区の太田誠一だった。

'07年12月、太田は古賀の他、二階俊博総務会長、谷垣禎一政調会長、伊吹文明幹事長などを顧問に迎えたうえで、2年半ぶりに討議を再開させた。福田康夫首相も前向きな姿勢を見せており、'08年1月23日の代表質問では、自民党・鶴保庸介議員の「人権擁護を推進するための法的な整備の必要性についてどのようにお考えなのか」という質問に対し、次のように答えた。

「〔日本においても〕数々の人権問題が存在すると言わざるを得ず、人権の擁護は重要な課題であると認識しております。

御指摘の人権擁護を推進するための法整備については、人権擁護推進審議会の答申や人権擁護施策推進法の附帯決議などを受けて与党内においても様々な御議論がなされておりますが、政府としては、こうした議論を踏まえつつ、引き続き真摯な検討を行ってまいります」

保守派は解放同盟や朝鮮総聯を警戒

前任の安倍晋三首相(第一次安倍内閣)とは様変わりである。安倍は「人権の定義があいまいで、果てしなく解釈が広がる危険性がある。いい加減な形で(法案を)提出させてはならない」と、慎重な立場を崩さなかった。

2005年の上程騒動で「真の人権擁護を考える懇談会」を設立して会長に就いた平沼赳夫は、「人権侵害の定義や(人権擁護委員が日本国籍か否かがハッキリしていない)国籍条項などの問題がクリアしなければ、人権擁護という美名のもとに正しいことが行われない可能性がある」と自身のホームページで訴えた。

保守派の若手議員でつくる「伝統と創造の会」（会長・稲田朋美衆議院議員）は、人権侵害の定義と国籍条項の二点を軸に反対論を展開、意見書にまとめた。「人権侵害」とは〈不当な差別、虐待その他の人権を侵害する行為〉と条文にあるものの、これでは「人権」とは何かが定まっておらず、「人権侵害とは何か」という設問の答えになっていない。また、最大2万人の人権擁護委員の国籍に規定はなく、「（在日本朝鮮人総聯合会など）特定団体の影響力が強まりかねない」という不安の声があった。

保守系議員が反対したのに対し、推進派はリベラル派が多く、野中、古賀、二階のように同和問題に関心の深い議員が中核だった。古賀は「世のなかには差別で泣いている人がいる。議論のための議論を繰り返していてはいけない」と法案制定にこだわり、二階は「人権問題は避けて通れない。差別を抱える地域の実情もあり、法案成立に努力を傾けることが我々の道」と訴え続けた。

反対派と推進派は、折れ合う場面がまったくないまま、会議だけが重ねられた。'08年5月の12回目の人権問題等調査会会合に初めて出席した加藤紘一元幹事長が「こんなに双方が怒鳴り合う会合は、35年も代議士をやっていて初めてだ」と驚くほどだった。

民主党は法制定には賛成ながら、法案に報道の人権侵害についての特別救済制度があることに関し、「報道の自由を阻害、報道機関の取材を制限、国民の知る権利を奪う」として反対の立場を取っており、「法案を修正したうえでの施行」を条件としていた。

身動きが取れなくなった太田会長は、人権委員会の権限を大幅に縮小した「太田私案」を示して打開を図ろうとした。

「人権侵害の定義があいまい」という批判に応えるために救済対象を「公務員や事業主らの差別行為」と類型をつくり、宗教や学術に関する差別申し立てを除外し、メディア規制条項も削除した。

それでも反対派は納得しなかった。

「三条委員会の人権委員会」という規制の枠組みは変わらなかったからで、「人権委員会の恣意的な運用で表現の自由は侵され、差別者として指弾される」という不信の念を持ち続けた。人権問題等調査会は、’08年6月6日、国会への提出を断念した。

自民党で三度否定された形の人権擁護法案は、2009年9月から’12年12月までの民主党政権に引き継がれた。人権委員会の設置を中心とする人権擁護法案は、’09年9月に発足した鳩山由紀夫政権のもと、人権侵害救済法案として復活した。

自由同和会は、①人権委員会を内閣府の外局ではなく法務省の外局とすること、②有給の人権擁護委員1万人ではなくこれまで同様ボランティアの2万人とすること、などの条件を出し、法案成立に協力する方針を打ち出した。

しかし、この法案もまた保守派文化人、マスメディアなどが反対の論陣を張り、民主党内部にも反対意見があって、菅直人政権、野田佳彦政権に受け継がれて’12年に閣議決定されたものの、同年末の総選挙で民主党が大敗。自民党の安倍政権が発足すると、法案は廃案となった。

人権擁護法案反対の急先鋒は、櫻井よしこ、百地《ももち》章《あきら》など日本会議系の文化人だった。彼らと思想信条が似ていて、それゆえ保守化が進む日本で高い人気を誇り、7年8ヵ月もの長期にわたって政権の座に座った安倍晋三が、人権擁護法案を復活させるはずもなかった。’20年9月から’21年10月まで続いた菅義偉《すがよしひで》政権も、アベノミクスや外交戦略を含め主要課題は安倍政権の踏襲であり、上田に言わせれば「働きかけは続けた」ものの、人権擁護法案が日の目を見る環境にはなかった。

菅の後を受けた岸田文雄首相は、古賀誠を後ろ盾にしてきただけに、本質的にはリベラル政権である。ただし、反対派が根強いという党内事情に変わりはない。

どの局面でも、上田は働きかけを絶やさなかった。有力政治家との面談を欠かさず、「人権救済機関の設置の必要性」についての陳情を重ねてきた。

部落差別解消推進法は、そうした活動のなか、「次善の策」として生まれたものだ。人権問題に理解のある二階総務会長が'15年9月、「若手議員と自由同和会との勉強会」を開くなど交流の場を設け、それが党内の「差別問題に関する特命委員会」につながり、委員会内の「部落問題に関する小委員会」でヒアリングが重ねられ、'16年12月、部落差別解消推進法が成立した。

部落差別解消推進法を含め、障害者差別解消法など個別法が次々に制定されるなか、差別の解消をひとくくりにする人権擁護法案をもう一度、仕切り直したうえで議案とするのは非常に難しい。

だが、上田は救済機関設置にこだわり続けた。いつどんな場でも、人権擁護法は「野中先生に託された遺言」であり、「私自身の使命」と言い切るのだった。

朝鮮総聯本部捜索が「在日タブー」に幕

同和運動の停滞そのものは悪いことではない。運動体の力を減じさせた主因が、差別環境の改善にあるからだ。

一方、日本の差別構造のなかで運動を拡大してきた在日朝鮮人・韓国人の世界も、同対法体制が終焉を迎えた2002年頃、大きな変化の局面にあった。牙城である在日本朝鮮人総聯合会(朝鮮総聯)に、日本の捜査当局のメスが入った。

「帰れ! 帰れ!」「不当な政治弾圧を中止せよ!」

'01年11月29日、東京都千代田区富士見の朝鮮総聯中央本部前には数百人の在日朝鮮人が早朝から詰めかけ、警視庁の家宅捜索を阻止しようとしていた。

捜索容疑は、朝鮮総聯幹部らが、朝銀東京信用組合の資金を横領したというもの。この日までに朝鮮総聯の「金庫番」と呼ばれる財政局長と、その指示を受けて朝銀東京の資金約8億3000万円を財政局長の管理する仮名口座に入金したとして、朝銀東京の元理事長らが逮捕されていた。

本部への家宅捜索は欠かせなかったが、北朝鮮の事実上の「大使館」である朝鮮総聯に日本の捜査当局が手を付けたのは「在日タブー」の終焉を感じさせた。警視庁はワゴン車などで進入を試みるが、数十人が取り囲み、車体をたたき、ゆさぶり、後退させた。結局、200人の機動隊員が到着し、その威圧のなか、午前11時、ようやく捜査員80人が朝鮮総聯中央本部の中に入ることができた。

元財政局長は、高卒後の1959年、朝鮮総聯に入り専従職員となった。当時、朝鮮労働党と朝鮮総聯が音頭を取って北朝鮮への帰国運動を進めており、約9万3000人が北朝鮮に渡った。その帰国運動での活躍が認められて専従職員になった。だが、帰国者は一様に、本国の厳しい現実にたじろぎ、日本の親族に送金を頼むようになる。

元財政局長ら当時の20代の活動家たちは、在日同胞の事業である焼き肉、パチンコ、高利金融などを朝銀系信用組合の資金で支え、本国への送金の一助にした。

在日同胞の事業は、戦後高度成長の波に乗って大きくなり、それに伴って朝銀系信用組合と朝鮮総聯も力を蓄えた。朝鮮総聯は、日本の警察、国税といった国家権力が容易には手を出せない存在となっていった。同時に、北朝鮮や朝鮮総聯を誹謗中傷するマスコミに激しい抗議・糾弾活動を行うことによって、朝鮮総聯は聖域化していった。

アウトローの「供給源」細る

そうした活動家の陰には、差別に抗するようにアウトローの世界に入っていく若者もいた。それは北朝鮮に限ることではなく韓国もそうで、1950年代、'60年代に「在日」は、暴力団の一大供給源だった。「同和」もまたそうであり、第5章でイトマン事件の被告となった在日韓国人の許永中が、「差別された者同士」という理屈で同和団体の「支部長付き」という肩書で同和事業に関与したのは、こうした「差別の連帯」があったためだ。

「同和」も「在日」も、2000年代に入ると差別構造は改善され、家庭環境はもちろん結婚や就職で日本人と大きな差がある環境ではなくなっていた。

同和問題において、前述の調査結果に見られるように、「意識下の差別感情」を持つ人がいても、それは表面化されずに処理されるのが一般的で、在日差別も同様だった。

暴力団を取り巻く環境も大きく変わった。暴力団組長は、使用者責任を問われて巨額損害賠償を覚悟しなければならなくなり、ボディガードの持つ拳銃の共謀共同正犯で長期服役を余儀なくされるようになった。シノギは年々厳しくなり、組織運営のためには、情報統制と上納金の厳しい取り立てが欠かせず、山口組は、若頭を務める髙山清司の「弘道会方式」で、警察の厳しくなる一方の締め付けをしのいだ。

しかし、暴力団のそんな「努力」をよそに、国家はさらに厳しい措置を打ち出した。2010年4月の福岡県を皮切りに始まった暴力団排除条例である。これを機に地方自治体は、暴力団構成員を「住民」とは見なさなくなった。

金融業界や不動産業界は、付き合いを遮断せざるを得なくなり、暴力団員はカネを借りられないどころか銀行・証券口座を開けず、事務所はもちろん家を借りることもできなくなった。暴力団員は、ホテル旅館・レジャー施設・ゴルフ場などの「客」にはなれず、立ち入りすることさえできない。

しかも、暴力団と対峙するのは「国家(警察)」ではなく「国民」となった。飲食店などが「みかじめ料」を支払っていれば、徴収する暴力団サイドはもちろん、支払う住民(店)サイドも密接交際者と見なされて排除の対象となった。

銀行取引、証券取引、不動産取引なども同じで、付き合う側も違反行為となるので、銀行・証券などの企業側も「暴力団排除条項」を定めて、自らの責任範囲で付き合いを断固拒否するようになった。警察がやってくれるのは、その人間が構成員かどうかの認定作業だけである。

ビジネスを奪うという意味では「生存権」、家を借りられず口座を開けず、日常生活に支障をきたすという意味では「生活権」を奪う暴排条例の効果は抜群だった。

暴力団構成員数は激減し、暴対法施行の1992年に約9万人だったのが、2021年末には73%減の約2万4000人まで減った。暴対法と暴排条例、ダブルの締め付けで、暴力団が「食えない職業」となったからである。

暴排条例で島田紳助「引退」

条例のもつ怖さを一挙に周知徹底したのが、2011年8月23日、芸人として司会者としてテレビ界で安定した人気を誇り、数多くのレギュラー番組を持っていた島田紳助が、記者会見を開いて引退したことだった。

理由は、プロボクシング元世界王者の渡辺二郎を通じて、山口組系極心連合会の橋本弘文会長と交際していたことだった。渡辺の携帯電話のなかに紳助から橋本への「伝言メール」が残されていた。

その親密過ぎる関係を危惧したよしもとクリエイティブ・エージェンシー(現吉本興業)が、「関係が事実なら(芸能人人生は)アウトだ」と伝え、「最初はセーフだと思っていた」という紳助も「格好悪いやめ方だが、後輩たちに示しがつかない」と引退を決意したという。

以前なら、想像もつかない引退劇である。

暴力団と芸能界は、興行を通じて切っても切れない仲。結婚式や祭りなどの華やかな場に芸能人を連れて歩くのは暴力団の実力の〝証〟で、場を盛り上げる芸能人たちはトラブルの際に暴力団を頼った。紳助もそんな典型的な〝貸し借り〟のなかにいた。

目端の利く紳助は、人気に溺れず、着々と利殖に励んだ。特に好きなのが不動産で、1987年12月、不動産会社の核になる有限会社を設立すると、大阪・吹田市で大学生向けマンション1棟を購入した。その後、ワンルームマンションから利回りのいいバー・スナックなど飲食店が入居する社交ビルに目を付ける。それも権利関係が複雑で、素人ではなかなか手を出せない競売物件まで購入した。大阪の中心街・ミナミの心斎橋筋、東心斎橋、西心斎橋……。

紳助所有の物件は4棟に及び、そこに紳助自身が経営する会員制バーやしゃぶしゃぶ、鉄板焼き店などをオープンさせた。

橋本は、2007年1月、会員制バーのオープン記念に訪れ、お祝いとして30万円を置いていった。そのほか、紳助は渡辺を通じて橋本に、「会長の顔を見てホッとしました」「お二人（橋本と渡辺）がいてボクは心強いです」「（橋本の逮捕を受けて）ほんま警察むかつきますね！」といったメールを送っていることが明らかになった。

暴排条例の前なら、「暴力団幹部と芸人の心やすいやり取り」で済んだ。しかし、紳助はトラブルが多いミナミの社交ビルの所有者にして飲食店経営者。警察の認定では「暴力団の密接交際者」ということになり、暴排条例上の排除対象である。吉本興業としては、たとえドル箱の芸人であっても紳助を切らざるを得なかった。

国民は紳助事件の報道で、暴力団との距離感が変わったことを痛感させられた。暴力団の存続に欠かせない公共工事の地元対策、債権回収、不動産のトラブル処理、会社整理、風俗店や飲食店のみかじめ料、格闘技や芸能の興行といったシノギが、日々細っていった。かつてなら通じた「菱の代紋」が逆効果となり、企業には通じなくなったのだ。

弘道会方式に嫌気さし山口組分裂

暴力団が衰退し追い詰められていくなかで、山口組の髙山清司若頭は弘道会方式で直参をさらに厳しく管理した。情報は自分の元に一元化し、管理統制を強めるために、月曜日から金曜日までのウィークデーは、直参の組長を基本的に神戸の本部に詰めさせた。

シノギは減るのに上納金は上がり、会費は月に85万円となり35万円の積立金までプラスされた。さらに、ミネラルウォーター、石鹸、歯ブラシなどの雑貨品まで本部から買わされ、「ワシらは雑貨屋の親父か」と組長らのプライドを傷付けた。

そうした不満分子を髙山は容赦せず、次々に処分した。そうした弘道会方式、髙山支配に耐えきれず、2015年8月27日、四代目山健組を中核に、13団体が離脱、「神戸山口組」を結成した。

〈我ら有志一同の者、任侠道の本分に回帰致し歴代山口組親分の意を遵守する為、六代目山口組を離脱致し、新たなる「神戸山口組」を発足〔します〕〉

発会式の直後、神戸山口組組長に就いた井上邦雄・山健組組長（兼務）は、こんな回状を全国の組織に配布した。13団体のトップは、当然、六代目山口組から処分を受ける。そのうえで両山口組は、「同じ菱の代紋」を掲げて激しい抗争を展開した。

結果的に勝利したのは六代目山口組で、その象徴が、神戸山口組の中核組織の山健組が'21年9月、六代目山口組に復帰したことだった。

山健組は、三代目山口組の若頭だった山本健一が起こした名門で、組員数も資金力も最大組織。二代目が後に山口組五代目となる渡辺芳則で、三代目が桑田兼吉。四代目の井上邦雄が、神戸山口組結成後、兼務していた組長の座を譲ったのが五代目の中田浩司だったが、結果的に中田は組を割って出て、司忍六代目の傘下に入ることになった。

井上の指導力不足が指摘され、'19年10月に府中刑務所を出所して神戸山口組を切り崩した髙山との「力量の差」を指摘する向きもあるが、暴力団そのものが弱体化しており、それほど個人の力量差は関係なかろう。

実際、'15年8月の分裂時点での構成員数は、六代目山口組の約6000人に対し神戸山口組は約2800人だった。'20年末時点では六代目山口組が約3800人に減少し、神戸山口組は'17年4月に任侠山口組（現絆會《きずなかい》）が分派したこともあって半分以下の約1200人となった。山健組中核（残留組もいる）の離反で、その数はさらに減っている。ただ、六代目山口組の減少にも歯止めはかからず、暴力団全体が「絶滅」へ向かっている。

会津小鉄会は見る影もなく

その象徴が、京都を仕切っていた会津小鉄会の〝惨状〟だろう。

戦後京都の「秩序」は、会津小鉄会とともにあった。中島会幹部として、戦後の混乱期に警察権力の不足を補って「第三国人」（日本の植民地支配を受けていた台湾人、朝鮮人などの総称）と争った図越利一は、中島会の跡目を継いでからは、全国制覇する勢いの山口組への対抗の意味もあって、中島連合会として府下の組織をまとめた。

そのうえで明治の名跡だった会津小鉄会を1975年に復活させ、三代目に就いた。同じ'13年生まれで気が合った山口組三代目の田岡一雄から「京都不可侵」の約束を取り付けると、京都を守り切り、その座を高山登久太郎四代目に譲った。

登久太郎は、'89年、下京区木屋町通に4階建ての堅牢な会津小鉄会館を建設、ここを拠点に「京都の揉め事」を裏で押さえた。'92年の暴対法施行では、反対の先頭に立ってメディアに頻繁に登場した。この頃が、会津小鉄会のピークだったろう。構成員は約1600人だった。在日韓国人である登久太郎の韓国名は姜外秀《カンウェス》。在日韓国人社会への貢献を心がけていた登久太郎は、在日韓国人組織の民団（在日本大韓民国民団）での活動を続け、幾つもの勲章を授章している。

登久太郎は'97年に引退し、跡目を図越三代目の次男・利次に譲るが、この後、会津小鉄会は山口組若頭補佐の中野太郎襲撃事件などを起こし、徐々に勢力を弱めていく。六代目馬場美次《みつぐ》を経て、金子利典が七代目となったが、山口組分裂に合わせて二つの七代目会津小鉄会が誕生、六代目山口組と神戸山口組の代理戦争を展開する。

結局、神戸山口組の弱体化によって、会津小鉄会も六代目山口組の後見を受けて一本化され、金子体制が継続することになった。だが、構成員数は'20年末時点で約40人。名跡ゆえ名前を残しているだけで、事実上、京都は六代目山口組が支配している。

1960年代に入って不動産や建設、労働者派遣などの事業を手掛けていた上田にとって、会津小鉄会は思い出深い組織だった。同様に山健組は、'80年代初めに上田が知り合った頃は、その傘下団体の組長でしかなかった渡辺芳則が、その後、山健組若頭、山健組組長を経て五代目山口組組長となっただけに、思い入れのある組織である。

だが、時代の変化は残酷だ。ひところ隆盛だった社会的存在を、役割の終焉とともに押し流してしまう。会津小鉄会も山健組も、役割を終えたかのように散ろうとしている。厳しい債権回収など表社会の扱えない仕事を〝迅速〟に行う役割の暴力団を、表社会が本気で潰しにかかってきた以上、その衰退は「宿命」というほかない。

「必要悪」としての役割を終えた暴力団が消滅しようとしているなか、差別解消の務めをある程度果たした同和団体も、少しずつ役割を終えようとしている。

全国人権連は2004年の段階で「同和」の旗を降ろし、自由同和会は最後の仕事に取りかかり、部落解放同盟も組織が縮小している。その変化も時代の流れだろう。

『全国部落調査』復刻のネット公開訴訟

だが、「全国水平社の頃から、解放運動も同和行政も必要なかったのではないか」と発言し、物議をかもしている人物がいる。

鳥取県出身のソフトウェア開発者で、「人権問題に切り込む出版社」示現舎を経営する宮部龍彦――。彼は別名「鳥取ループ」と呼ばれているが、それは「手続きが無限に繰り返される（ループする）」というコンピュータ用語をブログのタイトルにしていたからだ。

鳥取ループ・示現舎は、ブログ「部落探訪」で全国の被差別部落を訪れ、部落内を動画で撮影、地域や墓石、家などをインターネットでさらす作業を続けており、部落民から反発を受けている。

また『全国部落調査』復刻版という被差別部落の地名などをまとめた書籍を出版、さらにそれをネット公開したことから、部落解放同盟と約230人の被差別部落出身者から「プライバシーの侵害だ」として訴えられた。

2016年7月に始まった裁判は、5年の歳月を費やした。その間、解放同盟は『全国部落調査』復刻版の出版とネットへの掲載は、「差別解消を目指す部落解放同盟のこれまでの取り組みを水泡に帰す行為」として、総力をあげて闘ってきた。

13回の口頭弁論が開かれ、4回の証人尋問では9名の原告が自らの被差別体験を語り、'21年3月に結審・最終弁論が行われた。原告団団長の部落解放同盟片岡中央副委員長は、「被告らの行為が差別を拡散、裁判所が私たちの請求を認めなければ、被告らの行為にお墨付きを与えたことになる」として、公開差し止めと削除、及び損害賠償の決定を求めた。

東京地裁は'21年9月27日、判決を下し、「公表は結婚や就職で差別を受ける恐れがある」として、大半の原告のプライバシー権を認めたうえで、復刻版の出版の差し止めとインターネット上のデータ配布の禁止を認め、219人の原告に対する合計488万6500円の損害賠償金の支払いを命じた。

裁判の結果をどう受け止めているのか。そもそもどうして解放同盟が「アウティング（暴露・さらし）は許されない！」と反発する行為を続けているのか。

鳥取ループこと宮部龍彦に連絡を入れた。示現舎近くの喫茶店に現れた宮部は、まず裁判結果について次のような感想を漏らした。

「結局、同和利権は継続しているということ。そして、今回の甘い判決を見てもわかるように、裁判所はそれに加担している。あなた方メディアも同じですよ」

ただ、厳しい判決に怒っているというわけではなく、言葉は激しくとも淡々としていた。

かつての勢いはないとはいえ部落解放同盟は、動員力と攻撃力を誇る全国組織だ。「人権」を掲げた長い糾弾活動の結果、マスメディアにも広く深いネットワークを持っている。マスメディアは、「人権」が絡むこともあって反解放同盟のスタンスの記事は書きにくい。

だから、判決が出るまでに「示現舎寄り」の記事は見当たらない。2022年3月に全国水平社100周年記念集会が予定されているとあって、『朝日新聞』は、大会前のタイミングで、2度、連載記事を掲載した。「いま、部落差別は」（’22年1月31日から夕刊で連載5回）と、「光あれ　水平社宣言100年」（’22年2月28日から朝刊で連載3回）だが、ともに示現舎裁判の原告が登場し、被害を訴え被告を強く批判した。共通するのは「勝手にばらすな、地区を明かすな、カミングアウト（名乗り）は自分で決めるし、他者から暴かれるアウティングは許されない」という主張だった。

判決の前に宮部は、法務省東京法務局長から「説示」を受けている。「説示」とは、人権相談から人権侵犯事件に切り替わった時点で、人権侵犯事件調査処理規程により「反省を促し、善処を求めるため、事理を説示すること」というもの。判決では、「説示」により〈本件地域一覧の公開が原告らのプライバシーを違法に侵害するものであることを〈宮部が〉認識していた〉として、損害賠償を認めた。

ネット上に宮部の支援者や評価する読者はいるものの、裁判所、行政、マスメディアといった「表の権力」はすべて敵に回った印象だ。プレッシャーはきついと思われるのだが、宮部は「パワー（地位や権力）がないからできることです」と言ってのける。

「私がどこにも所属していないからできるんです。縛られるものがない。同和問題に関心を持ったのは、小学校高学年のときのことです。『部落民宣言』なんて、目の前に同和地区の人を並べて、泣きながら訴えさせるんです。そんな強制っておかしいじゃないですか」

鳥取県の被差別部落に生まれ、部落教育への反骨の気持ちを抱えたまま高校を卒業、大学は同和問題とは関係のない環境だったが、社会人となって起業した示現舎で、部落研究を始め、「部落の存在を明かす」という行為のなかで、解放同盟と闘うようになった。

戦前の1936年に中央融和事業協会が刊行した被差別部落の調査書である『全国部落調査』を復刻し、ネットで公開しようとして解放同盟と全面対決して、「ああ、こいつらダメだなと、心から思うようになった」と語る。

「勝手にばらすな、載せるな、と彼らはいうんですが、自分の歴史を自分たちの持ち物のようにいい、独占する権利がどこにあるのか、ということです。日本には表現の自由もあるし、学問の自由もある。それを『先祖が差別された』からといって、関係のないあなた方（原告）が、実害もないのに出版して研究する権利を奪っていいのか、ということなんです」

宮部のこの主張の前提となっているのは、差別環境はすでに失われ、『全国部落調査』の復刻や公開で、就職差別や結婚差別などの実害は発生しない、という認識である。

「部落出身者だから弱者なんてことはない。いくらでも移動できるし、嫌なら本籍だって変えられる。80年以上前の地名が載っているだけの文書が、どうしてプライバシーで守られなくてはならないんですか」

宮部は最高裁まで闘うという。

「ネットで差別」と解放同盟は総力

原告団団長の片岡は「本の出版を差し止め、損害賠償を認められたということでは評価できるし、勝訴といえる。ただ、プライバシー権の侵害を認めただけで処理し、そのために原告のいない県を差し止めから除外するなど、中途半端な判決だった」と言い、こちらも判決に不満で、控訴のうえ、徹底抗戦の構えだ。

片岡は高校1年生のときに同和運動に入り、大学生の頃に同対法が成立（1969年）したというから、筋金入りの活動家である。'75年には、『全国部落調査』復刻版と同種の『部落地名総鑑』が出て、同和地区住民に大きな結婚差別や就職差別を引き起こした事件に遭遇、闘った経験を持つ。それだけに、「宮部の行為が今も残る差別行為を煽動、過去に積み重ねてきた国や行政の努力、（解放同盟の）先輩たちが差別と貧困を無くすために積み重ねた活動や成果を、冒瀆する行為だ」（裁判での陳述書より）として、強く批判している。

不満は残ったものの裁判は勝訴した。法務省は宮部に「説示」を繰り返し、マスメディアに宮部の主張に同調するところはない。だが、示現舎もそうだが、ネットという媒体で新たな差別環境が出現した。

「ネットを介して部落問題を知り、歪んだ間違った認識を持つ人が増えてきています。まだ結婚・就職差別は残っており、その部落情報がネットで拡散され、差別の再生産が行われる。宮部や共産党（系全国人権連）のように、差別はないという人もいる。しかし、現実問題として旧来型の『あそこは部落だから行ってはいけない、付き合ってはいけない』といった差別環境が薄れても、新たに問題が発生している。それがある限り、運動をやめるわけにはいかない」（片岡）

ただ、糾弾活動によって行政や企業に働きかけてきた経験を持つ片岡は、ネット媒体を唯一の拠り所とする宮部が、ほぼひとりで解放同盟に闘いを挑み、それを封じることができないことに、時代の変化と組織の弱体化を感じるのではないか――。

そう問うと片岡はこう答えた。

「いや、感じるのは宮部という人物の病的なこだわりです。この裁判が始まる前から、行政に対し、『どこが部落だという情報を開示せよ』という開示請求を繰り返しています。その行為を止めたかったのですが、宮部が請求しているのは行政だから、我々は何もできない。宮部が本を出すというので、初めて『それはダメだ』と、我々が裁判に持ち込めた。

（宮部は）かつてなら実力行使も辞さない相手だし、そういう意見もありました。でも、東京法務局が乗り出して『こんなことをやってはダメだ』と言っても従わない、判決が出ても出版する意向を変えない。そんな常識が通じない相手は、判決で完全勝利するしかありません」

差別環境のあるなしを含め、認識が完全に異なっており、双方折り合えるところはない。

鳥取ループを「静観」する上田

それだけに同和運動関係者の間で注目を集めた裁判だが、上田はこう静観してきた。

「解放同盟をターゲットにすることで鳥取ループは自らの存在感を押し上げている。逆に解放同盟はこうした騒動を通して組織と運動を盛り返そうとしている。どちらの思惑にも乗る気はないんです」

また争点が「部落差別」ということに絞られているので、一般の人の関心を呼ばず、運動への影響力もあるとはいえない。上田が最後の運動を「人権救済」に絞っているのは、人権侵害の対象は被差別部落だけでなく、人種、性差別など拡がりを見せているからだ。そして「社会からの排除と孤立」が、これからの人権問題を解くカギだと思っている。

上田が、その部分で連帯している相手がいる。恩賜財団済生会理事長の炭谷茂だ。

炭谷は元厚生官僚である。1969年、東大法学部を卒業後、厚生省に入り、各局を回った後、'93年に総務庁地域改善対策室長となったとき、初めて同和問題に接した。そこで感銘を受けたのが、長く地域改善対策協議会（地対協）の会長を務めてきた磯村英一だった。

済生会は1911（明治44）年、明治天皇が無償で医療を行うことによって生活困窮者を救おうと設立した。東京・三田の済生会本部で炭谷が語る。

「磯村先生から、同対審答申、同対法をつくる際の苦労話や裏話を、よく聞かされました。答申の文書は先生が考案された。今、読み返しても深い洞察に満ち、将来を見通した内容になっており、輝きを失っていない。私は磯村先生の最後の弟子を自称しています」

欧州で出会った「社会的包摂」

その炭谷の元をよく訪れたのが上田で、「気さくに部屋（地域改善対策室）に寄って頂き、いろんな話をしました」という。上田との交友は、炭谷が厚生省に戻り、環境省に移って事務次官となり、退任後、2008年から済生会理事長となっても続いている。

上田が磯村との出会いによって、同和ではなく人権を主語にした「人権基本法」に行き着き、それが人権擁護法につながっていることを考えれば、二人とも同じ「磯村の弟子筋」ということになるだろう。

炭谷は'00年1月、英政府の招待を受けて渡英した。そこで貧困や差別もさることながら、排除され、孤立しているたくさんの人々、移住民、精神障害者、被虐待児、薬物中毒者などを幅広く包み込むソーシャルインクルージョン（社会的包摂）に、欧州の人権問題への取り組みの中心が移っていることを実感した。

帰国後、炭谷は厚生省社会・援護局長としてこの問題に取り組み、'00年7月、「社会的な援護を要する人々に対する社会福祉のあり方に関する検討会」を設置、9回にわたって論議を行い、12月に報告書を提出した。

ソーシャルインクルージョンの初めての公式文書といえるもので、基本的な考え方は以下のようなものだ。

〈人々の「つながり」の構築を通じて偏見・差別を克服するなど人間の関係性を重視するところに、社会福祉の役割があるものと考える。なお、この場合における「つながり」は共生を示唆し、多様性を認め合うことを前提としていることに注意する必要がある〉

21世紀に入り、人権問題の本質が変わってきた。産業構造が変化し、グローバリゼーションが進み、雇用慣行も変わった。経済環境の変化に合わせるように、家族関係は夫婦だけか夫婦と子供の世帯が中心となり、親族との関係は薄れ、少子化、非婚、パラサイトシングル（親に依存する未婚者）の問題が表面化した。また、進展するネット化によってネットでの関係はあってもリアルな人との「つながり」は薄れた。

そうした変化に対応できずに落ちこぼれ、排除され、孤立化するなかで生ずるのが人権問題だという意識のもと、1997年に結ばれたEUの憲法に相当するアムステルダム条約のなかでは「EUは社会的排除と戦う」と書かれている。外国人排斥が強いフランスでは'98年に「社会的排除防止法」が制定され、イギリスには全省庁に命令を与えることのできる権限を持った「社会的排除対策室」が設置された。そのうえでイギリスは、2018年1月に孤独担当相を置いた。

外国人、ホームレス、ニート、薬物中毒者などが社会から排除され、孤立化している状態を変えないと、社会は崩壊してしまうという思いである。

日本ではソーシャルインクルージョンという概念が浸透したとはいえないが、炭谷は20年以上取り組んでおり、自治体などへの協力を惜しまない。東京・国立市では基本方針作成のための審議会議長を務め、ソーシャルインクルージョン条例（「人権を尊重し多様性を認め合う平和なまちづくり基本条例」）の制定に関与した。

東京都のインクルージョン関係の条例制定作業にも参加し、運動の推進役となっているほか、済生会自身が炭谷の指導のもと、「ソーシャルインクルージョン推進計画」を打ち出して、164項目の課題に取り組んでいる。

炭谷は、ソーシャルインクルージョンは上田が進める人権擁護法とリンクするという。

「自由同和会が進めている方向性は正しいと思います。同和問題だけでなく、幅広く人権侵害を捉え、救済の視点で問題を解決しようとしています。そこにあるのはインクルージョン（包摂）の概念です。保守派の方やメディアが、『なんでも差別とされ、訴えられると、表現の自由が侵される』と反対するんですが、同じような条文を持つ国は、イギリス、フランス、オーストラリアなど数多く、何の問題にもなっていません」

２０１６年12月に成立した部落差別解消推進法は、自民党の部落差別に関する小委員会で議論が重ねられたが、その第５回ヒアリングに炭谷は呼ばれて意見を求められ、「差別解消のために必要な法律です」と訴えた。人権擁護法に関しても思いは同じだ。炭谷は「法が成立するためにはソーシャルインクルージョンのような国際的な観点を持ち込むべきだ」という。

炭谷との四半世紀を超える交流のなか、上田は同和問題に限ることのないインクルージョンの概念は、十分承知しているし、積極的に採り入れてもいるが、広範囲なだけに絞り込みが難しい。

「誰も排除せず、誰もが社会に参画する機会を持つことは必要やし、自由同和会の方向性とも一致します。ただ、貧困、障害、人種、性、民族、薬物とあまりに範囲が広い。ウイングを広げ過ぎると、『なんでもかんでも救済か』と反発が出てくるんですわ」

こう上田は、過去の経験を踏まえた難しさを語る。

崇仁地区と京都芸大移転

壁は確かに厚いが、法整備とは別に、「日本に根強い『穢れ』の概念は取り除かなければならない」と、上田はいう。

「今も『今日はハレの日』という形で、結婚などの非日常の特別な日のことをいいます。その対極の日常的な不浄なるものを『ケガレ（穢れ）』といって嫌います。これが差別の原点で、『ヨゴレ（汚れ）』は、洗浄すればいいのですが、『穢れ』は意識の問題ですから洗っても落ちない。社会の暗黙の秘密領域として浸透し、払拭できないのです」

この意識の変革には、社会、国民への働きかけを継続するしかない。京都には、自由同和会に連動する形で啓発啓蒙活動を展開する自由人権国民会議というNPO法人がある。

1994年、国連総会で「人権教育のための国連10年」が決議され、政府はそれに合わせて'99年、「国内行動計画」を策定し、地方公共団体にも「行動計画」の具体策が義務づけられた。自由人権国民会議は、これに基づく「人権教育啓発の推進に関する要請行動」を自由同和会京都府本部とともに実践し、市町村、各種団体、大学など52ヵ所に働きかけ、人権セミナーなどを行っている。

同和地区の環境は改善したが、差別意識は残っている。それを、街づくりのなかで解消させようという動きもある。

京都最大の被差別・在日の部落だった崇仁地区は、京都駅東側に広がる。この27・4ヘクタールを再開発することになり、建設工事が急ピッチで進んでいる。

中核が、「文化芸術を軸にした再開発」というコンセプトを担う京都市立芸術大学と市立銅駝《どうだ》美術工芸高校の移転だが、2023年の開校を前に、「校舎移転」というハード面の整備とは別に、学生や教職員らが地域の文化や教育に貢献したいと、住民との交流を重ねている。小中学生で構成された「崇仁お囃子《はやし》会」の演奏が市立芸大からオンライン配信され、船鉾《ふねほこ》や曳山《ひきやま》が巡行する祭りには学生らも参加、崇仁の歴史も含めた共同研究が進む。

宗教法人「天智教」を興し教祖に

上田の活動履歴にもうひとつ加えるべきは宗教活動である。天智天皇への敬愛は幼少の頃からだ。2018年2月、京都市山科区の自由同和会京都府本部の隣接地に、宗教法人「天智教」を立ち上げ、設立登記した。代表役員は上田で教祖として中臣不比等を名乗る。

宗教法人立ち上げに至るきっかけのひとつが、ある年の正月の風景だった。

「私は、正月三が日の期間、国内にいれば、必ず山科御陵の天智天皇陵に参拝に行きます。30年近く前のある年、三が日に雪が降りました。降り積もる雪で初めてわかったんですが、人の足跡がまったくといっていいほどなかった。つまり参拝者がいないのです。それを見て、どんだけ寂しかったか」

上田の生まれ育った山科への思いは、第2章に詳述した。山科・竹鼻の「夙」に生まれ、天智天皇陵の墓守をする家系の上田家の男児として、可愛がってくれた祖父・松三郎から京都御所警備の歴史や戊辰戦争で朝廷側として戦った山科郷士隊の武勇伝を聞かされて育つうち、天皇家、わけても天智天皇への思いは「祖霊信仰」となっていた。

また、信仰が深まる宗教体験もあった。第3章で触れたように、25歳のとき、他人との折り合いの悪さに疲れ、京都・修学院で自殺を図ったことがある。失敗して気絶、日が昇り、太陽がまぶたの裏に輝いて、生気が蘇ったのだった。その太陽の恵みに感謝、自然を慈しむ感情は、天照大神を中心神とする国づくりの礎を築いた天智天皇への崇敬の念をさらに深めた。

そこには天智天皇以降、天武、持統、文武と続く間に、国史『日本書紀』が編纂され、律令制度が確立、天皇中心の国家が確立されて築かれた太陽信仰、精霊崇拝（アニミズム）があった。上田は、天智教にかけた〝思い〟を次のようにいう。

「天智天皇の遺徳を残すことが『山科人』の誇りを後世に伝えることになります。同時に天智教は、先祖を敬い子を慈しむという人間としての基本的行為の正しさを改めて認識させるものです。そこにある祖霊崇拝やアニミズムが人類普遍の価値観につながり、その信仰心が国家に希望を与えると信じています」

では、上田が伝えたい天智天皇の偉業とは何か。

天智天皇は、626年、34代舒明天皇の第二皇子として生まれ、中大兄皇子と名乗る。母は35代皇極天皇（重祚《ちょうそ》して37代斉明天皇）。出生の頃は、初の女帝である推古天皇が、甥の厩戸王（聖徳太子）を摂政に取り立て、大豪族の蘇我氏とともに国家運営にあたらせてきた。近年、すべて聖徳太子の偉業かどうかに疑問は付されているものの、「憲法十七条」「冠位十二階」「遣隋使派遣」「法隆寺建立」など、今に知られる功績を残している。

それもあって推古天皇の治世は安定していたが、聖徳太子が622年に亡くなると、蘇我家が権勢を振るうようになる。6年後、推古天皇が亡くなると、聖徳太子の子の山背大兄王《やましろのおおえのおう》を推古後継に推す動きもあったが、太子とともに国家運営にあたっていた蘇我馬子の子の蝦夷《えみし》は、舒明天皇を擁立、裏で蘇我家が操るようになる。

舒明天皇が亡くなると、後継に舒明天皇の皇后を充てて皇極天皇とし、蝦夷は息子の入鹿とともに権力を完全に掌握した。その象徴が、声望の高かった山背大兄王を攻めて滅ぼし、聖徳太子の血脈を断ったことだった。

この専横に立ち上がったのが、宮廷の祭祀を担当する中臣一族だった。中臣鎌足は645年6月12日、中大兄皇子らと謀って、朝鮮半島から使者が来朝して献納の儀式を行っている最中、蘇我入鹿を飛鳥・板蓋宮《いたぶきのみや》「大極殿」で刺殺する。翌日、父の蝦夷は自殺して、大豪族だった蘇我本家は滅びた。これが「乙巳《いっし》の変」と呼ばれるクーデターである。

ここから中大兄皇子が皇太子として力を発揮する時代に入り、649年に中央官制がある程度整備される頃までを「大化の改新」と呼ぶ。「大化」は皇極天皇の後を受けた弟の36代孝徳天皇の即位の年（645）で、日本初の元号となった。

上田が37代斉明天皇を経て38代となった天智天皇にこだわるのは、こうして日本の礎を築いた天皇だからである。弟の40代天武天皇の治世を経て、乙巳の変を成功に導いた中臣鎌足の次男・不比等が、「天皇が支配する日本」の枠組みを確かなものにした。不比等は我が国初の勅撰国史（天皇の命令によって編纂された国の歴史）である『日本書紀』の編纂に関わり、唐の長安に倣った初めての本格的な都を奈良市の西方につくり、「平城京」と名付けて遷都した。8代約70年続いた奈良時代である。

天皇制を確立した不比等の功績

大化の改新から平城京遷都までを振り返りたい。
大化の改新における「改新の詔（孝徳天皇の詔勅）」には以下の四つが示されている。

第一条「公地公民制」　土地や人民を天皇が支配する
第二条「国郡制度」　地方を国と郡に分け、国司・郡司を置く
第三条「班田収授法」　戸籍を作って土地（公地）を公民に分ける
第四条「租庸調の税制」　統一的な税制を公民に敷く

天智天皇は改新を完成に近付けるために努力した。最初の法令集の近江令22巻を制定し、全国戸籍の庚午年籍《こうごねんじゃく》を作成した。しかし治世は短く、671年に死去すると子の大友皇子と弟の大海人皇子が「壬申の乱」と名付けられた戦いの末、大海人皇子が勝利して40代天武天皇（壬申の乱で自害した大友皇子は明治3年に39代弘文天皇の名を贈られた）となる。「天武の治世」で天皇の権威

はさらに高められた。

ただ、天智時代との大きな違いがあった。仏教との距離感である。その象徴が食文化の変化だった。天智天皇が獣肉食を奨励したのに対し、天武天皇は仏教の教えに従う形で675年、肉食禁止令を発布した。これにより農耕民族への道は決まり、小柄で胴長な日本人の体型が定まっていった。

天武天皇の死後、後継となったのは皇后の41代持統天皇である。この持統天皇のもとで、天皇制を完成形に持っていったのが藤原（中臣）不比等だった。鎌足は669年、死の直前、内大臣に任ぜられ、その功績を讃えるために天智天皇が藤原姓を与えていた。

不比等が力を発揮するのは、天智、天武の両天皇が制定した「令（身分や役職などを定めた行政法）」に加え、「律（処罰などの刑法）」を定めて日本独自の価値観に沿った律令制度にまとめたことだった。これは701年、持統天皇の後を受けた孫の42代文武天皇の時代に「大宝律令」として完成する。

不比等が編纂した『日本書紀』は、神代の時代から持統天皇の代までをまとめた歴史書だ。その結果、祖先神、太陽神として伊勢神宮に祀られたのが天照大神で、「日本は万世一系の天皇が治める神の国」という体系に整理された。20年ごとに社を新しくして移す式年遷宮が始まったのは持統天皇の時代で、仏教の戒律を守りつつ神仏習合が確立した。

不比等は、「等しく比べるものなき」存在として天皇を支え、嫡子による皇位継承という道筋をつけ、子供たちに藤原四家を名乗らせて、藤原家繁栄の礎を築き、720年に亡くなった。四家とは、武智麻呂《むちまろ》（南家）、房前《ふささき》（北家）、宇合《うまかい》（式家）、麻呂（京家）である。

上田は中臣不比等を名乗る。天智教としての宗教法人認可と法人登記は2018年だが、山科の自由同和会京都府本部に隣接する天智教拝殿所に神棚を設け、朝晩、祝詞《のりと》をあげ、天智天皇や天照大神に手を合わせる。思いを同じくする山科の仲間と毎月例祭を開き、新年を祝う行事は、20年以上前から続けてきた。その活動は、認可を経て加速しており、まず、具体的に取り組んでいるのが旧山階寺の復興である。

中臣家は山科の一族で、「中臣遺跡」にその痕跡が残されている。藤原の姓を賜わった翌日に鎌足は亡くなったが、その妻は、天智天皇の元妃の鏡王女。夫鎌足の病気平癒を願い、山科の私邸に釈迦三尊を本尊として山階寺を創建した。672（天武元）年、山階寺は藤原京の厩坂へ移築され、710（和銅3）年、平城京遷都に伴って現在地（奈良市登大路町）に移築された。改称されて、今は、「興福寺」と呼ばれ、法相宗大本山として多くの参拝客を集めている。上田は、この旧山階寺を、山科の鏡山地区（天智天皇陵後方の山）に復興する10ヵ年事業化計画を立てている。

今後、同和運動はますます人権救済の色合いを濃くする。一方で権威主義国家と民主主義国家の対立は激化し、2022年に本格化したロシア軍によるウクライナ侵攻は、人権を一顧だにせず、生存権すら奪ってしまう国家の非道を見せつけ、「国連中心」に進められてきた世界の人権活動に無力感を与えた。上田は「こんな時こそ私らの出番」だという。

「核兵器の使用も考えられるなか、信頼関係は失われ、サプライチェーン（製造・販売・供給網）

はズタズタにされました。恐慌が襲い、一度、世界は存亡の危機に立たされるかも知れません。そのとき、再興に必要なのが『人間の安全保障』でしょう。世界人権宣言の原点に立ち返り、互いを認め、尊重し合うしかない。もちろん崩壊に至らない努力をすべきで、私としては、国内外を問わず、これまで培ってきた人脈を基に、倦《う》まず弛《たゆ》まず人権の大切さを訴えるしかないと思っています」

思い描くのは、誰も差別せず差別されず、みんなが社会参加し、人が均等に機会を得て、平等に生きていける包摂（インクルージョン）の概念を中核にした、生きやすく過ごしやすく、誰にも蹂躙《じゅうりん》されない社会の構築である。

おわりに

「国連総会で採択されました『世界人権宣言』が、ロシアのウクライナ侵攻により毀損され、人類が再び戦争と核の脅威にさらされています」

上田藤兵衞氏は2022年5月27日、自民党本部で開かれた自由同和会第37回全国大会の「開会の辞」を、中央本部副会長としてこのように述べた。

ロシアによるウクライナ侵攻は、世界の人々に衝撃を与えた。近年の各国間の局地的紛争やテロ組織などとの戦いは、期間や地域も限定的なもので、主たる攻撃は衛星からの画像をもとに、ドローンやミサイルによってピンポイントで行われるものだった。戦車、装甲車、自動小銃による第二次世界大戦での陣取り合戦のような侵略戦争が、再び繰り返されようとは思ってもみなかった。

二つの世界大戦で戦闘員と非戦闘員とを問わず、多くの民族の血が流され、ナチス・ドイツがユダヤ人に対して行った600万人の大量虐殺への反省から、1945年10月、国際連合が設立された。'48年12月、「すべての人間は生まれながらにして自由であり、かつ、尊厳と権利について平等である」と、第一条に掲げた「世界人権宣言」が採択された。

「血の代償」として世界が共通認識とした「普遍的人権」を謳ったこの宣言を踏みにじるウクライナ侵攻に上田氏は強い怒りを抱く。

上田氏は1982年、それまでの「無頼の人生」に区切りをつけて同和運動に飛び込んだ。それ以降、差別解消の法整備と啓蒙活動を中心に地道な活動を続けてきた。

私は2010年、初めて上田氏に会って以降、京都に出向けば、下京区の上田事務所を訪れることが多くなった。事情通の上田氏のもとには、京都はもちろん中央政界などの多彩な情報が集まっていた。また同和運動については、毎月送ってもらう自由同和会京都府本部の機関紙でその流れを知ることができた。

ただ、当初上田氏に会った目的は、「京都の事情通」に裏話を聞くことでも、「同和のドン」に運動の動向を聞くためでもなかった。

2005年7月の司忍・山口組六代目の襲名に伴い、渡辺芳則・山口組五代目と親しかった上田氏を髙山清司若頭が取り込もうとしてトラブルになり、上田氏に対する恐喝事件が発生した。髙山若頭は'10年11月に逮捕されたが、山口組中枢に及ぶ事件だけに衝撃的で、私はその被害者である上田氏に会い、背景を聞きたかった。

逮捕の翌年に公判が始まり、'13年3月、京都地裁は髙山若頭に対して、恐喝罪で懲役6年の有罪判決を下した。'14年5月、髙山若頭は上告を取り下げて刑が確定し、府中刑務所に収監された。その間、それなりの緊張感はあっただろうが、上田氏の活動家としての日常は変わらなかった。

自由同和会中央本部副会長として、人権問題の教育・啓発活動や人権擁護法の成立に尽力する一方、各種選挙では自民党系候補への推薦と選挙支援を行ってきた。また毎年、自由同和会京都府本部や地域ブロック、全国の大会を開いてきた。

さらに人権運動には世界的な連帯が欠かせないと、積極的に海外に出向き、これまでに訪問した国の数は60ヵ国を超える。軍縮や平和問題を討議するパグウォッシュ会議や、人権無視の強制労働問題が絡む国際労働機関（ＩＬＯ）の会議などにも出席。イスラエルや中東、欧州各国を歴訪、団体幹部、被害者に会い、ホロコーストなどの現場を歩いてきた。

そうした活動を通じて上田氏が痛感するのは、差別環境の改善が決して容易ではないことだ。奇しくも日本の部落差別とアメリカの黒人差別の撤廃運動には、ともに１５０年以上の歴史がある。

アメリカにおける黒人差別撤廃の動きは、南北戦争（１８６１〜６５年）にまで遡る。戦争中にリンカーン大統領が奴隷解放を宣言、１８６５年に憲法修正第13条で成文化した。学校、レストラン、バスなどの人種隔離席への反発から公民権運動が起きるのは、それから約１００年後であり、運動を主導したマーティン・ルーサー・キング牧師の暗殺（１９６８年）という犠牲を払いながら、差別撤廃は進められてきた。だが、それだけの歴史を持ちながら、２０２０年、白人警官による黒人男性の圧死事件を機に、「ブラック・ライヴズ・マター（ＢＬＭ＝黒人の命も大切だ）」が広範な運動となった。

日本には部落民に対する差別の歴史が１０００年以上もあり、明治政府は１８７１（明治４）年、身分制度を廃止する「解放令」を発布した。これは時期的には「奴隷解放宣言」に重なるが、「肌の色」による差別ではないだけに差別実態は目に見えにくい。

だが上田氏は、「被差別部落の人間が差別されるのは、死と向かい合う仕事に従事、〝穢れ〟を身にまとっている、と思われているからです。〝穢れ〟は〝汚れ〟と違って、洗っても落ちない。だから差別感情が継続する」と、意識下の差別を指摘する。

1994年にアカデミー作品賞を受賞したスティーブン・スピルバーグ監督の『シンドラーのリスト』は、終わり近く、リストによって救われたユダヤ人たちが、シンドラーへの感謝のために金歯を溶かして指輪にし、シンドラーに渡すシーンがある。指輪の裏側には、ヘブライ語で「ひとりの命を救うものは世界を救う」と書かれていた。

大切なのは救う人間の数ではなく、救おうとする人間の意思だろう。人が人を放置せず、救おうと手を結ぶ行為が連帯につながる。また、グローバル経済のなかで広がったサプライチェーンが機能したとき、国と国との連帯につながる。これは、武力をもとにした同盟国としての安全保障とは別の連帯を生むもので、上田氏はこれを「人間の安全保障」と呼ぶ。

差別構造が容易に改善しないなか、政治経済の流れに同和運動史を沿わせ、そこに同和利権に絡む暴力団史を重ねて、上田氏の半生を描いてみたかった。その意図を理解し、快諾してくれた上田氏にまず感謝したい。

とはいえ同和問題の記述には気を使う部分も多く、自民党や同和団体にポジションを持つ上田氏には配慮も調整も必要で、一挙に一冊を書き切るのは難しかった。そこで日本経済新聞社の記者時代から30年以上の付き合いがある阿部重夫氏にお願いし、阿部氏が創刊した『ストイカ・オンライン』に、2022年1月1日から同年6月1日まで16回に分けて掲載した。その間、阿部氏には的確なアドバイスをいただき、阿部事務所の浅山真樹さんにも鋭い指摘を受けた。本書は、連載に加筆・修正を加えてできあがった。

自民党系同和団体の長い歴史を遡り、事実関係を確認するには煩雑な作業が必要だったが、自由同和会京都府本部の山口勝広事務局長にチェックをしてもらい、資料を過不足なく揃えてもらった。

書籍化にあたって、隅々にまで目配りのうえで修正点を指摘してくれた講談社の石井克尚氏にも感謝したい。石井氏は、私が連載するネット雑誌『現代ビジネス』の担当編集者でもあり、書籍化で二重にお世話になった。

本書は、こうして多くの方々に支えられて完成した。評価は私に帰せられるが、上田氏は同和運動史と現代史に歴史を刻み続ける。その歩みを今後とも追いたい。

2023年1月

伊藤博敏

主要参考文献

■書籍

・朝田善之助『新版　差別と闘いつづけて』朝日選書／1979年
・朝日新聞社会部『土地ころがし』葦書房／1982年
・安達洋子『冬の花火――地上げの帝王・早坂太吉との二千日』日新報道／1991年
・石瀧豊美『玄洋社――封印された実像』海鳥社／2010年
・磯村英一『私の昭和史』中央法規出版／1985年
・磯村英一編著『やさしい同和問題の知識』明石書店／1986年
・一ノ宮美成＋グループK・21『同和と暴力団――公金をしゃぶり尽くした日本の闇人脈』宝島SUGOI文庫／2012年
・上杉佐一郎『連帯を求めて――上杉佐一郎対談集』解放出版社／1986年
・上杉佐一郎『部落解放の原点』解放出版社／1981年
・上杉佐一郎『部落解放運動と私　道』解放出版社／1996年
・魚住昭『野中広務――差別と権力』講談社文庫／2006年
・大河内一男『幸徳秋水と片山潜――明治の社会主義』講談社現代新書／1972年
・岡映『入門部落解放』解放新書／1965年
・角岡伸彦『はじめての部落問題』文春新書／2005年
・角岡伸彦『ふしぎな部落問題』ちくま新書／2016年
・喜田貞吉他『民族と歴史　第二巻第一号　特殊部落研究号』1919年
・鏡山次郎『禁裏御家人　山科郷士　起承転結』2017年
・許永中『海峡に立つ――泥と血の我が半生』小学館／2019年
・熊代昭彦『同和問題解決への展望』中央法規出版／1988年
・小林健治『部落解放同盟「糾弾」史――メディアと差別表現』ちくま新書／2015年
・塩見鮮一郎『部落史入門』河出文庫／2016年
・炭谷茂『私の人権行政論――ソーシャルインクルージョンの確立に向けて』解放出版社／2007年
・盛力健児『鎮魂――さらば、愛しの山口組』宝島社／2013年
・田岡一雄『完本　山口組三代目　田岡一雄自伝』徳間文庫カレッジ／2015年
・高橋貞樹『被差別部落一千年史』岩波文庫／1992年
・髙山文彦『水平記――松本治一郎と部落解放運動の一〇〇年』(上・下)新潮文庫／2007年
・田中森一『反転――闇社会の守護神と呼ばれて』幻冬舎／2007年
・寺園敦史・一ノ宮美成・グループK・21『同和利権の真相』(一～四)

宝島社／2002〜2005年
・中野太郎著・宮崎学監修『悲憤』講談社／2018年
・丹羽正史『部落問題解決への理論的軌跡』部落問題研究所／2014年
・野中広務『私は闘う』文春文庫／1999年
・野中広務『老兵は死なず――野中広務全回顧録』文藝春秋／2003年
・部落解放同盟中央本部編『松本治一郎伝』解放出版社／1987年
・部落解放同盟中央本部編『何を、どう糾弾するか』解放出版社／1991年
・筆坂秀世・宮崎学『日本共産党vs.部落解放同盟』モナド新書／2010年
・松田賢弥『闇将軍――野中広務と小沢一郎の正体』講談社／2003年
・御厨貴・牧原出編『聞き書　野中広務回顧録』岩波現代文庫／2018年
・溝口敦『ドキュメント五代目山口組』講談社+α文庫／2002年
・宮崎学『突破者――戦後史の陰を駆け抜けた五〇年』南風社／1996年
・宮崎学『突破者異聞　鉄――極道・高山登久太郎の軌跡』徳間書店／2002年
・宮崎学他『同和利権の真相』の深層』解放出版社／2004年
・村山祥栄『京都・同和「裏」行政――現役市会議員が見た「虚構」と「真実」』講談社+α新書／2007年
・安川良子『黒幕といわれた男――山段芳春の素顔』洛風書房／2004年
・安田浩一『「右翼」の戦後史』講談社現代新書／2018年
・柳井政雄『同和運動の歩み』全日本同和会山口県連合会／1992年
・柳田国男「所謂特殊部落ノ種類」1913年
・山科経済同友会『山科の歴史と現代』山科経済同友会／2020年
・山田勝啓監修『五代目山口組の素顔』双葉文庫／2003年
・山平重樹『残侠――会津小鉄・図越利一の半生』双葉文庫／1999年
・山平重樹『破天荒ヤクザ伝　浜本政吉』幻冬舎アウトロー文庫／2003年
・山本政夫『同和問題の理論と運動』全日本同和会出版局／1971年

■定期刊行物

・月刊『部落解放』解放出版社
・月刊『ヒューマンライツ』部落解放・人権研究所
・機関紙『自由同和　京都版』自由同和会京都府本部
・機関紙『ヒューマンJournal』自由同和会中央本部
・月刊『人権と部落問題』部落問題研究所
・月刊『地域と人権』全国地域人権運動総連合

■雑誌・新聞関係

「文藝春秋」「現代」「宝石」「中央公論」「世界」「財界さっぽろ」「週刊現代」「週刊ポスト」「週刊朝日」「サンデー毎日」「FRIDAY」「FOCUS」「週刊アサヒ芸能」「週刊大衆」「週刊実話」「週刊新潮」「週刊文春」「AERA」「朝日ジャーナル」「朝日新聞」「読売新聞」「毎日新聞」「産経新聞」「京都新聞」ほか

伊藤博敏　いとう・ひろとし

ジャーナリスト。1955年、福岡県生まれ。東洋大学文学部哲学科卒業。編集プロダクション勤務を経て、1984年よりフリーに。経済事件などの圧倒的な取材力に定評がある。著書に『黒幕　巨大企業とマスコミがすがった「裏社会の案内人」』（小学館）、『鳩山一族　誰も書かなかったその内幕』（彩図社）、『「カネ儲け」至上主義が陥った「罠」』（講談社）、『トヨタ・ショック』（井上久男との共編著・講談社）など。

同和《どうわ》のドン 上田藤兵衛《うえだとうべえ》「人権《じんけん》」と「暴力《ぼうりょく》」の戦後史《せんごし》

二〇二三年二月　八　日　第一刷発行
二〇二三年二月二八日　第三刷発行

著者　伊藤博敏《いとうひろとし》

発行者　鈴木章一

発行所　株式会社　講談社
東京都文京区音羽二-一二-二一　郵便番号一一二-八〇〇一
電話　編集　〇三-五三九五-三七三五
販売　〇三-五三九五-四四一五
業務　〇三-五三九五-三六一五

印刷所　株式会社新藤慶昌堂

製本所　大口製本印刷株式会社

ISBN978-4-06-530728-1　N.D.C.916　358p　20cm

KODANSHA